海上生遗珠

上海静安非遗传承人口述实录

主　编　张　众　竺　剑
副主编　盛琴娟　王超君　唐传星

上海大学出版社

图书在版编目(CIP)数据

海上生遗珠：上海静安非遗传承人口述实录／张众，竺剑主编．—上海：上海大学出版社，2021.12
ISBN 978-7-5671-4214-5

Ⅰ.①海… Ⅱ.①张…②竺… Ⅲ.①非物质文化遗产-介绍-上海 Ⅳ.①G122

中国版本图书馆 CIP 数据核字(2021)第 275446 号

责任编辑　黄晓彦
　　　　　司淑娴
封面设计　缪炎栩

海派生活小史

海上生遗珠

上海静安非遗传承人口述实录

张众　竺剑　主编

上海大学出版社出版发行
(上海市上大路 99 号　邮政编码 200444)
(http://www.shupress.cn 发行热线 021-66135112)
出版人：戴骏豪

*

上海颛辉印刷厂有限公司印刷　各地新华书店经销
开本 880mm×1230mm　1/32　插页 4　印张 10.625　字数 230 000
2022 年 1 月第 1 版　2022 年 1 月第 1 次印刷
ISBN 978-7-5671-4214-5/G·3424　定价：80.00 元

版权所有　侵权必究
如发现本书有印装质量问题请与印刷厂质量科联系
联系电话：021-57602918

前　言

从2001年昆曲入选联合国教科文组织人类口头与非物质文化遗产代表性名录以来，"非物质文化遗产"这个名词就越来越被人们所熟知。非物质文化遗产见证了中华民族五千年的发展历史，凝聚了人类智慧和文明的结晶。

在上海市静安区，一共有33项非遗项目，涉及衣食住行医，涵盖生活的方方面面。非遗作为一种重要的文化资源，植根于城市发展，具有浓郁的地方特色。从市中心的陕西北路一路逛到闸北公园，沿线非遗项目数不胜数。龙凤旗袍、王家沙点心制作、石氏伤科、打花棍……每一项非遗都堪称城市的"金名片"。这是一份属于静安的非遗记忆，承载着历史的发展，蕴藏着巨大的文化价值、社会价值和经济价值。

非遗的赓续，传承人是第一位的。只有通过他们的继承与发扬，保护与创新，非遗文化才能得到更好的存续与发展。本次口述史采录聚焦非遗传承人，将传承人学艺及传承的故事完整真实地记录下来，梳理传承脉络，展示传统延续。不管是子承父业，还是另辟天地，他们都已经成为行业标杆，而非遗也因他们更加绚丽多彩。

本书口述的是传承人的经历，记录的是非遗发展的过往。沉淀过往才能激励未来。保护和宣传非遗就是保护和宣传静安的历史文脉，也是弘扬中华优秀传统文化的有效举措。希望通过我们的努力，和大家一起回溯城区记忆，让这些独一无二的静安非遗长存永续。

美好静安，非遗常在。

编　者

2021 年 12 月 12 日

目　录

半生缘起，百年匠心 / 1

此心安处，便是吾乡 / 15

一件事，一辈子——海派时尚与匠心传承 / 29

鲁庵印泥，在传承中焕发新生 / 49

潜心制泥，静待花开 / 66

雅韵戚毕，流芳百年 / 85

悠悠戚毕魂，蛙声传春芳 / 101

爱上了，就是一辈子 / 116

舞台之外的传承 / 130

一缕画魂传世家，一抹水彩绘时代 / 151

手格其物而后知至 / 166

陪伴岁月的坚持，陪伴时光的传承 / 181

铮铮铁骨不畏寒,"花棍"非遗代代传 / 193

一针一线绣出时代风采 / 211

西洋外表下的"中国心" / 223

永不落幕的记忆:王家沙本帮点心 / 243

几经沧桑绿杨邨,砥砺创新守初心 / 254

立丰的"温度" / 274

石氏伤科——百年传承医者仁心 / 287

"一氏两花"的沪上传承与传奇 / 303

后记 / 320

半生缘起，百年匠心

讲述人：徐永良
时间：2021年1月6日
地点：上海市静安区江宁路958号

徐永良，1965年5月生于上海，国家级非物质文化遗产"龙凤旗袍制作技艺"国家级传承人。徐永良出生于裁缝世家，父亲为龙凤服装店工人，儿时的他经常在龙凤车间学习和帮工；1982年进入服装设计职业学校学习；1985年进入上海龙凤中式服装店从事中式服装制作工作，师从龙凤第二代传承人归顺元，曾为多位国家领导人和影视明星缝制旗袍和中式礼服。30多年来，徐永良不断挖掘整理传统中式服装和旗袍制作的精湛技艺，并结合时代特点创新改良，推出"真丝高档绣花"等多个服饰系列，研制出300余种花色盘扣，把盘扣这一旗袍配件发展到工艺美术品的地位。

缘起幼时,半生心血为龙凤

我和龙凤结缘非常早,在我还很小的时候,这一段缘分就已经开始了。龙凤服装店的前身其实是当时的五家民营企业,分别是钱立昌、阎凤记、朱顺兴、美昌和范永兴。我的父亲就是从事裁缝这个行业的,解放以前,他和一帮常熟人在钱立昌做工,新中国成立以后公私合营,这五家企业就组建成了现在的龙凤服装店,我的父亲也就成了龙凤的员工。

位于陕西北路的龙凤店面

因为父亲一直从事这个行业,所以小的时候我就跟在父亲身边,他在做我在看,一点点耳濡目染。龙凤很早以前的工厂间设在石门一路,也就是南京路附近,那时候我除了读书,就是到工厂间看大人们做旗袍,渐渐地,我也喜欢上了旗袍。

我最开始喜欢上的是旗袍的盘扣，当时觉得它非常有趣。我那个时候小，还在读书，天天到工厂间去，老师傅就教我做盘扣，后来弄着弄着，他们发觉我做得挺不错的，就像上海老话所说的——"天生裁缝的料"。中学毕业以后，我就进入了服装学校，开始专门学做服装。20世纪80年代，子女顶替父母工作的情况很多，一般都是家里父亲母亲做什么，小孩就做什么，和现在的市场经济完全不同，毕业之后，我也是顶替父亲的工作进入了龙凤服装店。就这样，我和龙凤结下了不解之缘。

　　我在龙凤一开始从学徒做起，做学徒首先要掌握的就是手工。龙凤对手工的要求有一个标准，那就是"一寸九针"，在做衣服的时候，不管是什么地方，手工缝制一寸的长度里都必须要有均匀的九针，这需要不断地摸索和练习，等到你闭着眼睛都可以缝出一寸九针的时候，那你的功夫就到位了。除此之外，做衣服时拿针的手不会出汗也是功夫到位的表现。学徒刚刚学做衣服的时候，拿针的手是很容易出汗的，针那么细小一根，一出汗，它就会黏在手上，针头不能很顺滑地穿过布料。如果你的手不出汗的话，缝制过程中针是很顺滑的。所以说，手工虽小，这里面的功夫却是很深的，其中的每一个细节都要到位，实际上这也是龙凤能一直坚持到现在的原因。这些细节和工艺保证了我们产品的质量，让龙凤一直生存到现在，要是这些东西全都丢了，那衣服一定是做不好的。

　　我是1985年进入龙凤的，从20岁一直做到现在，不算学校时期，我已经在龙凤工作35年了。其实，我在20岁之前就已经开始做服装了，算上在学校里做的两年，我接触服装已经37年，要是算上小时候的经历，那就有40多年了。我15岁左右就开始接触服装制作，学习服装制作这件事，越是年轻，学得就越快也越好，到了我现在这个岁数，做衣服靠的更多是过去几十年积累的经验。

匠心制造，百年工艺永传承

龙凤旗袍迄今为止始终坚持手工制作，而且以量身定制为主。我们的旗袍是不做现货的，店里只有一件样衣，一般是中码，顾客要是能穿上可以直接带走，但如果要和自己的身体更相称，那就需要量身定制。在龙凤，量尺寸是很有讲究的，需要测量人体36个部位的尺寸，通过量尺寸和试样让旗袍尽可能地合身和漂亮，做到现在几十年了，龙凤还一直坚持着量身定制。

徐永良师傅用样衣展示八大工艺中的镂雕

龙凤旗袍制作技艺中最有名的，就是"镶、嵌、滚、宕、镂、雕、盘、绣"这八大工艺，每一道工艺都有它的特点特色。就拿办公室的这件衣服来说，黑色布料镂空的图案使用的就是"镂雕"技艺，门襟上雕的是龙，口袋上雕的是凤，全是手工制作，用工具一点点刻出来的。这件衣服是老古董了，是我师父以前做的，当时做了一个多月的时间。这种镂雕现在已经没有人做了，一是因为成本高，二是因为客人也不太喜欢这种样式了，一般都是在工艺展示时才会做这样的镂雕，现在主要做一些比较简单的镂雕，比如如意头之类的，用于小范围的装饰。

我们再接着说回八大工艺，八大工艺里的"镶"是为了让旗袍的花型图案更加丰富，用另一种颜色的布料裁剪成条状镶在旗袍上面，让图案更有层次感。"嵌"一般是结合旗袍和镶上去的布料的颜色以及图案，用特制的布料熨烫成条状，缝在两者的边缘之间。"滚"就是在旗袍的领口、袖口这些地方进行缝制，这样做既好看又不会毛边。"宕"就是用色彩反差比较大的布料裁剪成波浪型，缝在领口下方至袖口上方的胸口处，让旗袍更具美感。

"盘"就是衣服上的盘扣，盘扣工艺学起来是很繁琐的。盘扣有衣服上的盘扣，也有工艺扣，学徒们平时做的时候会有一个小的图纸，把它描下来了以后跟着做。老师傅们做常规的扣子是不需要图纸的，都熟练掌握，烂熟于心了，只有大型的盘扣才需要图纸，大型的盘扣做起来比较复杂。

盘扣一般采用12厘米到16厘米的真丝，不过也不一定使用真丝，选材是根据衣服滚边开线的材料、颜色来定的，要跟衣服协调起来。真丝的盘扣看上去比较光滑，但是这种盘扣你只能看,放在衣服上使用的时候只能轻轻地扣,千万不能水洗,很容易走形。实心的盘扣就不要紧,是可以水洗的,实用性比较强。

龙凤盘扣,拍摄于龙凤旗袍店内

"绣"其实就是刺绣,刺绣很花时间,局部绣大概要十几二十天,满身绣可能就要几个月,旗袍上的刺绣都是专门有人来做的。刺绣里面也有很多讲究,刺绣用的线配色越多,层次感就越强,花的功夫也越深,同样一朵花,配5个色肯定比配3个色要好看,配6个色还要更好看,它的颜色会一点点从浅到深过渡。很多客人可能不懂,也没有仔细看,其实刺绣的针脚越短,人工花的就越多,要是针脚放长一点,人工就会省下很多。

龙凤的这些服装都是真丝面料,高端的丝绸历来很贵。在旧上海的时候,丝绸一般只有富人才穿得起,老百姓穿的都是自己家织布机织出来的棉布。我是常熟人,我母亲以前也是自己手工织棉布,就是那种老布,拼起来以后做衣服。很多人都说旗袍贵,但是没办法,丝绸本身就很贵,人工也很贵。我父亲从前做一件丝绸衣服要 3 个大洋，民国初年 1 个大洋能买到 50 斤左右的大米，普通人是很难拿得出来的。龙凤旗袍的一些工序和工艺只有人工才能去完成，刺绣是手工在做，衣服也是手工在做，还要为客人量身定制，这需要花很长时间，机器是取代不了的。

久经岁月，历史浮沉中前进

龙凤旗袍从 1936 年建立到现在，快 90 年历史了，它其实还可以追溯到 1936 年之前。上海开埠以后，前面提到的龙凤前身五家店就已经有了，以前叫苏广成衣铺。

荣誉牌

为什么叫苏广成衣铺呢？因为以前做中式服装的很多都是江苏人，在这五家店里，有苏州人、常熟人、无锡人、常州人，都是江苏的。那么为什么这么多江苏人做衣服呢？因为江苏人做出来的衣服工细，苏州又是很有名的刺绣之乡，他们继承了这些手工艺，而且一直都在做这个，做出来的衣服越做越好、越做越精细，所以开店的都是苏锡常一带的人。此外在上海还有一帮广东人做衣服,广东人做老布的比较多,广东离香港比较近,他们的客户一般是香港过来的。五家店中有一家就是广东人开的,是做棉布一类的衣服,比如布旗袍和布外套。那个时候就这两个地方的人做衣服,江苏人和广东人,所以就叫苏广成衣铺。

新中国成立以前,苏广成衣铺生意很好。新中国成立以后,服饰改变了,旗袍没有人穿了,没生意,就没法生存下去,从前做旗袍的裁缝很多也改行或者远走他乡。有些人去了台湾,有些人去了香港,还有些人去了国外。

新中国成立前,来店里做衣服的很多都是富家太太、小姐,有钱人家走了之后,把裁缝也一起带走了。台湾歌星邓丽君就喜欢穿旗袍,为她做衣服的很多师傅都是当年从上海到台湾、香港去的,现在那些师傅都去世了。我父亲也是去香港然后回来的,在那边生活不习惯。龙凤有很多师傅都去过香港做衣服,但是很多人在上海有家室,也不太适应那边的气候,大家又都回来了。

新中国成立以后,旗袍开始一点点不做了,这一时期,龙凤也有一段艰辛的历史可讲。新中国成立后开始"除四旧",旗袍首当其冲,一律都不做了,那么龙凤的这些技艺是怎么传承下来的呢?其实是通过做一样东西保留下来的,那就是棉袄。

在棉袄上面,八大工艺都有保留。以前上海人家的小姑娘结婚,棉袄是每家必备的嫁妆,无论多困难总归要有的,所以店里棉袄生意好得不得了,都来不及做。也正是因为做棉袄,把工艺都保存了下来。要是棉袄也不做了,比如龙凤以前有一段时间专门做裤子,裤子和中式服装制作是完全不相关的,那这个技艺就要失传了，那现在的师傅差不多一个都不会做了，还有谁知道什么叫"镶、嵌、滚、宕、镂、雕、盘、绣"？

后来到了改革开放，在90年代前后又开始做起了旗袍。什么人带动了旗袍呢？其实就是来大陆经商的台湾、香港的富人，还有新加坡、美国这些地方回国的华侨，这些人对旗袍还是有需求的。改革开放以后，上海唯一能做旗袍的就龙凤一家，所以我们那时候生意很好，做件衣服就要三四个月。我们那时候做衣服便宜，就几十块钱加工费，做件衣服50块钱左右，从境外回来的这些人觉得很便宜，他们来大陆一次一个人就做五六件。但是，这些爱好中式服装的老太太，到现在基本都已经去世了。旗袍市场没有培养好下一代的年轻人，他们穿衣打扮相对比较西化，这样市场会慢慢消失掉。所以，从小教育培养对民族服装的需求和传承民族工艺是非常重要的。

现在穿汉服的小姑娘倒是挺多，穿旗袍的很少。旗袍一个是比较要求身材，第二个是不适合大幅度动作。旗袍是很优雅的，穿起来就不可以乱蹦乱跳，谈吐都要有讲究，你的日常动作和旗袍完全分不开。喜欢旗袍的小姑娘比较少，现在主要还是一些老客户，参加会议、小孩结婚、同学聚会，一些重要的特定场合要穿旗袍，她们会专门来店里定做。

价格其实也是影响旗袍推广的一个重要因素。据我所知，其实全中国有很多女性都是喜欢穿旗袍的，但是价格太高了，所以旗袍的市场份额逐渐被挤掉了。当然，随着人们生活水平的提高，还是有这样一部分人，他们注重品质，注重工艺，注重版型，会到龙凤来尝试一下。

创新发展,坚守传统育新花

龙凤旗袍不是以做时装为主,它的定位是做传统服装,是以高级定制和传统为主,但是也会结合现在的市场潮流。如果一直没有创新发展那肯定是不行的,所以我们也对旗袍做了一些适当的改良,但是不能改得太多,要在旗袍的基础上保留80%的样子。

龙凤旗袍店内服饰

我们可以对传统旗袍进行一些轻微的改动,比如说传统的旗袍是两块,分割线很少,那么现在分割线做得多一点;比如以前中式服装都是平肩的、连袖的,那么现在做了装袖的、偏袖的、包袖的,在袖子上做了很大的花头;旗袍上的拉链也可以改良,很多人觉得后面的拉链不舒服,一个人拉不上,大开襟的扣子又太多太麻烦,那么就做成侧面的,我们都会根据客人的需求尽量去修改。

其实,现在最流行的、改变较大的东西,我们龙凤是不大好做的。因为很多人穿旗袍显得臃肿，要是身材不好，穿了会显胖显肚子。如果要遮肉的话，可以做分体式的，两截的连衣裙，上面是旗袍，下面是 A 字连衣裙的那种款式。但是做这方面的改良可能不太适合龙凤的品牌定位，改动太大了。我们也与时俱进，打算请设计师过来共同谋划谋划，在现有的基础上稍微修改，不要太多，太多反而跟品牌定位不太相配。我们店里改良的衣服还是蛮多的，但是很多客人来我们这里不是来穿改良的旗袍，而是想要原汁原味的旗袍。要论改良，很多网上的旗袍也不差，人家走在市场的最前端，今年流行什么他们马上设计什么，更新换代特别快，所以龙凤要坚持自己的定位，保留大部分传统，专注细节和品质。

龙凤实际上体量很小，只能做一点吃一点，如果要做大规模的，那在销售方面和产品推广方面要投入很大，投入的资金不是一两百万元的事情，我们始终都没能力去做。所以龙凤的发展从现有角度来看，应该在品质上去做发展，在产品上动脑筋，保持传统的一些因素，适当做一些改良，让消费者看到龙凤的坚守和变化，既不离开传统旗袍的元素，又能推陈出新。旗袍穿出去要不扎眼，分割线做得多一点，把女人的腰线做出来，尽量不显胖。显胖实际上和采用的面料有关系，真丝面料很容易显胖，身材比较胖的顾客一定要用稍微哑光、摸上去有一点质感的面料，不要用那种垂感很好的面料。我们从面料方面动动脑筋，在款式方面下点功夫，让想穿旗袍的微胖人士也有一个选择。

龙凤一直倡导保持传统的东西不要丢。在传统这一块上，如果八大工艺做得不好，就缺乏了核心竞争力，也就没法跟人家比了，所以一定要坚守传统，把质量做好，要有一种甘于寂寞的精神。

懂服装的人都知道，版型在前，工艺在后，工艺实际上是藏在后面的。小姑娘去买一件衣服，最先感受到的肯定是"这件衣服真好看"，这个"好看"其实指的就是这件衣服的版型，觉得版型不错之后，然后才会说"你看这做工可以吧"，所以服装是先看型再看工，既要做到服装版型好，还要做到这样动动那样动动都蛮舒服。很多穿上旗袍的人其实活动是不自由的，只能用来拍照，穿龙凤做出来的衣服是可以动的，我们做的时候放的量恰到好处，不能太少，也不能太多，放得多了它会垮下来，这个尺度的把握才见真功夫。

非遗传承，薪火永燃世代传

2010年，"龙凤旗袍制作技艺"被评为国家级非物质文化遗产，比较早走上了非遗之路，2012年，我作为企业的传承人，也被评为国家级第三代传承人。龙凤在申报非遗上做出了很多努力，当时是以制作旗袍的八大工艺去申报国家级非遗的。旗袍从清朝满族旗人的服装演变过来，已经改变了以前宽宽大大的款式，但其中的工艺没变，一直传承到现在。

龙凤能实现今天的发展，离不开政府各个部门的支持。作为非遗企业，文化部门对我们的支持相当大，每年都有经费补助，进行扶持。政府部门也知道非遗技艺是纯手工业，做也做不了多少，不能批量生产，所以在宣传方面他们也尽最大的可能帮助我们。其实很多人没有听说过龙凤旗袍，我们一直以为很多人都知道龙凤，但实际上很多人不知道。前面也说到过龙凤体量比较小，在宣传推广这方面的资金投入也不多，很多时候都是人家义务来帮非遗技艺进行宣传，文化部、报社、电视台为我们宣传基本上都不要钱，要是光靠龙凤自己投入，那早就不行了。政府一直大力推荐我们的民族文化，从产品的角度去进行推广，培养起大家从小对旗袍的喜爱和兴趣，虽然不一定指明龙凤的品牌，但只要有 100 个人喜欢旗袍，总归会有几个人到龙凤来。

政府的帮助对我们来说是有实质性意义的，尤其前几年，生意都蛮好的。

学徒在龙凤旗袍制作车间学习技艺

对于非遗技艺的传承，是需要从学校和年轻人开始的，我也一直在和一些职业学院合作，到学校里给学生开设课程。龙凤有好几个学徒都是从服装技校出来的，我们到学校去辅导，有一些学生比较感兴趣，愿意做这一行。当然，我们也会从中选拔好的苗子，在双方都自愿的情况下，把他们招进龙凤开始学手艺，老师傅会手把手教他们怎么做旗袍，这些学徒现在盘扣都已经做得很好了。

现在到龙凤来学手艺的年轻人其实很多，但是基本都做不长，因为学手艺比较辛苦，而且也赚不到钱。我们当然是很想培养年轻人，我现在带着好几个学生，但是学出来以后工资不高，手艺人是很苦的，没有哪一个手艺人是发大财的。手艺人都是特别精于技巧，但是没有什么大富豪，像我们这种纯手工的衣服，就只能做那么多，没办法大量生产，就算订单堆在那里，一个月也就只能做那么几件。现在的年轻人面对的选择和诱惑太多，很难像我们过去那样沉下心，花个十几年来学习传统手工。

对于非遗未来的展望，在培养人才方面，我希望有更多年轻的爱好者加入我们这个团队，来传承传统的旗袍技艺；在产品方面，我们没有很大能力去进行宣传推广，我们能做的，就是用心做好产品，保证质量，往精益求精的方向去发展。

（采访及整理：张杏莲）

此心安处,便是吾乡

讲述人:焦义刚
时间:2021年5月10日
地点:上海市静安区江宁路958号

焦义刚,生于1960年10月,国家级非物质文化遗产"龙凤旗袍制作技艺"市级代表性传承人。1979年8月学校毕业后,他进入上海龙凤中式服装店(上海龙凤中式服装有限公司前身)工作;1982年10月从上海市职工培训中心服装裁剪中级工进修班结业后,回原单位上海龙凤中式服装有限公司从事中式服装、旗袍裁剪制作工作。他师从杨满生,继承了苏广成衣铺中式服装制作精华,尤为独特地掌握了具有开创性技艺的中式旗袍"镂、雕"制作工艺和盘扣制作工艺。

因缘巧合，从此半生坐台前

1977年恢复高考，而我是1978年参加考试的。那时刚刚开始改革开放，从过去的包分配，让你学什么你就学什么改成了自己参加考试。当时的工作主要有营业员、做鞋子的和做服装的。做服装的又分中西式服装，西式也有，中式也有。我听说服装公司招人，觉得蛮好：一是为了吃饭，二是服装公司过去就像是铁饭碗一样。看上去是企业，但就像单位一样。我有意向去，于是就报名了考试。

在改革开放以前，是全民和集体分配的工作方式。我们那时候刚刚开放，既有过去的影响，又有新的开放的样子，处在一个过渡阶段。我进龙凤就是这种，既是自己选的，又有分配的巧合。我们是最后一批既考试又定方向的，之后随着改革开放，就再也没有这种形式了。那时候我先考了文化课，考进公司之后再由公司分配。当时我们称它上海市静安区服装鞋帽公司，然后有中西式服装和鞋帽这几大类，公司把我分到了龙凤那里。这就是我进龙凤的整个过程，也是巧合。所以我最终是在1980年左右进的龙凤。

虽然是改革开放了，但实际上很多东西不会一下子就突然改变，我们还是延续着老的传统，进来之后要学三年徒。我被分到龙凤之后，就有了指定的老师，指定的师父。领导指定说让你跟着他学，你就跟着他学。以前都是一个师父带一个徒弟，最多不会超过两个。我很幸运，遇到了杨满生，从此拜他为师，杨师父的脾气很好。拜师其实是件很讲运气的事情，因为确实是有些师父肯教，有些师父不太肯教。脾气好的师父和脾气不好的师父，总体还是差得蛮大的。刚进来的时候，杨师父会坐在我旁边，看见我做得不对，他在一旁就会马上指出来，相当于手把手地教我。以前说起来，自己一定要好学，还要动点脑筋。师父有些东西说了两遍之后，就不讲了。所以要靠自己去看，去学着师父的样子做。

我刚进来的时候对做衣服一窍不通，所以肯定是要吃点苦头的。一开始就拿根针练习，最开始连顶针箍都不太会用，一不小心一针下去扎进肉里，这些都是伤口。我手上时常要被针戳到，这并不稀奇。跟着师父学的时候首先是要练练手工，比如三角针，还有各种针法。还比如我一开始连缝纫机也不会用，老是踩倒车，就是缝得都倒过来了。所以这个也要一点一点学起来。我先学踩直，然后再学怎么转弯。这些都学好了，才有机会帮师父打打下手。

等基本功练得扎实了，就可以自己上手了。首先是缝纫机要踩得好，再是手上功夫。比如顶头针，钉十字扣。师父会先给我一块布，自己去弄，撬好之后，把直扣做好钉在布上，钉得直了，才能接着往下做。其实，现在我教我的徒弟也是这样，滚边、开线。先弄一块布，直角做好，然后让他们自己去弄，开线要踩得直、踩得好。学生都是这样一点点过来的。如果师父看看觉得可以了，那么衣服就可以上手试一试了。但这只是试一试，真的要给客人做衣服，还是要等满师之后才能做。

一晃也过去这么多年了，做第一件旗袍都已经是 40 年以前的事情了。现在，我们也到了要退休的年纪。

百年传承,时光缝制优雅

我进龙凤以前都是计划经济,除了计划的东西就没其他的了。但那时候的龙凤生意还是很好,有很多客人到门店里来。在我进来的时候,我们不做旗袍,而是做那种连衣。连衣也是一种中式的服装,材质上有骆驼绒、骆驼毛、丝绵各种各样的。过去我们都做。或者是做棉衣,上衣、下衣都做得很多。那时候我们做一件棉衣,有丝绵的或者就是骆驼毛的,现在都没有这么多种类了,只有丝绵,一件也要六七千块。但其实现在好一点的滑雪衫(羽绒服)也没多少钱,因为是手工的东西,成本摆在那里,所以来做这些普通衣服的人也就渐渐少了。

龙凤旗袍从1936年建立起来就是做旗袍的。但后来旗袍一直做得很少,直到1997年香港回归。以前只有有特色的人才来做旗袍穿。这些人要么是演艺界的,要么就是外国人。过去日本人来做旗袍的有很多,现在日本人也少了。这个可能和服饰整体发展的趋势有关系。在旗袍做得少的时候,我们主要是做一些中式服装。过去什么中式的服装,我们都做,比如说棉袄、长衫,这些现在反而做得少了。因为现在穿这些衣服主要还是在结婚这样的场合,或者是演员之类的职业。我们以前做的一件棉袄里面放着很薄的衬绒。当时刚刚开放,这种棉衣根本来不及做。那时候全国各地的外来商贩,你做好了他就马上拿走,运到别的地方去。在上海刚刚开放的时候,全国别的地方各种物资也都很少,像服装之类的基本都是到上海来拿货。拿到了上海生产的服装,再运到全国各地。那个时候上海的东西还是能说得上话的(上海话，指品质数一数二），后面全面开放之后，外面的东西引进了，我们也渐渐发生了变化。

开始大量做旗袍是在1995年左右，当大部分地区已经开放了的时候，人员流通渐渐就多了，人们对于穿着的要求也渐渐不一样，原本除了一些人因为职业需要穿旗袍这种衣服，别的很少，主要是没机会穿，但这时候开始渐渐多起来，大家都敢穿了。而且，从世界各地来的元素很特别，于是龙凤就开始逐步在中式服装中加入西式的点（元素）。但这些衣服不能像外面一些以西式或者时装为主的衣服那样，如果照着这样做了，也就没有区别了。其实传统与时尚之间很难讲，两者之间的平衡很重要，也很难把握。一件融合两个元素的衣服穿上去到底是中式的还是西式的？而且你穿上去一定是要好看，要是不好看，那肯定不行。所以，我们还是坚持以传统为主，在细节上创新。

那时候，各种工艺都是以前就有的，后面创新出来的"镂、雕"其实是一直有的。但你怎么样才能把它做好是个问题。因为我们当时都不太做旗袍了，全面开放之后重新做得多了，也是有一段断档存在。我们需要在摸索中逐步改进。比如以前旗袍分得比较开，现在的款式就比较收。根据时代不同，人的穿着需求也不同，所以我们自己也要不断地提高。开放之后，这些老式的衣服，连体的比如旗袍，要求就开始变得不一样，现在的旗袍和以前的旗袍很不一样，就是一点一点变化过来的。时代不同了，和1936年的时候就更加不同了。我们龙凤的旗袍到了现在的市场上，也需要有所变化和创新。因此，我们在工作中也要时常想我们要怎么样才能做得好，这个就是活到老学到老。比如以前的时候，衣服都是连起来的，后来有穿裙子的了，就开始把旗袍剪开，逐渐创新出一种西式的旗袍。

龙凤门店中的喜服

　　这些年做的旗袍，很多都已经不记得了。但门店里展出的喜服可以说是印象比较深了——就是现在正在海南消博会上（中国国际消费品博览会）展览的这件。这一件做的时间很长，前前后后大概有六个月。这样一件旗袍，看上去比较喜庆的东西，基本上都是结婚穿的，所以也叫喜服。过去很多人结婚的时候来定做一件喜服，现在相对少一点。毕竟价钱摆在这里，现在做这样一件喜服要 20 万元。而你做了之后，可能穿一次就不穿了。

　　做这样一件喜服，首先就是料子要选好，再是打样。在送到苏州那里去绣花之前要把样子先设计好。比如说，哪一块里面绣什么东西，要把它确定下来。要有一个对成品大概的设想，然后才能把衣服送去绣。绣工要在这个设计的范围里面去绣。

在苏州，专门有一个企业与我们公司合作，他们的业务包括了我们的衣服需要的绣和绘。苏绣是非常专业的，虽然上海也会有绣，但各个地方的材料和技艺都不一样。旗袍要好看，绣花工艺是非常讲究的，专业的事还是要留给专业的人去做。而绘则是在衣服上画画，也是这几年新兴起来的一种装饰。虽然这个没有这么讲究，但是在上海这个地方，养不起这么一批人。所以，我们龙凤最主要还是专注做旗袍的工艺。

现在做旗袍的人多，因为平时参加一些什么活动也都能穿旗袍。龙凤做旗袍都是以手工为主，不像外面是机器生产的，所以做一件衣服要耗费一定的时间。而且我们都是一个人完成一整件旗袍。每个师傅从选料子到做成一件衣服，整个过程最起码需要三天。这是最简单的一个过程，包括裁、试样、剪、做工、镶边等。然后还需要客人过来试样，然后师傅再修整。所以，如果要从客人第一次过来算起，等客人拿到旗袍，一般起码一个月。所以每个师傅一年做的旗袍也不多，因为都是手工，多不起来，这里面的工艺也比较繁琐。

因此像我们这种传统的以手工为主的服装产业，规模不可能做得很大。要是做大了，这里面就不是传统的技艺，而是流水线了。那也就无所谓传承与不传承了——人都不做，交给机器去做了，这个手艺也就渐渐没有了。

风雨飘摇，心安即是吾乡

我进来龙凤的时候，是三个人，但现在另外的两个人都不在这里了。我们当时考进来的人里,现在大概就只剩下我一个人了。那时候还有两个女的,是和我一起进来的。现在她们都不在这里。改革开放不久,其中一个人就去日本了。还有一个人是做得不太好。我说的不是人不太好,而是做的东西。后来进来的,也基本都离开了。其实,整个留下来的人都不多。现在这几个师傅都是后面顶替进来的。

那些人也不是因为辛苦才离开的。那个时候大家工资都差不多,都是36块。然后过一段时间,学徒期满了就会是42块,或者45块,以前的工资是三块一个等级的。我是提前满师的,学徒要三年,但我两年就满师了。我只记得:提前满师,工资会比别人高半截,现在就完全不一样了。那时候也就是讨生活,不管喜不喜欢,这都是一个谋生计的技艺。

跳槽这件事,可能跟个人性格等方面都有关系。我们那个年代的人没有什么跳槽的想法,改革开放带来了各种出去的机遇。但对我这个人的性格来说,我不是要跑掉的那种,也比较静得下心来。静心这个事很重要,那时候进龙凤的男女人数都差不多,但现在就不行,男生坐不住。因为这个旗袍的手艺,需要人一直坐在那里练习。这就要求我们手艺人一定要静下心来,静不下心那是不行的。

那时候上班一上就是一天,每天的上班时间大概是八点多。而且当时只有星期天休息——不是双休。因为有很多人不是住在上海的①,比如住在浦东。过去浦东比较远,没开放之前的黄浦江对面就是一片农田,他们要回去,一个礼拜就只能回去一次,

---

① 指老上海城区,主要包括以前的公共租界、法租界、上海城厢等核心区域。

所以他们大概每天需要多做半个小时，这样就可以星期六就回去。靠平时多做，把周六的先做好，从平时的时间里抢周六的时间。这样五天下来，其实也就差不多了，累积起来就能有一天多的假期可以休息。

我每天也不会觉得枯燥，还会从师父那里自己偷师。而且我师父脾气好，有的师父脾气不太好，或者是很刁。我在满师前差不多就是每天练习三角针和一些小的线条。后面就可以给师父打打下手。当时最先学的是踩缝纫机和撬针，学了大概有个把月。尽量要整齐一点，宽度也都要一样，这其实很不简单。后来开始专门做一些手工，我们以前把这个叫做补工，就是有两个年纪大的师父，只做一些小手工。我们就会先到那边去练练手，练得差不多了再回来，开始做纽扣、盘扣和开滚条。这些都会做很久，所有的技艺都要学。

其中最难的，是滚条。"滚边开线"，滚要求很规整。以前我们滚边，是需要用浆的，在布料上先涂上浆。因为这个条子是斜的，斜料一拉就要皱。比如说一块布料，45°裁下来的，这个就是斜料。滚条需要这个斜料，因为它有弹性。而如果不用浆，稍微拉一下斜料就会变长，所以一定要用浆。我们都是用这个料子做扣子或者别的什么。

这些东西，做着做着也就喜欢了，就能够坐得住了。

时代激荡，非遗传承育新生

时代一直在变化，"镶、嵌、滚、宕、镂、雕、盘、绣"这些工艺是以前就有的，但我们要怎么把它再做好是个问题。比如说"吉祥如意"这件旗袍，就是以做工上的创新取胜，其中"镂、雕"是比较难做的。当时这个旗袍算是我们推出的一个新款，它的面料其实没什么特别的，但我们创新了一些做工，在款式上把过去传统的东西逐步推向大众。

焦义刚先生制作的盘扣

传统技艺与创新这件事，首先就是基本的东西一定要做好，在这个基础上再发挥，可以自由一点。比如说做盘扣，我们首先是按基本的盘好，然后再根据每个人的审美去改变。盘扣的基础就是铜丝和条子要做好。在基本款的基础上，比如说那个人他觉得这花这样做会更好看，那就可以去做。如果会画画的话，那就更容易一些，创新要让大家自己发展。盘扣现在已经很成熟了，可以自己设计，我说的是这种基本款。比如有一些字，还有十二生肖，如果有美术功底，就可以自由发挥。

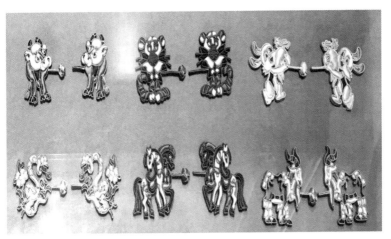

部分"十二生肖盘扣"

在向新进来的年轻人教授这种技艺的时候,首先要清楚做盘扣需要真丝的斜布料,里面放上铜丝。由师父教完前面最基本的步骤和款式之后,他们就可以自己创作了。现在教徒弟,都是基础上放开,让他们自由发挥,他们这些年轻人,有的时候……我们已经是老一代了,和年轻人总是不太一样。年轻人不一定会顺着你的心意来,而且如果不放开给年轻人自由,以后也会越来越没有人来继续学这门手艺。

后来我自己也带了一些徒弟,在公司的支持下创立了一个创新工作室。有了这个工作室,年轻人平时有什么想法,就可以提出来。如果可行的话,企业也会支持一点。创新这个东西,我们也要靠公司和领导的支持,没有支持,光靠我们这些手艺人,也没钱去做出来。所以这个工作室也是一种理念。现在龙凤里面进来了几个年轻人,社会上对于服饰的要求也一直在变。创新对于年轻人和我们这些年纪大的不一样，大家思路不一样。工作室能把年轻人都召集起来，看看他们有什么想法，最主要是能提供一个平台，让他们自由发挥。不管对与不对，想法总是有的，那么就去做做看。

现在这些传统的东西需要我们自己创新，在推广方面，也要把握住各种机会。像我们经理今天不在，就是去海南参加消博会了，现在经常会有各种展览邀请我们去参加展示龙凤的旗袍。基本上还都是人家来邀请的，包括之后上海市有一个百年百业的相关展览，龙凤也会去参加。

除了参加展览，文化馆也会帮助我们推广。静安区文化馆经常开设一些课程，会有十次课或者八次课左右，在课堂上教市民完成一件旗袍，或者别的一些东西，比如中式服装。因为教室，它是需要用到设备的，比如需要缝纫机，所以我们每次就十个人参加，而且做一件衣服时间也是蛮长的。但这个课程还是蛮抢手的，一直很受欢迎。文化馆会通过他们的微信公众号对外宣传，报名名额经常一抢而空，来的人也都比较年轻。虽然这个课程会有一定的收费，但也不是很多，算是一种公益性质的课程。

除了这两块，现在我们也会去学校里推广。去年到今年四月份，我们有一个在东华大学的活动。那个活动具体名称我不太记得了，全国的非遗都会去他们学校，然后会开设各种培训班。

现在还有一种新的校企合作模式。我去逸夫职业学校大概也已经有五个年头了。我去逸夫职校上课，也是根据学校的课程要求，一般前几年都是做一件旗袍。一个学年教那些学生从裁剪开始，直到做成一件旗袍。

我们和亨生①，一共有两个班，他们那里十几个人，龙凤这里也是十几个。就像选修课一样，学生们看自己的兴趣，选要学什么，有兴趣的就来上课。我们每周去逸夫上一次课，一共上四节课，就是一个上午。这种校企合作模式其实很早就有了。当时也是兴起了对传统文化技艺的推广，逸夫职业学校因为正好有服装这个专业，既培养了学生，也有助于服饰类的推广。我们集团下面正好也有两大服饰，一个是龙凤，一个是亨生，亨生是做男士西装的，我们主要做旗袍。然后两个企业就一起去了逸夫职业学校。学校里进来的学生其实基本上都是没有基础的。所以我们是在第一、第二学期学过之后，等他们有了一些做服装的基础之后再来的。不过到他们毕业的时候，也很少有能够自己完成一件旗袍的。也会有感兴趣和做得好的，我们现在有三个年轻人就是从逸夫职业学校来的，而且都是1999年生的，现在她们做盘扣已经做得很好了。

　　那时候她们毕业了，学得都不错，很优秀，最主要的是都坐得住，自己也比较有兴趣。于是我就推荐她们来龙凤。其实也能看得出来，有些人适合或者不适合这个工作，有的人欢喜或者不欢喜这个手艺。所以在收人的时候，首先要看她们在做这个东西是要有欢喜在里面的，当然，还要有动手能力。

　　她们在学校里都是比较优秀的，进来之后上手就比较快。她们三个人先来龙凤实习了大概有6个月的时间。6个月之后就直

---

① 上海亨生西服有限公司，是以礼服的制造和定做为主营业务的有限公司，是国家级非物质文化遗产代表性项目"中式服装制作技艺（亨生奉帮裁缝技艺）"的保护单位。

接签合同了。因为,招年轻人总是要实际看一看的。有的人坐不住,那就不行,不适合这个手艺。

  现在有三个学生,对传承来说这肯定还是要继续招人。主要的问题其实是怕学生学会了就跑了。现在这种劳动合同制度,对传承会有一个矛盾在里面:不能绝对地讲,不教也不行,但是教会之后弄得不好就会跳槽……现在有的企业就不负责技艺的教授了,直接就是聘用。或者只教一点东西,直接招人干活,把中间的学习过程跳过了。所以对我们来说,传承和推广密不可分。还是希望能通过吸引年轻人才来找到合适的传承人。这是个双向选择的过程,学习这门技艺不容易,需要时间去沉淀,所以一定要是喜欢并且能静下心来的人。

(采访及整理:倪馨蔚)

一件事,一辈子——海派时尚与匠心传承

讲述人:肖文浩
时间:2021年1月10日
地点:上海市静安区陕西北路201号亨生西服(静安店)

肖文浩,1956年出生于上海。国家级非物质文化遗产代表性项目"中式服装制作技艺(亨生奉帮裁缝技艺)"市级传承人,上海亨生西服有限公司服装定制部、技术部服装高级设计师,首届"上海工匠",上海教育评估院专家,上海逸夫职业技术学校兼职教师,上海市教委技能大师,大师工作室主持人。17岁进入裁缝行业,学习勤奋,出类拔萃,成为当时南京路上最年轻的能独立支撑起全部裁剪工作的人(未满20岁)。始终致力于西服裁剪、设计工作,并获得多项荣誉成就。

发于机缘，历史流传

上海原本也有自己的本帮裁缝，但与之不同的奉帮裁缝技艺是 1884 年也就是清末的时候才真正传到中国的。19 世纪，上海、宁波口岸开放了，上海开始有洋办了，外国人过来了，这就自然而然地涉及外国人的穿着问题。有很多宁波的裁缝都三五成群地来到上海"创业"，他们起初是帮外国人修修改改衣服，做一些零碎的小活，收入也比较低。这些宁波师傅一开始帮荷兰人、英国人修改衣服比较多。他们把外国人称作"红毛人"，所以帮"红毛人"修补衣服的人就被称作"红帮裁缝"。而这些裁缝又大多是浙江奉化人，"奉""红"两字在上海话中为同韵，于是"奉帮裁缝"的说法便一直延续到了现在。

后来，宁波师傅们不满足于这些零碎活，就开始自己学着做西服。那时候的奉帮裁缝也很聪明的，他们把外国人做好的衣服拆掉，自己钻研其中的工艺，开始学着自己做西服。掌握了其中的手法技艺能够独立制作西服之后，他们便在上海建立起了自己的西服店。其中也有很少一部分人到日本去学习了，还有一些宁波人去哈尔滨、海参崴（今俄罗斯符拉迪沃斯托克）学成归来，他们回老家带来了一些同乡，在上海做铺长。奉帮裁缝便在这个过程中形成并日益壮大。

"亨生西服"店于 1929 年开在了四川北路。当时，从西藏路到静安寺这段路程，前前后后一共开过 30 多家西服定制店。这些店家也有三六九等之分，我们亨生和培罗蒙是最好的两家。淮海路上的档次要稍微低一点，接着是四川路，档次最低的是大兴街的。后来在1946年——那个时候还没解放——亨生西服店店面由大店面换小店面逐步搬到了南京西路茂名路,从此基本上就固定了。小店面生意比大店面的生意还要好。其实,现在的亨生西服一开始叫"恒生",永恒的恒。后来抗日战争爆发了,恒生与原来的合伙人解散独立做,于是恒生西服就改了名字,运用英文单词handsome的谐音——"亨生"命名,表示英俊潇洒的意思。亨生西服就这样一直延伸流传下来了。

店的老板徐继生也是裁缝,是第一代传承人。他是15岁的时候,来到上海奉帮裁缝铺学了奉帮裁缝的手艺。他很聪明又勤奋,吃满"三年萝卜干饭",优秀的他已在裁缝学徒中出类拔萃。他的长子徐馀章继承了他的手艺,成为第二代传承人,亨生的师傅林瑞祥是第三代传承人,我是第四代传承人。

20世纪亨生奉帮裁缝插画

20 世纪初，中山装诞生，大家流行穿中山装。推崇时尚的亨生借着这个机会对中山装进行工艺改造。当时的老板徐继生带领一批在哈尔滨工作学习过的奉帮老师傅们一起加入改良工作。比如，原来的单领现在设计成双领，本来是七粒纽的现在变成五粒纽，他们还把制作西服的工艺运用到了中山装的制作上，亨生西服的少壮派风格融入了中山装当中。当时我们的中山装一般做成蓝色、黑色这种素色的。做一套高档的中山装最初用的是华达呢、花呢这种上等的毛料，因为这种料子做出来的中山装会很厚实挺括，但是价格也会比较贵。后来，普通的布料也可以做中山装，价格也亲民了，穿中山装的人就越来越多，慢慢形成了"中山装热"。中山装最辉煌的时候应该就是在 20 世纪 70 年代，在 80 年代西服盛行起来之前人们基本上穿的都是中山装。当时亨生改良的少壮派现代中山装一推出来，就吸引了很多消费者购买。很多干部、文人都喜欢穿这个。亨生也因此渐渐闻名于沪。

改革开放之后，人们在服饰上的追求朝丰富多变的趋势发展，每个人的穿着打扮都有更多的选择。多种多样的新潮时装涌现，风靡一时的中山装被取代，逐渐淡出了人们的日常生活。穿的人少了，我们自然也就做得少了。如今，能够做出一套正宗中山装的裁缝真的屈指可数。像我们这批老师傅还能做，但碰到一个困难，就是我们的眼睛老花了，要看这些针针线线就会比较困难。

精细工艺,独创挺括

亨生西服还是很时髦的,我们设计西服是与时俱进的。我们汲取英美西服版型的基础,再根据东方人的体型进行创新设计,形成独特的风格。

亨生西服在行业中属于少壮派。这种独特的新潮款型一般做给比较年轻的,以前我们叫"小开",也就是老板的儿子这种人比较多。这种经典款型线条流畅,挺括健美。另一个西服品牌培罗蒙设计的衣服比较宽大,比较舒服,但是样子没我们这边的时髦。所以一般是年纪大的或者大老板会选择在那里做衣服。当时俄国服装裁缝的风格我们叫"罗宋派",还有一种"英伦派"。"罗宋派"的版型会比较宽大,适合大体型的人穿着,亨生就属于英伦派。

我们和现在的服装厂不一样,服装厂是流水线。服装厂做十件衣服与我们做十件衣服在时间和质量上都是有区别的。做西服讲究的是工头,也就是完成一件服装所需要的人工数量。一般的西服只需要四五工头,而亨生做一套西服要十工头。我们做的衣服更是"有温度"的,是根据你的体型个性化设计的,让你满意。可工厂就做不到了,它就按标准尺寸制作。现在很多人都会碰到比如衣服大小合适但长短不合适的问题,所以他们要定做。我们就可以提供高级定做。定做的意义有这么几点:一是我们用的面料、辅料、制作的工艺都是高级的。还有一点,客人是享受的。比如,服装要试两次样,我们的要求比较高。衣服完成了让客人试穿的一段时间之内,如果有什么地方不合适我们都可以帮他再放放改改,这样一来让他也感觉自豪了很多,很多客人都很享受这个过程。这个过程在高级定制中很重要。当时很多人来找我们做衣服,比方说上海交响乐团的演出服,我们也是做过的。他们拉小提琴啊、吹萨克斯啊,手臂提起放下都要很舒服,不能让人感觉被衣服束缚,会影响表演的。所有这些都是机器批量生产做不到的。

亨生西服店中墙面摆设

一套亨生西服的制成要经过精细复杂的工艺,我们讲究"四功""九势""十六字"。

首先,四功包括"刀功""车功""手功""烫功"。刀功,包括裁剪,那些制作的时候用到剪刀的,都是刀功。车功,从概念来说就是踩缝纫机的,当然这中间还有很多熨烫之类的事情。接着,手功。我们的手功比较复杂,在女装及其他服饰中运用得比较多。比如我们扎驳头、手工敲打、装领子都要运用手功,装个袖子也是运用手功。第一次装好了,以后就没什么大问题了。最后一个烫功。烫功其实也很重要,一件衣服做得不好的地方,可以用烫功把它纠正过来。

肖文浩先生讲解工艺

其次，九势。九势包括"胁势""胖势""窝势""戤势""凹势""翘势""剩势""圆势""弯势"。比如，这个西服的袖子一度是弯的，这是根据人体工学原理来设计的。西装肩膀的线条要做出凹势，又要平又要往上翘一点。腰部要做得纤细，臀部要做得饱满一些。我们手工扎驳头要用针线对着西装胸前两片翻折的领子的里面密密麻麻地扎，扎好的标准就是要见针花不见线，这样的话翻领线会自然朝内走，不会向外翻，领驳头就会既活又挺。如果你看见西服向外翘的话，就说明它不是手工做的。西服的袖子经过手工裁剪和制作自然往前垂。"前圆后登"，袖子的肩膀处在前半部分是比较饱满的。后半部分需要有一块凸出，这个就是"圆势"和"胖势"。从人体工程学来说，手往前摆，袖子自然也就跟随手的幅度往前；手放下后，袖子也就自然贴合手的动作。这就是"戤势"。如果这个袖子做反了，手势会往前面撞，客人穿了就很不舒服了。再有，袖子后的线条要做得宽松，更方便人们做伸手等小幅度运动。比如，我们穿西服时主要动作以手臂的前后摆动为主，如果要把手举起来便要将西服的纽扣解开。

店中西服展示

最后，十六字，有"平""服""顺""直""圆""登""挺""满""薄""松""匀""软""活""轻""窝""戤"。门、里襟要直要平要窝，袖山处的线条是缓缓顺下到肩膀的，驳头及其外都要顺直。熨烫对西服的顺、直、平也是很讲究的。因为布料的不同，熨烫对它们产生的收缩效果也不同。所以，西服熨烫完之后要先挂起来，等待冷却之后再接着制作，就这样反反复复。

有关于这些工艺的具体内容，我们也有一本书，叫《亨生奉帮裁缝制作技艺》。书中写得很详细。这本书在2019年首发，当时正好是我们亨生品牌创立90周年，还举办了庆典。

一件事，一辈子——海派时尚与匠心传承

亨生品牌创建
90周年庆典

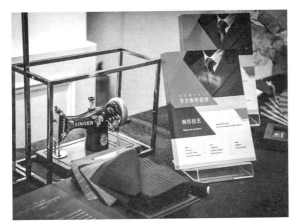

《亨生奉帮裁缝制作
技艺》书籍

潜心学徒,脱颖而出

其实我是在 1973 年毕业以后接到通知的,我被学校分配到上海市静安区衣着用品公司。我起初以为就是在办公室坐坐。但是到了报道那一天,我看见在门口有一百多人在等待,我完全不知道是什么情况。接着,这里办了一个星期的学习班,在学习班的学习结束后便开始分配了,有被分配去做商店营业员的,有去做皮鞋的,也有去做服装的。做皮鞋真的很辛苦。当时我还算幸运,被分去做服装。起初我觉得做衣服还是挺简单的,没有很把它当一回事。因为我在学校的时候数学比较好,所以我被分配做裁剪,做裁剪就涉及公式、比例,等等。学会这些之后,你对服装的理解也不一样了,理解改变了,你裁出来的衣服也会有所不同。

当时我学裁剪还是比较努力的。我刚开始学习扎驳头工艺的时候,真的是生疼的。因为这每一针扎下去都是透过衣服布料真真实实地扎在我的肉上的,这部分真的挺辛苦的。学了一个月以后,我的手指上慢慢起了老茧,之后就不疼了。虽然学这个真的很辛苦,但也有好玩的事情。还记得那次师父让我熨烫一块布料,我熨烫到一半突然有事情,我粗心地把还在运作的熨斗留在了布料上,人却走开了。等到我回来一看,我傻眼了,布料被熨斗烫出了一个大洞。这块布料被我搞坏了不能用了。我当时很害怕,也不敢和师父讲。于是我就赶紧去排料——这又是一个不容易的工艺,就是把顾客拿来的布事先规划好需要用的材料,最大限度地利用这块布料这样才匀出了布,挽救了回来。当时我每个月有 20 元的技术补贴,工资有 36 元到 41 元,这在当时确实很高。对我来说这是物质的鼓励,也是一种支持,我生起一种成就感。记得当时和我一起学徒学艺的总共有十多个人吧,可是现在还从事这个行业的,也就我一个人,他们都不做了。其中一个原因就是,做这个实在是很枯燥又辛苦。

在学习之余,我还可以为人民服务。我的同学、邻居知道我会裁衣服就找我帮忙,他们很感激我,我也感觉很自豪,很有成就感。当时我们一周只有星期天一天能休息一下。每天的安排大致是上午裁衣服,下午逛书店,找一些与服装有关的资料。当时与服装有关的资料很少很少,而且没有进口的,都是国产的书。在做学徒的时候,我就阅读了一些书籍,也去参加了一些比赛,得到上海市第一名的好成绩。这样一来,我很高兴,领导也很高兴。所以我学徒只学了两年,提前一年结束。

我的师父蔡宝荣对我的影响真的很大,我从他那里学到了很多。他是1977年从这个行业退休的,他曾经在哈尔滨、海参崴(今俄罗斯符拉迪沃斯托克)学艺,在那儿学了日本和俄国做西装的手艺。在退休临走之前,他帮我用600∶1的比例,画好了西装、马甲的版样。当时老人家年纪都那么大了,还画那样小的东西,画完郑重其事地把版样交到我手里,再三地关照我说一定要把这个东西好好藏着,他说西服以后一定会流行[①],哪一天西装能做了,就拿出来量一下规格,你就知道怎么去裁剪了。师父将自己的一生都奉献给了这个行业,完全不计较个人的得失。

1973年,我初入裁缝行业的时候,上海人都不做西装的,只做中山装。一直到1978年改革开放以后,穿西服的人多了,我们做西服的人就比较忙了。1978年做一套西装的工费是37.4

---

① "文革"期间不能穿西装。

元，对当时的上海人来说，这也不是一个便宜的数目。那个时候，很多人都还不懂这方面的技艺，根本不会裁剪西服，大家都行①做大衣这种，西服不是每家服装店都能揽下来并做出来的。我当时就把我师父画的版样拿出来，把他教我的技艺运用起来，照样裁剪。在当时整个南京路上，可以做到独立裁剪西服的人中，我是年纪最轻的。

我们这个行业有一个特点是做裁剪的人就一直做裁剪，做上衣的人就一直做上衣，这些是互相不能变化的。如果领导看到你的衣服做得好了，又缺少做裁剪的人，他就会提拔你去做裁剪。一个店30来个工人，只需要一个裁剪。因为你做一件衣服需要几天的时间，而裁剪只要半个小时。所以我们这个流程还是比较固定的。一般来说，服装店裁剪是不变的，这样它才能形成自己的特色。如果你经常变的话，就像外面烧菜的一样，今天这个厨师烧，明天那个厨师烧，客人每次吃起来感觉不一样，会影响客人的体验。

当时的社会环境可以说是"又红又专"，政治上要求上进，业务上要求提升。我们当时有几个店面，有一个中心店，下面有5—7个小店。如果你学得好，有能耐，就会在人员调动的时候被另外分配。我当时学得还蛮认真的，什么都要学一学。在这种情况下，我在1976年的时候就被调到南京路的店面独立参加裁剪。1978年，我参加了"文革"后的第一次服装职称考评，获得了"服装技术员"称号并享受国家技术津贴。我打版裁剪的中山装为单位取得"商业部中山装名牌"称号。还多次在全市裁剪比赛荣获第一、第二名。

---

① 上海方言，表示"流行"的意思。

1983年夏天，应安徽省共青团干部学校的邀请，我作为上海顶级男式西服（亨生）的师傅，和代表上海顶级女式西服（鸿翔）的吴世椿技师前往安徽省合肥市共青团干部学校，讲授男女西服整套的制作工艺。有来自安徽的、山东的、河南的50名学员，他们中有大厂的厂长、技术科长和小有名气的个体裁缝等，年龄从18岁到50多岁不等。初来乍到，他们都以极其认真的态度和挑剔的眼光注视着我。

我先讲了服装的制图、裁剪。这时候，学员便开始提出"十万个为什么"，我都耐心地一一回答。他们表面上好像服了，但内心还是不服气的。他们嫌我太年轻没有经验，不信服于我。于是我就虚报年龄，把自己报大了5岁，声称自己有33岁。在上西服工艺课时，他们先是对我的年龄表示惊讶，后来便开始认认真真地学习，一点一点地欣赏、佩服我了。而且他们也开始愿意和我交朋友了，搞得我都忙不过来了。20天的教学结束了，分开时大家都依依不舍。后来他们这一班人都发展得不错。很多学员来上海都会看看我，也有每周来上海进修的，还有把厂开到上海的。

那个时候，我有时会乘飞机到广州、东北、北京等地去工作，1985年的时候尤为频繁。当时很少有服装店能做西服，我们是最厉害的。所以那时我们的老师都出来做西服。就这样我们慢慢地与外界的交流也多了。日本那边也有专门来上海找我们交流的，让我们帮忙提意见或建议。他们也请我们去日本，甚至提出要合作。这些交流开阔了我们的眼界，我们的格局也大了。活跃的交流之下，外国人的衣服也开始进来了。最早进来的男装是皮尔卡丹，也有日本的衣服过来，但是名气没它响。当时上海滩的四大西服名店，亨生、培罗蒙、淮海路上的启发和南京东路上的乐特尔，现在也只剩亨生和培罗蒙了。

1998年，上海市服装协会请亚洲男装委员会成员黄教授在上海服装技术学校开课，我有幸参加了这次学习。我上课比较认真，很早就到了，坐在第一排。一同的学员主要是来自上海市服装工业公司下面的西服厂和商业局西服公司的技术人员，课程主要讲述现代西服的设计和打板。黄教授曾经留学日本，后来主要是负责服装教学和服装样板出售。在讲到服装裁剪的内容时，他提到了一个比较新的理念——纸样展开问题。如后衣片，在衣服后背处的背缝上开刀开不同的叉展开，使后衣片放长和改短。这段内容引起了课堂上很多质疑声，黄教授没办法一下子说服大家，导致课堂上一时间比较混乱。由于平时我喜欢去书店买书自我进修，所以我接触过这种方法，这是当时国际服装行业比较流行的做法。可能这位黄教授理论有余实践不够一下子不知所措，我当时便胸有成竹地做了一个手势，说用纸样在面料上转一下就行了。他不理解，请我上去示范一下。示范过程中课堂上鸦雀无声，大家都认认真真地聆听我的讲解，黄教授也看着我连连点头。

课后，黄教授问我是哪个公司的、工作了多少年，他还邀请我晚上到他下榻的和平饭店去。不仅如此，他还送了我几套西服的纸样和量身的工具，询问我有没有兴趣做他在上海地区的纸样代理。但由于种种原因我没有答应。

所以我觉得，学无止境，多看看多学点总是好事。

摒弃浮躁，守住匠心

在我年轻时的那个年代，能在亨生做一套西服是很骄傲的、

"扎台型"① 的事情。但是因为种种原因很难在亨生做一套西服。现在是新时代了，各种服装品牌层出不穷。这时候就有人问了，你亨生西服是很早以前的老牌子了，这边商业街也转变了，现在年轻人还会不会来你这边做衣服，你还有没有生意。其实，一直到今天，亨生还是响当当的一块招牌，生意仍然盛兴。

首先，一些年轻人受到其父母辈的影响会来亨生做西服。早年的时候亨生因为产量有限，不承接外面的衣服订单，价格又比较高，相当于当时上海人一个多月的工资，许多人无法承受起一套西服的价格。像比我年龄大一些的老上海人，将结婚时不能在亨生做一套衣服视作一个遗憾、一个心结。现如今他们有钱了，舍得花大约 6 000 元到 8 000 元买一套西服了，又适逢他们的儿子要结婚，需要做衣服了，这些老上海人就推荐年轻人前去亨生做衣服，趁机给自己也定做一套西服，算是圆了自己的一个梦想。

上海人喜欢在要穿的时候才来定制。大家习惯在秋高气爽的 10 月份结婚，结婚就要做西服了。所以，9 月起是西装定制的高峰期。夏天是做西服的淡季，来做西服的比较少。当然，也会有老人在夏天很热的时候带着子女来"错峰"定制，他们也是想多做几套。

其次，亨生的设计也是与时俱进的，年轻人都很喜欢我们的版型。现在很多年轻人也不满足于单一款式的服装了，量身定制特别火，这对于我们裁缝来说是一个新的希望。亨生更是借此机会将小众化服装的量身定制坚持到底。举个例子，比方说有的小青年结婚来我们这里定做礼服。一般的小礼服的驳头上是有块缎面的。以前的老裁缝把这块缎面做成死的，是没办法拆的。现在

---

① 上海方言中的俚语，表示"有面子"的意思。

我们将它改良了一下，既满足结婚时礼服对于缎面的需要，也可以把缎面拆下来平时穿，更加灵活实用。有的年轻人看见店面橱窗里挂的西服比较好看，比较适合自己，他们也会进店来做衣服。也有的年轻人因升职，比方说主管升经理了，应酬增多了，或者是进入了一家比较讲究的公司，他们便需要好一些的像样的西服。别的店家的西服不一定合他们的身，而亨生西服量身定制，手工制作，更合身，他们就这样又坚持定做了好几年。还有一点，现今亨生店堂布置也蛮新颖的，西服摆放错落有致，西服设计也跟随潮流，非常个性化，赢得了不少年轻人的青睐。

不管怎么说，一家老牌店一定要开着，牌子挂在那里就是广告，大家就知道亨生还在那里。

亨生西服静安店

像我这样能在上海滩最顶尖的服装店做男装的，确实是很骄傲的。2012年，我去参加比赛，被评为"技术能手"。接着，我就开始做上海市非遗传承人了。2016年，我考评了首届上海工匠，当时一起参加首届上海工匠的都是劳模，都是一级的，一共有88位，所以我也比较幸运。我做了40多年的裁缝，我的工匠精神就从这40多年的平凡工作中来。我认为，工匠精神是一种对产品、对技术的专注与敬畏，是一种努力把事情做到极致的信念与决心。简单来说，要做工匠，首先是爱岗敬业，第二层是精益求精，而更高的境界是甘于奉献。

在单位，我带了几个徒弟，又负责了几个学校的教学。比如从2011年开始，我每个礼拜都会去上海逸夫职业技术学校，每次去教四节课。我给他们讲课，教他们西服的工艺，中山服啊西服啊裤子，等等，从最基本的知识慢慢加深。我也借此机会去挖掘一些好的苗子。如果他们也愿意的话，我们就把他们带过来培养。虽然去学校教学是比较累的，但还是很值得的。

肖文浩先生指导新人

最近我也在转型。我会去做评委，因为我现在是上海教育评估院的专家，只要是上海的中职学校有新的项目，我就要去做评委。最近，以我名字命名的大师工作室被批了30万元，作为启动资金。这不仅是对我能力的认可，也是对我在做的这个工作的认可。三百六十行，行行出状元。实际上我认为，你做一个工作，只要用心去做，时间上能坚持得下来，你就能成功。

说到年轻人学习这行，我也正带着几个徒弟。我带徒弟的原则一是人要聪明，要有悟性，二是要静得下心。师父领你进门，发展还要靠自身。最重要你要喜欢这个行业，你喜欢了就会想尽办法去研究这个东西。

这个问题很现实。现在上海本地没有一个家长喜欢孩子去学习这个行业，太苦了。对于这个行业的男孩子来说，娶老婆也很困难。因为工资不高，而且太苦太枯燥了，也很难静下心做。对于这个行业的女孩子来说，等到她们结婚了，她们的老公也会劝她们不要做了。现在这个行业连做兼职都很难找。上海周边地区的人来到这里进入这个行业也只是把这里当作高级培训班，他们在这里学习，学好了就走了，自己去开店做老板了。所以对我们来说，找到传承人确实很困难。

在外国，比如法国的手艺人的工资是很高很高的，比白领的工资都要高。在中国，手艺人的工资太低了，只有6 000元左右。特别是对于外地来沪的手艺人，他们需要租房，还要生活。哪怕是我们的老师傅，工资也不高，学徒就更不要说了。有的学徒我们收进来了，但是学了一段时间，觉得不适合做这个就走了，对这个行业来说是不利的。因此，关于传承人方面，我确实有所担心。

　　对于我这种已经退休几年的手艺人来说，我的理念就是，把我所学到的、掌握的东西教给学徒们。有关服装的手艺在男装女装中都是互通的。如果学徒们真正喜欢并且用心的话，他们甚至可以将这些手艺发展到其他方面。

　　前面也提到了，因为种种现实原因，现在选择来做裁缝这一行工作的人比较少。其实，这门手艺的传承光靠我一个人或者我们这些老师傅们拼命地干是远远不够的，还需要国家和整个社会的支持。

　　首先是收入待遇的倾斜。如果学徒们的工资能达到一万多元的话，他们可能会愿意继续做下去。相反地，如果工资太少，他们可能连生计都是问题。你想，在上海租个房都要起码2 000元一个月，其他生活零零碎碎的支出也都要自己出。对手艺人的工资待遇能有所倾斜，他们其中响应的人也会增多，激发这个行业的活力，响应的人多起来了，我们也能够从其中挑选适合的学徒人选进行传承。

　　其次是社会地位的提高。这个是很重要的。手艺人的范围其实很广，如果大家都重视手艺人的话，国家在各方面的发展都会更好。有一段时间大家很崇尚搞金融的，后来又觉得制造业的好一点。其实，手艺的东西，要求很高。比如现在的凳子，小孩子喜欢坐在凳子上摇摇晃晃，如果手艺不好，一摇一晃就很容易坏。然而，手艺的东西效益不高，做一个小凳子能卖多少钱？几十块钱最多了。木头好一些，价格能高一些。这是很令人心寒的一件事，手艺好不起眼，没用。我估计可能现在受尊重的手艺人也就只有厨师了吧。因为人人都爱吃好吃的，每个家庭也都需要他们。希望社会来尊重我们这些手艺人。这样,我们的手艺才能传承下去,越发展越好。

我这一辈子就做了一件事——裁缝。47年来我一直想把亨生奉帮裁缝技艺做到极致,今后我也会继续坚守在这里,不断学习创新,使老字号亨生西服独树一帜的精湛工艺和工匠精神代代相传、发扬光大!

(采访及整理:费逸滢)

鲁庵印泥，在传承中焕发新生

讲述人：符海贤
时间：2021年1月26日
地点：上海市五四中学

符海贤，1950年8月生于上海，祖籍江苏江阴，国家级非遗项目"印泥制作技艺（上海鲁庵印泥）"市级代表性传承人，上海市静安区非遗项目"海派传拓技艺"代表性传承人，国宝鲁庵印泥传习所副所长。著名书画篆刻家、印泥制作和印谱传拓大师符骥良之子。

子承父业习技艺

关于非遗的传承，现在大家说起来都是朗朗上口。但是放在15年以前，假如跟别人说起"非物质文化遗产"，人家还真不知道怎么回事。鲁庵印泥在2008年被评为第二批国家级非物质文化遗产。同年，我父亲符骥良老先生被评为国家级非物质文化遗产传承人。

我父亲有四个儿子，我排行老二。父亲把这个手艺传给我，一个很大的原因是我跟父母住在一起，日常往来最多。由于生活在一起，经常看到父亲摆弄制作印泥的物件，也算是耳濡目染。父亲时常叫我去买配料、辅料、制作工具，当时我是知其然，不知其所以然。我认识这些东西，知道是做印泥用的，但是这些东西起什么作用、什么时候用、如何使用，却不是很清楚。

我也会帮父亲做一些"体力活"，当个"快递员"。比如说，父亲把印泥做好了，让我把这缸印泥送到某某画家家里去。过了几天，这位书画家画了一幅画，放在信封里，寄到家里。父亲拆开来一看，原来是某某人送了一张画来。这就是他们往来的方式。父亲是不做买卖的，他做了印泥不会拿去兜售，都是在艺术家之间流动。鲁庵印泥成为了他们艺术交流的媒介。

随着国家对文化日渐重视，对非遗的调查和研究不断开展。我感觉到，这是一个很好的契机——以前不被重视的非遗，现在开始受到重视了。我有必要主动对父亲传承的技艺做全盘了解，最起码，我要知其然，还要知其所以然。2005年，我在上海市住宅总公司工作，担任子公司的董事、总经理职位，当时还没退休，自己主动提出要退居二线，那个时候差不多55岁。慢慢地，随着空闲下来，我开始陪老父亲整理他几十年来所有的经验、资料、材料、用具、工具，研究怎么分类，并且向他请教了各种各样有关鲁庵印泥制作的问题，了解"怎么做"，也了解"为什么这样做"。

通过这个梳理和追根溯源的过程，我领悟到印泥制作是一门学问，不论于公于私，都应该把它继承下来。从那个时候开始，我就以很认真的态度去做一些调查和研究，跟随父亲的脚步，走过了一段对我来说至关重要的历程。用辩证法的观点来说，我经历了一个从理性到感性、再从感性到理性的不断上升过程，这一过程收获很大。

2009年9月，文化部在全国办了一个中国非物质文化遗产的展览，地点在北京的农业展览馆。那次展览对我的触动很大，它是一个全国性的非遗展览，代表上海市去参展的就有鲁庵印泥。当时我陪父亲去北京，得到了中央领导的亲切接见和交流，我记得有当时的国务委员刘延东、李长春，还有喜欢篆刻的原政治局常委李岚清等党和国家领导人。我感受到了政府对非遗项目的重视，更加坚定了传承的决心。"传承"是一种现在时髦的说法，按照过去的说法，就是子承父业，家传的东西不能丢掉，于公于私都应该传承。抱着这样的心情，我慢慢完成了和父亲的交接。

这个交接过程很有意思，不仅仅是技艺上的交接，还有其他方面的。举个例子，在印泥制作里面，有一样很主要的原材料，叫朱砂，化学名称叫硫化汞。朱砂这一款原料既是中药材，又是制作印泥必不可少的原材料，它是天然红色的，不会氧化。朱砂是很稀缺的一种矿产品,国家对它是控制的,到中药铺去买朱砂很难买到,因为硫化汞的汞含量极高,达到86%,一旦污染了食品或者水,后果非常严重,因此它被控制得很严格。

我们制作印泥要到哪儿买朱砂呢?药店里有药用的朱砂,但是它的矿物含量很低,制作印泥所用的朱砂纯度要93%以上。因此,只能到矿区去找。矿区很偏远,中国的朱砂矿主要分布在湖南、贵州,而且都是手工作坊开采的矿洞,再加之对朱砂的种种管制,它的产量不大。

从张鲁庵先生那一代开始,我父亲就做朱砂采购,所以跟矿上的人员很熟。这种人员的联系也一辈一辈地传承了下来。矿上的人知道,自己的爷爷是跟张鲁庵先生做朱砂买卖的,父亲是跟上海的符骥良先生做朱砂买卖的,而现在自己是和上海的符海贤做朱砂买卖的。这样一来,无意之中就形成了一个供应链。印泥制作不仅涉及工艺的传承,甚至供应链也有传承。

回过头来总结,我家就是一个普通老百姓家庭,传承父亲的印泥制作技艺也不是因为我有很高的境界,也没有多高的起点。我的传承原因非常简单:第一,生长在这个家庭当中,生活在父亲身边,经常耳濡目染;第二,子承父业是责无旁贷的事情。我看到上一辈重复重复再重复,锲而不舍地去做这件事,那么我也想去做这件事,这种情感其实是很朴素的。

创新发展焕光彩

从父亲那里把技艺传承过来,是一个潜移默化的过程。在学习过程中，我也是动了脑筋的，印泥技艺的传承和发展，其实大有乾坤。

"传承"是一种粗线条的说法，实际上内部充满了细节，要细究其中的各个环节。比如，朱砂是印泥的重要原材料之一。加工朱砂的过程叫水飞朱砂，要把朱砂放在水里研磨。朱砂是结晶体，像米粒一样，要把它研磨成粉末状。由于硫化汞的化学性质极其稳定，它做出来的印泥几百年也不会变色，根据现在可以考证的情况，乃至上千年都不会变。按照老一辈传下来的办法，在研钵里面加朱砂和水，研磨了以后，粉末状的朱砂会飘起来，因为粉末已经很细很细。然后把水过滤，再加水、再研磨，周而复始。磨到什么程度呢？这个溶液放在桌子上，干了以后，人从旁边走过，粉末会飘起来，要磨得这么细才行。

按照他们传下来的这种经验，磨一斤要300个小时。我问父亲，你怎么知道是300个小时？他说，张鲁庵先生当时磨朱砂，磨上5个小时，他就把那个研钵放进罩篮里面，然后在旁边的簿子上写一个"正"字，一个"正"代表5个钟头。很可惜，这些记录没有保存下来，否则就可以作为一个见证。这样大的工作量使得印泥十分珍贵。印泥是很有分量的，500克的印泥看上去也只有一点点。磨300个小时简直要命了，如果一天磨三个小时，那要磨整整100天才行。

这样一来我就想，研磨这个步骤是否可以用机械代替？当时经济上还比较困难，买不起研磨机，现在已经做到用研磨机研磨，这要感谢上海市五四中学提供的平台和资金。研磨机是全封闭的，开一晚上就能磨好。如此，有了设备和仪器，我们就能从烦琐的劳动中解放出来。

另一方面，上一代传下来的办法对于所要研磨到的程度，说得也比较模糊，只总结出要磨到这么"细"。对于这个"细"，我用专业知识进行了分析。物理上对粗细程度有一个标准的描述方法，叫"目"。假如1平方厘米的面积里有800个孔，粉末可以从这些孔里掉下去，这就叫800目；40个孔，叫40目。也就是说，目越高就越"细"。我就开始用"目"来分析研磨要达到的"细"的程度，研究什么比例的目数最适合做印泥。

对于传承，我觉得要有创新，一定要用科学的标准代替上一辈留下来的"大概""也许""少许"这种模糊的表述。这就是"量化"，是传承发展要迈上的一个新台阶。不要小看"量化"这两个字，这是一个大踏步的提高。现在制作塑料制品、磨眼镜片、磨玻璃片等，这些工艺都有工艺标准，手工技艺也不能只停留在"靠感觉"的阶段。按照我的想法，若干年以后，也许会有这么一天，要对印泥制作定下工艺标准。这个工艺标准不可能一夜之间提出，它需要在制作过程中不断摸索，这正是我现在正在做的一项工作。具体体现在印泥制作中三大主要原材料的量化，即朱砂细度的量化、艾绒纤维长短的量化、蓖麻油酸度和稠度的量化。这些量化的实现需要进行反复研究，这个做的工作可就多了。

这部分工作，我有生之年会尽力做，未能完成就让后人去做。我想，利用先进的科学手段、加工手段，有点"创新发展"的意味了。这是一个更高水平的传承，不仅要把制作的过程继承下来，还要有所发展，这样的传承才能让传统技艺持续焕发光彩。

符海贤先生展示印泥的手工制作

不过,传统技艺需要创新,更需要保持一定的传统,这其中当然有限度。非遗首先是一种手工技艺,当然不能脱离手工,这是它的精髓。在印泥整个制作、调制的过程中,最后一步的合成必须是手工。将原材料加入印泥中,先加什么,后加什么,加到什么量,这个步骤当然可以做出配方。但是,最终调制的手势是相当有讲究的,不能没方向地乱捣,而是要有一个周而复始的过程,这就体现出了手工技艺不可替代的重要价值。这一步是对于鲁庵印泥手工制作的坚持,没办法用机械替代。

衍生产品有乾坤

关于鲁庵印泥与市场化的问题,我认为市场化、工业化生产是不可能的。最关键的是原材料的限制,一年供应的原材料才几千克，当然没法市场化生产。文化部曾提出过一个课题，叫"抢救性生产"，相关人员来找过我，我拒绝了。我说，如果用非天然的颜料去生产印泥，是完全不行的。我选择维持鲁庵印泥的纯洁性，不去搞商业操作。

鲁庵印泥本身的价值是极高的。2012 年，我父亲过世，那年上海要举办第一届非物质文化遗产拍卖会，地点在朵云轩，来向我征集拍品。因为鲁庵印泥广受书画家欢迎，市面上又买不到，所以他们希望我支持下非遗事业，将父亲传下来的、曾参加过北京展览的两缸印泥送去拍卖。我当时纠结得一塌糊涂，第一点，这两缸印泥是父亲留下来的，对我来说很珍贵；第二，鲁庵印泥很高端，万一流拍了，或是拍得不好，会有负面影响。我前前后后纠结了差不多两个月，许多人来劝我，说肯定有人买的，最终我决定拿出两缸印泥去拍卖。坊间有"一两印泥、一两黄金"的说法，但我还是打算把身价放低一点。一缸印泥是 100 克左右，我定的起拍价是 6 500 元。想不到，在那次拍卖的非遗拍品中，两缸印泥成了拍卖会的一匹黑马，一盒印泥卖到 56 000 多元，算下来一克 500 多元，比黄金还贵。这次拍卖被多家电视台报道。

我根本没想到两缸印泥能卖这么多钱，可能内行人觉得这东西不可多得，所以才有这样的价值。

2016 年，我又参加上海"天工开物"拍卖，这次拍品是我制作的两缸印泥。初出茅庐，本来是不想把自己的作品拿去拍卖的。我还是想把价格放低点，5 000 元一缸。结果这两缸印泥拍到 32 000 元，合一克 300 元。在此之后，好多人拿着现钱想找我买印泥，但我都不理睬，后来干脆说，你不是专业的就不要买。我是希望能够延续传统，不去搞印泥的商业操作。

尽管如此，我仍然做了一桩事情，来帮助印泥在社会上传播和推广，那就是鲁庵印泥的衍生产品。我认为这个事情是值得好好研究的。

印泥的价值怎样体现出来？印泥不过是一坨红色的东西，它自己不会说话。你说它好，光看着它，又能看出是好在哪里呢？不用说外行了，即使是搞篆刻的也未必清楚。所以，印泥要实实在在地去使用，才能体现出它的价值。相应地，和印泥最相关的人就是刻图章的。如果一方图章刻好了，只是放在那里，永远体现不出好与坏，永远展示不出精致的内容，必须要敲了才能看出来。历数明清两代，印泥的最高境界是用印泥和图章做成印谱。

不过，印谱是一种非常高端的艺术表现形式。我首先推出的是一种初级衍生产品，就是藏印票。目前已经为许多单位制作了藏印票。它的形式是我设计的，能够把印泥的高雅体现出来。现在我为几家单位设计了藏印票，有博爱艺社、西延安中学、五四中学等。

藏印票中大有乾坤，能从很多角度宣传中国文化。就以我给博爱艺社做的藏印票为例，这是产品里的一种。这款藏印票集六项非遗于一身，上面红色的图章，是用鲁庵印泥印的；边上一块小的黑色部分，是海派传拓技艺。这项技艺是我在2018年申请的非物质文化遗产，是静安区级的。本人是代表性传承人，保护单位是博爱文化教育中心。此外，这张票面纸是宣纸，而且是很厚的三夹宣，涉及宣纸的制作技艺；这张传拓纸是连四纸，涉及连四纸的制作技艺。另外，传拓的墨水选用一得阁墨汁，也是一个非遗项目。最后，篆刻本身也是被联合国教科文组织认定的人类非物质文化遗产。

我在藏印票上做了详细的说明,介绍分别是哪六项非遗。在此之外,这方印章还有特别的意思,上面的字是"听党话,跟党走"。这方章是60年以前刻的。刻它的人,在藏印票后面也有介绍,叫马国权。他曾经是广东中山大学的校长,也是有名的篆刻家。我们就把他刻的图章做成一张藏印票。

现在大家都知道,这个藏印票不是印刷品,也不仅仅是工艺品,还是一个限量发行的艺术品。图章上的句子非常应景,尤其今年是建党100周年,更有纪念意义。名家图章加上我们的制作技艺,敲章、传拓,形成这么一张有收藏价值的藏印票,这就完成了一款老百姓喜欢的衍生产品。而且是限量发行的,供不应求。最早的时候一张卖50元,现在已经卖到了一张200元,足见其价值。

我说的藏印票只是衍生产品之一,比藏印票更高级的就是印谱。印谱的制作,历朝历代都是一项浩大的工程。我现在正在制作100部印谱,这几乎是前无古人的事情。

《符雪之藏印》封面

印谱具体是什么东西？我前两年完成了一部完整的印谱，叫做《符雪之藏印》，"雪之"是我父亲的号。父亲把一些印章留给我，我抽空把这些印章做成了印谱。印谱的价值，可以说是藏印票的百倍不止。印谱全部是手工线装本，制作极其精致，耗时、耗力、耗钱，其实现在很少有人能够耐下心来做。因为它有史料价值，所以在图书馆、博物馆都是收藏品。印谱是印泥、篆刻文化的"宝塔尖"产物。文人墨客、图书馆、博物馆、文史馆都以收藏印谱为终极目标。正因如此，印谱的价值也非常高。我所做的一份 50 页的印谱，在第一届进博会上卖出了一万元一本的价格。

《建党百年印谱》封面

关于印谱这项衍生产品的具体制作，目前我有一个大动作。在 2019 年底，我向政府部门提出一个设想，2021 年是建党 100 周年，这是一个很好的机会。我希望结合鲁庵印泥、海派传拓这两门我所传承的非遗技艺，制作一份建党百年印谱。我当时提了"三个 100"：在全国征集 100 方红色图章，用本人制作的印泥和传拓技艺制作100部印谱，向建党100周年献礼。这个项目得到了区文旅局的资助，从南湖红船精神开始，到现在的"不忘初心"，回顾了党的百年历史。这100方小小的印章，在方寸之间，讲述了一部恢弘的奋斗史。印章内容源自百年党史中提炼出的关键词，如"开天辟地""不忘初心""百年辉煌""百年圆梦"等。这些振奋人心、光耀史册的词句，记录了中国共产党人从革命年代建设社会主义，直至如今带领全国人民全面建成小康社会，追逐实现中华民族伟大复兴梦想的光辉历程和坚定信仰。一万张印谱纸，15个月手工钤拓，代表着艺术家们对党的拳拳之心。

该印谱为一函二册，融合了篆刻、宣纸徽墨、连史纸、一得阁墨汁、雕版印刷、古籍装帧、鲁庵印泥、海派传拓等多项非遗项目，弥足珍贵。目前，中共一大、二大会址纪念馆，四行仓库抗战纪念馆，中国国家图书馆及江浙沪部分重要博物馆都已经明确接受该印谱的捐赠。上海博爱文化艺术交流中心还将在沪举办巡展系列活动，通过这100部印谱，助力更多的人更深入了解中国共产党的百年辉煌历史，唱响具有重大时代意义的主旋律。

其实，各种专业的篆刻人士，一直苦于找不到能制作印谱的人。印谱制作这个技艺很小众，并且相当专业，因此为专业篆刻人员制作专业印谱的工作我已经排到三年后了。在这种情况下，我有一个产业化的计划，但还没有完全成熟。之前提到，由于我是双料传承人，并且随着建党100周年印谱的问世，将会对印谱制作做出一点微小的贡献。

我觉得如果止步于制作印泥本身，那么这种传承是没有生命力的。正如我之前所说,传承的精髓在于研究和创新。过去没有衍生产品这个概念,随着时间慢慢推移,非遗普遍都在研发衍生产品,在上海展览中心还举办过衍生产品的展览。在第三届进博会举办的时候,我还在发布会上送了两样东西,其中一份就是我制作的印谱,此外还有一缸印泥。我希望借助这些机会把鲁庵印泥衍生产品推广出去。专业性的印谱也好、非专业的藏印票也罢,我希望能够通过具体的产品,把传统文化渗透进大家的生活中,扎扎实实地扎根于民。传承不是口中说说而已,要脚踏实地做出来。

走进校园传国粹

我做"非遗进校园"是比较早的,而且一直坚持到现在。最早在2012年,上海市五四中学开了一门课,叫"非遗传习工坊",作为学校的拓展课。这门课每个学期都开展,不断教授新的学生。多的时候一学期有二十几个学生,少的时候有十来个。既然学校邀请了我,自己就要做点实事。口说无凭,2016年我出了一本书,叫《国宝鲁庵印泥制作技艺》,作为鲁庵印泥制作技艺校本教材,由上海教育出版社出版,我负责主编。书里面把鲁庵印泥的制作编为具体的课程内容,每课介绍一样东西,讲得很细致。

我在学校周而复始地教课,现在已经9年了。现在学校里的小朋友,很多都知道鲁庵印泥。而且,不管是学生还是老师,都觉得这门课开在五四中学物有所值。有些老师没课时也爱坐在后

《国宝鲁庵印泥制作技艺》封面

面听我的课,他们很感兴趣。

教课的这几年,有不少给我留下了深刻印象的学生。他们都很认真,都是好学生,很爱钻研,喜欢问为什么。让我最有感触的学生大概有三类。

因为初三是没有拓展课的,所以我的课开设在预备班、初一、初二。有的学生从预备班开始报我的课,初一、初二继续报,连续学三年。课程内容每年都是一样的,我就问,"炒冷饭"你们也觉得有意思吗?学生说喜欢,觉得我的课"好玩",因为既可以动手,又能听我讲故事,还能看到相关资料。这样连续三年选我课的学生是一类。

第二类学生也令我印象很深。比如,有一个2013年毕业的学生,名字叫何路依,现在已经上大学了。她高中毕业以后,考了北京的艺术类学校,还找我来写推荐信。她说,就是因为听了符老师讲的课,才对艺术方面感兴趣。我很有感触,在我心里,100个学生里只要有1个愿意跟着我学,就非常非常开心了。而她更是念念不忘，多年以后还刻了一方图章送给我，刻的是"鲁庵印泥"四个字。她还问："符老师，我刻得好吗？"我当然觉得非常好，就好像播下的种子生根发芽了一样。

还有一种，我之前有个学生叫树天炀，他上了我的课以后，我们交流挺多的，考进高中后还来看望我。他也打过电话给我的助手，问符老师放假了还来讲课吗；他有点技术方面的问题不太懂，想来跟我讨教讨教。他不是个例，我觉得这也是一类给我留下深刻印象的学生。

学生经常说："符老师，我们空下来再来听听你的课！"我是很欢迎的。非遗进校园是一种很好的传播形式，作为传承人我应该好好去做这件事。

每年毕业的时候，我总是做藏印票送给学生，他们很喜欢。此外还有与学生、老师一起制作的藏印票。包括每年表扬学生发的奖品、教师节礼物，我们会送一些相关的东西，都是手工一张一张制作的。

这些年我也获得了很多荣誉，比如市教委的中华文化优秀传习基地、非遗进校园导读课等，我觉得这就是一种文化自信。印泥是中国特有的文化，而且很接地气。小朋友在课上既可以动手，又可以了解到中国数千年文化里还有鲁庵印泥这样的珍品。

"传播"是理念层面的效果，作为传承人，我想脚踏实地去做事。"传承中国文化"这个题目很宏大，要做到的是用接地气的方式去传播，让老百姓喜闻乐见，让大家觉得"很好玩"。

上海市五四中学非遗传习所墙面上的"国宝鲁庵印泥"字样

文化传承在路上

我现在年纪大了,今年已经72岁,是爷爷辈的人了。所以,培养项目传承人的事情,已经提上了日程。

按照以前的传统,有传男不传女之类的说法,我对此是不忌讳的。只要是喜欢的、愿意做这件事的,能不能成为代表性传承人我不能保证,但是只要愿意学,我都可以教。

既然收徒已经排上日程,我开始挑选徒弟。徒弟的来源,有专业推荐的,也有家属传承的。我的女婿田非凡已经跟在我身边11年,之后会成为正式的徒弟。此外市里也有推荐。因此在不远的将来,具体大概是今冬明春,会有一个拜师学艺的正式仪式。我会收两至三名正式的徒弟,有一个比较正规的仪式。

目前,一些传统技艺在社会上面临传承困难的情况,我虽然自己不涉及这个问题,但是也会听说一些相关的问题。比方说,咱们有一个国家级的非遗传承项目叫做"码头号子",就是以前码头上的装卸工扛东西的时候"嘿、吼"所喊的号子,展现出劳动大众的形象。但是现在随着科技的发展,码头装卸都已自动化,这种号子也就很难传承下去。

鲁庵印泥制作技艺可能会稍好些。因为它承载了中国很多优秀传统文化,写字作画,少不了要敲章,电子的是没办法替代的。我们也在不断发现印泥新的表现形式,像藏印票、印谱,这些多种多样的形式,它们的生命力是可以延续的。所以,印泥制作技艺可以一代一代传承下去。

我是在退休前后正式接触鲁庵印泥的。一个人退休以后,一般都会有失落感。但我碰到了一个好的年代,一个对文化越来越重视的年代,提倡文化自信的年代。对我来说,退休的十几年里,如此丰富的文化交流、文化积累,反而令我感到时间不够用。而且随着年纪的增长,我的朋友圈反而越来越大。到了一个学校,我就认识一大批人;到了文化馆,又认识很多人,年纪都那么轻,我可以和他们交流,朋友圈不断扩大,我感觉很开心,生活很充实,有事情可做,丰富了我的退休生活。

总的来说,我对鲁庵印泥的情感是很朴实的。我就是一个普通的老百姓,于公于私,认为父亲的技艺应当传承;境界再高一点,这么宝贵的文化遗产我也应当传承。而传承,也不是左手到右手这么一个简单的过程,必须站在更高的视角上,有所创新、有所发挥。当前,还有三大任务等着我去完成:首先就是建党100周年的纪念印谱,这是当务之急;第二大任务是今冬明春,完成收徒仪式;第三个任务,海派传拓技艺也要进校园了,也要编写学生读本。我还有很多事可以做。

(采访及整理:陈阳)

潜心制泥，静待花开

讲述人：李耘萍
时间：2021年1月27日
地点：上海市黄浦区李耘萍大师工作室

李耘萍，女，1943年出生于浙江宁波，国家级非物质文化遗产代表性项目"印泥制作技艺（鲁庵印泥制作技艺）"区级传承人。1963年进入上海西泠印社做学徒，师从丁卓英学习"潜泉印泥"制作技艺；1974年至1986年任上海西泠印社厂长。1987年至2000年转任石泉印泥厂厂长；1988年在高式熊的指导下正式开始恢复"鲁庵印泥"，并于2013年正式宣布鲁庵印泥复出。2001年成立上海耘萍工艺品有限公司，出任总经理。先后被评为中国文房四宝印泥艺术大师、中国艺术研究院中国篆刻艺术院研究员。其一生制泥无数，在众多书画金石家的支持鼓励下不断改革创新，推出多款定制印泥，受到海内外书画篆刻名家的高度评价，现在已经是印泥行业公认的权威。

初入上海西泠印社

我之所以接触印泥，与我的家庭出身有关，也可能是一种缘分。

"潜泉印泥"的第一代是我的太外公吴隐（字石泉）先生和太外婆孙锦女士两人创制的"钤印印泥"，后又发展出"天字""地字""元字"等多个品种印泥。1904年，吴隐为了发扬西泠八家浙派印风，与叶铭（字品三）、丁仁（字辅之）、王禔（字福庵）在杭州西湖孤山吴、丁私宅筹建印学团体——西泠印社，第一任社长为吴昌硕先生。这一学术团体的成立，极大地推动了篆刻艺术的发展。吴隐不仅是杭州西泠印社的创始人之一，同年他还在沪创立了制作营销印泥及印谱的经济实体——上海西泠印社，正式向外推介销售潜泉印泥。按照现在的说法，吴隐就是潜泉印泥的祖师爷。

太外公的三子吴锦生过继给丁仁为继子，根据丁氏字辈排名，改名为"珑"，字振平。吴振平自幼得到丁、吴两家真传，精通书画篆刻，制得一手好印谱。成年后吴振平与杭州水陆寺巷丁氏卓英结为连理。丁卓英是我三太外公的小女儿，我母亲丁秀娥是二太外公的孙女，故丁卓英同我母亲是姑侄关系。我理应称丁卓英为姑外婆，按氏族习惯，简称其为外婆，称吴振平为外公。结婚后，丁卓英在丁家犹如王熙凤在贾府，聪明好学，吃苦耐劳，操持家务。

吴隐生前立下"制泥技艺传子传媳不传女"的规矩，吴振平、丁卓英夫妻两人得以继承家传制泥秘法。1922年4月太外公吴隐病逝后,吴振平、丁卓英两人在照顾侍奉瘫痪在床的孙锦的同时,专心学习印泥制法。1934年,在丁卓英娘家兄长与侄儿的支持下,吴振平、丁卓英夫妇兴办"上海西泠印社潜泉印泥发行所"。"潜泉印泥"正式传至第二代。

新中国成立后至1956年,丁卓英作为上海西泠印社的私方代理人,积极配合国家的对私改造,"上海西泠印社"变成公私合营。1961年,丁卓英考虑到子女都对印泥不感兴趣,不愿继承,于是决定把祖传的"潜泉印泥"制作技艺献给国家。

丁卓英先从家族中物色人选,看上了我。我出生在一个庞大的家族中,有四个外公,我的外公是三外公,他在我母亲一岁多时就去世了,我外婆通过做裁缝把女儿养大,30多岁时就双目失明。当时大外公的儿子在上海开厂,条件比较好,由他负责出钱赡养我外婆,我母亲也在大外公家中长大。我外婆为人很硬气,从不吃软饭,虽然她双目失明,但丁家祠堂四周走道都是她扫的,家中烧火等事也都是她做的。那时女同志是不兴读书的,可我外婆竟还是供我母亲读到了小学四年级。我母亲结婚后有了我和我弟弟,后来,我父亲去世了,母亲的生活变得无依无靠。舅舅便劝她去上海谋一份工作,于是母亲拖儿带女,跟着舅舅一起来到上海,租了一间7.6平方米的亭子间,我们三个人就住在里面。母亲做裁缝活,有时也到卷烟厂打工维持我们一家三口的生活开销,还要供我们姐弟读书。

1962年,我在市九女中读高三,是班里的团支书。丁卓英知道我听话懂事,又很能吃苦,觉得我是个合适的人选,就让舅舅来给我做思想工作。母亲也问过我愿不愿意进西泠印社做工,但我一心想着考大学,并不愿意。丁卓英知情后就把我的情况汇报给胡铁生局长,胡局长派了上海工业美术服务部党支部书记应海珠来做我的思想工作。应书记以前做过社区工作,比较有经验,还和我母亲认识。但她并没有直接找我母亲,而是先联系我的班主任郑栋老师。当时班主任说的话对于学生是十分有分量的。我记得班主任对我说:"李耘萍,听说有人想招你到印泥厂里做工,你不肯啊?你想过没有,即使高中勉强可以读下去,你弟弟还要读书,你家的钱从哪来?再说业余也可以读书的,你有了工资一来可以帮你妈分挑一些生活担子,二来还有钱交自己的学费继续读书。"我被班主任说动了,因为我一直对家里的经济条件很清楚,母亲一个人挣钱养家不容易,连同学都知道我家的情况,他们每次来做客都会帮我一起干些零活儿补贴家用。于是我答应下这件事,但要求推迟到我高中毕业以后。应书记满心欢喜,连忙向胡局长汇报。于是胡局长就利用我高中毕业前的半年时间派人到上海手工业局相关部门和上海市劳动局给我办理了相关入职手续。

高中一毕业我就到上海西泠印社报到,专心学艺。

我住在5楼仓库外临时搭建的约4平方米的宿舍里,那里只有一张"床"——两条长板凳加三块木板。但我觉得很知足,相对于家中7.6平方米却要住三个人,这里已经很大很方便了。即使我周日白天回家,晚上还会回宿舍住。

艰苦的学徒生活

我的学艺生活是从学习盖章、修复印泥开始的。盖章是为了对印章、印泥和纸张有最基本的认识和感觉。印泥的修复则是非常让人增长见识的，各种流派的印泥，现存的、消亡的印泥都被送到我面前。什么样的印泥能够修复，什么样的印泥无法修复，印泥的主要原料是什么，碰到太干的印泥应该怎么处理……姑外婆的工作很忙，很多时候这些问题都需要我自己摸索答案。

之后要学的科目还有很多，例如如何分辨艾叶的好坏，怎么采摘艾叶，如何从艾叶中抽取艾纤维，如何用手感去分辨艾绒的好坏，如何将艾绒分档使用；如何晒油，如何体验油脂的成熟度；如何辨认朱砂的好坏，如何配料，如何使用台式研磨机研细色浆，研细过程中有哪些注意事项，如何布局艾绒纤维进入色浆，等等。

最后一个学习阶段是捶拉印泥。这是印泥制作的最后一个工序，也是最讲究手势技巧的工序。由于难学，不只是外婆，就连白天在文化出版社工作的外公也经常在晚上抽空指导我。他们言传身教，手把手纠正我的操作姿势，如何挥锤，如何轻重有序地分开艾纤维，慢慢吸足泥浆，使其最终成为细腻而有光泽的泥团。

我这个人有"一根筋"的毛病，要么不做，一旦认准了，就会全身心投入。每天我两眼一睁就开工，实在很困才睡一小会儿，那时没有上班八小时这种概念，一天到晚就是钻在印泥里。好在吃饭的事不用发愁，一天三顿可以在大楼里的联合食堂解决。

按规矩，学徒做两年即可满师，可我整整花了两年半。一方面是要学的技艺实在太多，另一方面是做学徒不能光学不干活。当时厂里除了我和师姐，都是上了岁数的人。累活、脏活自然落到我们头上，晒油、炼油、研朱、制绒、制泥、装缸都是我和师姐两个人做的。且同外界打交道的工作由我一个人承担，原材料是我从外面骑黄鱼车拉回来，成品也是由我送到别人单位、批发商手里。有时印泥要批发到外地，我就要一直骑到上海北郊站托运。由于长期骑黄鱼车，我的小腿很粗壮，模样活脱脱一个沧桑的农民工，经常有人惊讶地问我："你是崇明农民的后代返城的吗？"

两年半时间在忙忙碌碌中匆匆过去了，我也在外公外婆的指导下满师结业了。不久，我被正式通知成为潜泉印泥第三代传人。

风雨飘摇坚守初心

我和师姐都是1963年进厂的，做学徒期间，我在宿舍里看了很多印谱，从此开始对印泥有所感触。外婆曾对我说："李耘萍，你这一代是有知识的一代，你记住不要埋头做，要想想怎么改革，把潜泉印泥制作技艺的科学道理摸索出来，这样才能融会贯通。你要和书画家保持密切的联系，去拜访一些书画家，看他们如何使用，有什么要求，多积累，多请教！"

那时单位也没有什么生意，书画家们都闭门不出。十年间在外公外婆的指引下我遍访书画家，从这些前辈身上学到了许多，也领悟了许多，很多人成了我一生的良师益友。

首站是吴朴堂先生。初次见面，他就找来一尺见方的巨大石章教我如何盖大章，让我第一次感受到金石的磅礴之力和艺术的魅力。

而后是陈巨来先生。陈巨来钤一方印的时间特别长，我看着真是吃力。他用指肚蘸泥，非常严格细致地完成上泥后，再把章侧面残留的印泥擦拭得干干净净，方才落款。印面效果非常利落、精准，着实让人佩服。他手把手教我用手指指肚蘸泥完成蝇头细朱文小章的钤印的技巧。

接下来是高式熊先生。高老是上海西泠印社的常客，在外婆介绍下，我与他熟悉起来。高老不仅热情好客，而且随和，一点大名家的架子都没有。我常拿新研制的印泥样品向高老求教，他每次都认真地翻拌、钤印，在纸上标上日期、气温、干湿度。重复若干次后，他一般会告诉我这款印泥存在的问题，以及需要改进的地方，还常常鼓励我与他一起讨论。如果印泥十分好用，他也会说："行了！可以了！"

由于与高老深感投缘，我常去高老家吃饭，聊印泥的趣事，逐渐成了"忘年交"，变得无话不说。有时候他会当着众多书画家的面指着我说："她是一个印泥疯子。她的生活除了印泥没第二个东西。她就是为印泥而生，又为印泥而活着的人。""她倒像是个搞科研的料，一头钻进去不知道回头，实在不像个做生意的人。"他虽如此讲，但总是全力支持我，建议我不仅要遍访上海的书画篆名家，而且要走向全中国，"每个书画篆名家对印泥都有各自不同的需求，你可不能做井底之蛙啊"。于是，我出差北京，在荣宝斋的介绍下，结识了北京众多书画名家，且与启功、李可染等先生结下了深厚的师生情。

拜访启功先生时，他住在小乘巷的小屋里。老人家知道我来，特地到大门口迎接，见到我后风趣地说："我可是牛鬼蛇神，你怎么还敢来？"我笑着说："启老，我是来向您请教的，尤其是想向您请教印泥使用上的要求。"言后我将高老为他刻的印章恭敬献上,并附上一盒我精心为他准备的印泥。启老高兴得连声说:"想不到你和高老还是亲戚,那太好了!"我忙说:"高老是我的老师,他对我开发的许多新品印泥都进行了实质性的指导。"他连声说好好好,接着非常认真地跟我说:"书画作品没有好的印文相配,就不能被称为真正的艺术品。而好的印文必须要有优质的印泥。"那天我们相谈甚欢,谈了很多。后来,他怕我不得要领,还专门写了一封信给我,系统地阐述了高质量印泥对书画作品的重要作用以及他对印泥的要求。

李可染先生是水墨画大师,原来他一直用朱砂印泥落款。一次他让我整修一缸朱砂印泥,我按照他的指导整修完毕后,还特意准备了一盒朱磦印泥赠送给他。我认为水墨画本来就偏暗,朱砂又是深色的,便推荐他用朱磦印泥试试看。试用之后,画面亮堂了许多,从此之后他就专门定做朱磦印泥。李老十分满意,托人送给我一幅书法——《凝于神》——以资鼓励。

李可染题词《凝于神》

胡铁生局长也是上海西泠印社的常客，也是我的老领导，我的另一位"忘年交"。与胡局长相熟后，我也常去他家。但无论在社里，还是在他家里，我们都遵守一个原则——不谈政治。谈的无非两个：如何提高印泥质量，如何加强管理、促进生产。他曾说过："这场'革命'让我有时间好好练一下书法，再学一些篆刻。"诚如胡局长所言，他趁这段空前"闲"的时间，努力练书法、篆刻，不仅成了著名的书法家，还被西泠印社吸纳为社员。之后，他还奇迹般地刻了一整套题为《长征》的印章，现有手拓印谱留存于世。

他还给我们下了一道不成文的规定，他要买印泥或修印泥都得收钱。他来上海西泠印社从不派手下工作人员代理，总是亲自前来。他来的时候也从没乘坐过他的公务车。他与上海西泠印社的往来，贯穿整个"文化大革命"时期从未间断。

在一系列的拜访过程中，我逐渐意识到各个书画篆刻家，尤其是成了名的书画篆刻家的作品已经形成个性，而对印文、印泥的要求也颇有个性，于是我逐渐形成了根据客户对印泥不同性能、不同颜色需求定制不同特制印泥的发展新思路。也正是由于众多书画篆刻前辈的悉心指导和帮助，我才得以逐渐成长，更加热爱我的事业，自觉自愿地全身心投入，成了众人眼中的"泥痴"。

忙碌求知的日子总过得很快，不知不觉"文化大革命"进入尾声。我的"牛鬼蛇神"老师们纷纷被解放，恢复名誉，他们的作品又重新回到人们的视线中。被打倒的"走资派"也被一一平反，重新走上领导岗位，1974年，我被提升为"上海西泠印社"的厂长。

我上任没几天，就接到局和公司通知，在抓革命的同时必须抓好生产。于是我花了近十年的时间为印泥工艺每道工序量身定做了相应的质量标准和操作规则，并起草了培训教材。但要这些标准、规则得以贯彻，首先就要让所有职工了解印泥的重要性。于是，20世纪80年代我邀请高老给我们的职工上课，以提高职工的业务素质。高老听后，一口答应。他有呼必应，从不收取任何费用。高老讲的是印泥质量的好坏与书画艺术作品的关系。高质量的印泥就能钤出好的印文，优美、清晰、鲜明的印文是艺术作品不可或缺的组成部分，它应起到画龙点睛增色增辉的作用。如果缺少印文或配上有遗憾的印文，那作品就不能被称为一幅真正的艺术品，或至少是不够完美的作品。同时，光有好的印泥，如果没有正确的使用方法和严格的保养方法，也会事与愿违。

高老一个人上课太辛苦，于是他又请来韩天衡先生一起做我们的"免费老师"。韩先生几次骑单车到上海西泠印社，为职工系统地讲述了中国三千余年书画篆刻发展史和各流派艺术形成过程及其特点。韩老师特别强调篆刻艺术的表达必须依赖于高质量的印泥，无论哪个流派的篆刻艺术特点都需要通过印文向人们详细表达，名家的高超刀法更得用高质量的印泥钤出的奇妙印文来向人们展示。

通过这一系列的培训课，把印泥的标准、做法、每一道工序的具体要求都讲得清清楚楚。这也让"泥工们"意识到印泥不光是糊口的营生，更是关系民族文化的重大事业。

这次培训学习，最终以考试形式来测试每个员工的理解程度。当时的上海西泠印社，虽说是国营体制，其实只是个不折不扣的小规模作坊。从原材料采购、生产到半成品、成品的产出都在作坊内完成。几乎每一个职工都没有固定岗位,按照生产进度、任务安排随时准备换岗操作。这就要求每个员工都需要熟悉每道工序的工艺要求、操作方法,以及相应的责任要求和奖惩条例。这对文化程度普遍偏低的大多数职工来说并非易事。但职工的热情很高,学习与钻研的劲头也很足,几乎所有的职工都通过了最后的考核。

培训考核结束后,我趁热打铁,接连颁布了《潜泉印泥生产工艺流程》《潜泉印泥质量标准》《潜泉印泥生产岗位责任制》等一系列企业生产管理文件,明确定义各个质量岗位的责任要求和考评奖惩办法,严把质量生命线,为上海西泠印社成为中国第一大书画印泥制造现代企业打下了坚实的基础。

我记得新中国成立前上海西泠印社年销售额是1万多元,我进厂那年年销售额也只有5万余元,到了60年代中期年销售额超过了20万元,后期就达到了30万元。到我1987年离开上海西泠印社的时候,销量已经突破了百万元。

结缘鲁庵印泥

1987年,上海工艺美术品服务部成立了以吴隐先生的字"石泉"的谐音为厂名的"石泉印泥厂"。我被上级领导调离上海西泠印社,转任"石泉印泥厂"厂长,落址上海市静安区石门二路266弄内。后厂址迁至上海市长宁区江苏路791弄47号内。自1987年至2000年期间,出品的印泥产品以注册商标"石泉"为名。

一下子离开工作20多年的上海西泠印社,我一度心灰意冷。后来我渐渐想通,这也许是一个更好的契机。我决心不再拘泥于潜泉单个流派,转而研究其他流派的印泥,借此开拓思路,融会贯通。

在之后的十几年中,我为书画家先后研制了一系列印泥,具有"鲁庵印泥"之特色的"高式熊印泥",吴长邺先生用"美丽红印泥"之恢复版"缶庐印泥",韩天衡先生乐用的"豆庐印泥"。还根据不同地域特点,开发了适合中国北方书画篆刻特征的"荣宝印泥",适合海派书画篆刻特点的"朵云印泥",适合日本书画篆刻风格的"大观印泥""朱雀印泥""月光印泥""樱花印泥""假名印泥"等一系列印泥新产品。

我首先挑战的就是鲁庵印泥。早在20世纪70年代末,我就得知高式熊先生是鲁庵印泥的传人,手头保有张鲁庵先生最珍视的秘方和实物印泥。30年来,高老为完成张鲁庵先生的临终所托,一心想将这一技艺献给国家,却四处碰壁。1988年,我对高老提出想尝试做其他流派印泥时,高老当即就将鲁庵印泥的47、48、49号三种配方抄给了我,让我试制鲁庵印泥。高老的"爽快"让我有些意外,惊喜之余我匆忙投入鲁庵印泥制作中,但问题很快就来了。

我按照配方做出鲁庵印泥给高老试用,他总觉得不对劲。现存鲁庵印泥打起来比我做的印泥上章快,更为轻薄;而我做的印泥比较厚实、粘。张鲁庵先生祖上是开张同泰药店的,他使用的都是上好的朱砂,艾绒是他从漳州买来的,用的油是蓖麻油。我和高老推测问题就出在蓖麻油上。张鲁庵先生留下的配方中只写了"日晒蓖麻油"这几个字,但对如何制作没有留下任何资料。

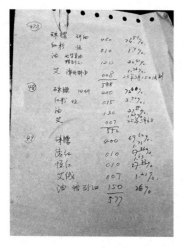

高式熊手抄"鲁庵印泥"49号配方，最右一列是李耘萍手写的比例

潜泉印泥制作技艺核心源于混合油，优点是成油较快，印文厚度好、立体感强，缺点是冬夏软硬度变化较大。张鲁庵用纯蓖麻油制印油理论上能克服这个问题，因为蓖麻油作为航天用油，油性稳定，黏度变化对温度很不敏感。但正因为蓖麻油对温度的不敏感性和强抗氧化性，通过常规日晒的方法几乎很难使它的黏度与厚度达到制泥要求。我打听到荣宝斋有自民国时期就挂在屋檐底下的老蓖麻油，就讨来一瓶，却发现离鲁庵印泥的标准还相差很远。

五年时间过去了，而"日晒蓖麻油"的难题一直没有解决。在高式熊的指导下，用混合油制成的鲁庵印泥虽然在大多数性能上都已达标，但离真正的鲁庵印泥始终差"最后一口气"。此时高老提议先把这个版本的印泥推向市场试试，既可以看看市场的反应，也可以筹措一些继续研究的经费。这个版本的印泥不能叫鲁庵印泥，一来鲁庵印泥从不销售，二来这个印泥还没达到鲁庵印泥的标准。于是我们以高式熊的名字命名为"式熊印泥"。在定下产品外包装后,我就赶去商标局注册商标。不想这个商标被老东家上海西泠印社早两天注册了。高老得知后,马上说:"好吧,那我把我的姓也给你,就叫'高式熊印泥'。"我又跑去商标局注册,这次终于成功了。1993年"高式熊印泥"正式推向市场,在国内及日本得到了很好的口碑。它标志着鲁庵印泥的复出向前迈进了一大步。

在高式熊先生的奔走呼吁下,经过上海市静安区文物史料部门的深度挖掘,鲁庵印泥终于绽放新的生机。2008年6月,上海鲁庵印泥入选第二批国家级非物质文化遗产项目,成为"国宝"。2009年6月,高式熊被正式命名为上海鲁庵印泥制作技艺的代表性传承人。与此同时,鲁庵印泥的核心技术日晒蓖麻油的研究工作仍在不断探索中。

我受到荣宝斋的启发,在油场里吊了一瓶实验用日晒蓖麻油,已经在日光下曝晒了五年多。由于黏度一直不达标,所以开始用空气泵给它通氧,试图加快其反应速度,但一直没有效果。一年夏天,我像往常一样到公司的油场里观察油脂情况,这次观察中,我意外发现油发生了变化。我马上取了部分油,依照鲁庵印泥配方做了些样品印泥,发现弹性很足,在极热和极冷测试中也表现十分优秀。

但我知道目前为止都只是经验,没有数据的支撑,仍无法得出科学的结论。于是我一头钻入实验室,对日晒蓖麻油和石泉印泥的标准伏油在不同温度下进行黏度测试与对比。结果发现在20—30℃的常温下,日晒蓖麻油的黏度与标准伏油的黏度相差无几;随着温度的降低,日晒蓖麻油的黏度变化较小;在10℃左右基本上是标准伏油黏度的一半，到了0℃几乎只有标准伏油黏度的三分之一上下了。而这些黏度数据与张鲁庵先生所制"鲁庵印泥"所用印油测得的黏度测试数据大致相仿。至此，我悬了十多年的心才放了下来，那一年是2011年。

而当时用纯日晒蓖麻油制成的鲁庵印泥还处在实验成功阶段，日晒蓖麻油也仅剩下100克左右，甚至不够做几盒样品印泥。在这种情况下，我想到了30年前自己做的仿真器。我马上找来读自动化控制专业的儿子田旭峰，让他参照当年自己的简易设计稿，添加适宜的加热、加压、紫外照射及通气设备，再加上必要的安保和自动化监控装置。终于在2012年建成新的仿真器，并产出第一批50公斤左右的合格人造日晒蓖麻油。

2012年我和儿子拿着新试制的鲁庵印泥样品送给高式熊先生指点，高老试用后十分满意，于是亲自赶赴杭州向张鲁庵之子张永敏报喜。张永敏对鲁庵印泥能够恢复成功深感高兴，他说自己虽然是化工教授，但对印泥一窍不通，也不感兴趣，可根据父亲的意思按高伯伯的主张处置，只有一点，鲁庵印泥是不卖的。大家商量一致后，2012年6月，高式熊和张永敏将鲁庵印泥秘方捐赠给国家，并正式创办"国宝鲁庵印泥制作技艺传习所"。

2013年1月，我被高式熊收为徒弟，正式作为鲁庵印泥第三代传人参与鲁庵印泥相关复出工作，并兼任国宝鲁庵印泥制作技艺传习所副所长。3月，传习所召开鲁庵印泥专家鉴定会，书画印鉴赏大家韩天衡、上海博物馆研究员孙慰祖、上海市收藏协会会长吴少华、上海市非物质文化遗产保护工作专家委员会副主任陈勤建等专家现场试用我试制的鲁庵印泥，并给出了肯定的鉴定结论。大家都反映颜色很好，印文也准，跟当初的鲁庵印泥在品质上属于一个档次。同时也提出了一些意见，例如泥团稍微硬了点、弹性稍显不够、上色有点慢等。鉴定会结束后，我对配方进行了进一步调整。至2014年，国宝鲁庵印泥的恢复工作全部完成。为了遵从张鲁庵先生的遗愿，国宝鲁庵印泥并未上市销售，制成的印泥全部用于传习所培训教育、制作印谱以及礼品馈赠。

恢复鲁庵印泥的工作对我的印泥制艺发展大有帮助，通过不断的试验和研究，我进一步扩大了思路，提高了印泥的质量。

薪火相传艺永续

2000年，我从石泉印泥厂退休后，印泥厂随即解体。原"石泉"品牌被上级单位卖于上海西泠印社，该品牌被弃之不用，彻底退出市场。十几年筚路蓝缕、艰苦奋斗的成果化为乌有，让我心痛不已。当时几个书画家用惯了我制的印泥，希望我能继续从业，于是在书画篆刻界朋友们的鼎力支持下，翌年，我创办了上海耘萍工艺品有限公司，决心倾全力打造第三代书画印泥产品——耘萍石泉印泥。

当时我儿子田旭峰在日本从事软件开发、自动化控制工作，我年纪大了，就把他叫回国出任公司董事长，我出任总经理。在儿子的帮助下，我们一面进行生产经营，一面加紧科研，建立新的产品标准，加快产品开发的步伐。在十几年内将新产品推向市场并获得成功，新产品销售量甚至超过了曾经在上海西泠印社和石泉印泥厂开发产品的总和。

日本的书法篆刻界人才济济，由于日本生产的"朱肉"印泥容易褪色，加上日本又没有制作印泥的专门工厂，所以每年都从中国进口大量印泥。他们希望能制作出一款"鲜艳、清淡、有沉着感"的日本专用印泥。丁仁（号鹤庐）的孙女、吴隐的外孙女丁如霞在日本从事文化艺术交流活动，她专门就此事来联系我。她一下发动了二三十位日本书法家、篆刻家，我做好印泥后寄给他们试用，来回往复，经过三年的研究开发，五次样品试制终于定局，我们成功研发出"鹤泉印泥"，专门出口日本市场。另外，日本著名女书画家北室南苑女士找到我，她提出想要用印章作画，用印章敲出一棵树、一朵花，于是我做出了"十彩印泥"。鹤泉印泥和十彩印泥，这两款应日本书画界、篆刻界朋友们的要求定制的印泥在日本一经上市，就受到一片赞誉。

2010年我打算退休，希望儿子或儿媳来传承技艺，所以儿子田旭峰就做了我的徒弟学习技艺，儿媳妇也支持他的事业。我已经是个"老古董"，现在公司控制、统计都用电脑操作，大大加快了速度，这是我以前想也不敢想的。但不管怎么创新，质量标准是绝对不能变的，标准的门槛必须要坚守住。所以我们每一道工序的精细度，每一种原料的标准都有限制和讲究。我要求儿子恪守这个标准。我现在别的不管，就负责牢牢把守住质量关卡，质量不过关的产品在我这必须要退回去。

2013年，中国艺术研究院中国篆刻艺术院院长骆芃芃打电话邀请我做中国艺术研究院中国篆刻艺术院研究员。我不会刻印章，字也写得不好，一再推辞，可骆院长回答："就因为你会做印泥，为篆刻服务，所以我们非常需要你。"曾经我也想过学习写字、刻图章，高老对我说："你给我把印泥做好，不要一心二用做几样事情，学得三不精。把印泥做好就是你的本分，不要今天想字写得好，明天想图章要刻得好。"从此我一门心思做印泥，没想到今天成为了中国篆刻艺术院的研究员。

在印泥的传承推广与持续发展问题上，我感到从未有的危机。

2020年我在鲁庵印泥传习所上课，介绍如何正确使用和保养书画印泥。报名的人大部分都是学习篆刻的，还有一些书画家。这些使用书画印泥的人，也有相当数量不辨印泥好坏，对正确使用和保养书画印泥几乎一无所知。好几个人拿印泥来找我修复，我看他们使用印泥前就"叮叮当当"地敲，把印泥敲得稀烂，不知道印泥其实是要拌的。印泥的正确使用和保养非常重要，学会正确使用印泥、保养得好，印泥就可以用四五十年之久，一般的印泥使用期限也有十年左右。所以印泥产业是做不大的，只能做得精。

虽然国宝鲁庵印泥制作技艺传习所的建立在一定程度上促进了传统书画印泥的宣传和教育，但对手艺人的培养问题仍是一筹莫展，主要原因就在于人才的短缺，现在肯吃苦的年轻人实在太少了。做印泥毕竟是手工，技术难度大，习艺周期长，特别是辛劳的工序，如朱砂研磨、油料加工、搥拉入绒等工艺，有哪个小青年愿意耐下性子跟你学习？现在的青年们生活条件太好了，从没有吃过苦。不像我们那时候，懵懵懂懂地就干上了，一干就是一辈子。现在的小青年工作前先要看看工资高不高、条件舒不舒服。我们这一辈人从来没想过这些问题。这次我总算招到一个年轻人，是一个做艾绒的老职工的外孙，希望他能坚持下去。

我一生在印泥上花费了无数心血，做了三件大事。第一是对艾绒寻根,并进行改革;第二是对油脂进行分析,完成了一项科研;第三是对印泥进行"定制化改革"。从事了 50 多年的制泥工作,我总结下来就是四个字"知足常乐"。我知足了,所以我既不需要发财,也不需要考虑很多,无论面对再大的困难,我都只管做好我的印泥。

(采访及整理:钱怡)

雅韵戚毕,流芳百年

讲述人:傅幸文
时间:2021年1月22日
地点:上海市静安区文化馆

傅幸文,越剧名家,戚派嫡传,上海市非物质文化遗产"越剧"代表性传承人,中国戏剧家协会会员,上海市文学艺术界联合会会员,农工民主党党员。母亲是越剧戚派创始人戚雅仙,父亲是剧作家傅骏,幼小受家庭熏陶而走上戏曲的道路。1981年3月考入上海虹口越剧团,女承母业,成为戚派传人。主演越剧电视连续剧《玉蜻蜓》《金缕曲》,荣获全国戏曲电视剧"飞天奖""天安奖"等奖项。2020年,被聘请为"大世界城市舞台中国魅力榜"专家(名师)团成员。已录制出版《血缘恩仇》《王老虎抢亲》《玉堂春》等CD、VCD音像制品。在长期的演出工作实践中注重保留戚毕越剧的经典风格,同时与时俱进,为其注入时尚元素。

所幸为文，幸入戏门

我出生于越剧世家，母亲是越剧戚派艺术创始人戚雅仙，父亲是剧作家傅骏。短片《越剧人家》，记载了我的父母亲健在的那段时光，我的父母是夫编妇演的越坛伉俪组合。社会媒体都称我们为越剧人家。我就降生在这样一个有着艺术氛围的幸福家庭中。

我的出生非常有故事可讲：在20世纪60年代初，我的母亲作为上海市文艺界代表去北京参加全国文代会，当时同机前去参加会议的越剧大师袁雪芬老师见我母亲在飞机上一直不停地吃零食，便半开玩笑地说："小妹妹这么爱吃零食，不会是怀孕了吧？"不想这句玩笑话却提醒了我母亲。她到了北京抽空去做了检查，果然怀有身孕，这让她感到意外地高兴。除此之外，参加这次文代会还发生了一件更令人意想不到的事情：在一天下午的会议中，国家主席毛泽东以及刘少奇、朱德等领导同志一起接见了参加会议的全部代表并合影留念；当天晚上在人民大会堂还举行了一场晚会。晚会上我母亲正和上海的几位参会朋友坐在一起聊天，突然从广播里传来了敬爱的周恩来总理的声音，他说道："上海的越剧演员戚雅仙同志来了没有？可否上台来为大家唱一段？"这一下所有人都惊呆了，大家都看着我的母亲，等着她上台演唱……后来我母亲曾多次跟我们讲述、并在整理出版的书里也有记载写到：当时自己感觉无比激动又非常地紧张，心扑通扑通地跳，也不知怎么走上舞台的。母亲当时唱的是《梁山伯与祝英台》中的"楼台会"片段。这一"战战兢兢"的演唱迎得了大家热烈的掌声。演唱结束后,周总理亲切地走上前,迎她入舞池,邀请她共舞一曲。母亲回忆说他们当时跳的是三步舞曲,总理一边跳舞还一边问她最近团里的排练演出情况以及工作生活等。因为周总理先前已看过她们团里的几出剧目,留下了深刻的印象。母亲后来常会说起他们当时的舞步配合非常协调。当晚,母亲给父亲写了一封信,告知他自己已有身孕以及参加文代会的两件幸运大事,她感到激动兴奋的同时,更感到了浓浓的荣誉感和幸福感!为了纪念这次意义非凡的文代会,她决定要为将来出生的孩子取名为"幸文"。因此,幸福地参加文代会,便成为我的名字——"幸文"的由来。

傅幸文《金缕曲》剧照

如今,作为越剧人家的女儿,我果然女承母业,成为了越剧艺术传承人!

可能是由于我出生之前在娘胎里所受的熏陶吧,我从小就喜欢文艺,小学到中学都参加舞蹈队。高中毕业后,我就一直想进戏校去学习。然而在当时,我的母亲和父亲对我的这个决定持有不同意见。当时我母亲已 50 岁出头了,正在和当年合作剧团黄金团队的先生们一起重建静安越剧团。那时需要把许多经典剧目重新整理复演,剧团工作非常忙。她作为亲历者一路走来,认为这是一个很艰难的旅程,希望我不要尝试。但是当时的我非常喜欢戏曲文化,又很想学习演绎越剧艺术。记得我还和父母有过一些争执。母亲作为静安越剧团的一团之长加主演,本身有很多的演出和工作需要处理,大概也是无暇顾及我了吧,最终便向我妥协,同意我去考剧团。当时上海有虹口越剧团、卢湾越剧团和静安越剧团三个区级剧团。1981 年,我如愿考入了上海虹口越剧团,并进入上海市戏曲学校越剧班学习……今年正好迎来我从艺 40 年!

回想当年的戏校生活,俞振飞先生任戏校校长。我所在的虹口越剧团和另外两个区级剧团学员以及上海越剧院的部分学员一起进入了戏校越剧班接受培训。戏校的老师还是很严格的,特别是给我们上毯子功的老师都是教京昆的武功老师。我一直是比较瘦弱的,那个时候练习倒立时手都会发抖,后来练习翻前桥、钓鱼等都要求软硬劲结合,我就是软度还可以但力度不足,还曾被老师批评过;还有乌龙绞柱的训练也是非常辛苦,一堂课下来第二天腿部两旁都是淤青……当时练功确实是非常艰苦的。但正是因为有了戏校规范的教学,我们才能打下比较扎实的基础,给以后的舞台演出呈现独特的神韵!

从戏校回团以后排练的第一个大戏是传统越剧《沉香扇》。当时虹口越剧团还是蛮注重培养青年演员的,和其他几个区级越剧团比起来,我们剧团这一代年轻人的演出还是比较多的。那时候我们刚从戏校毕业不久,都只有 20 岁出头。继《沉香扇》之后,我们排演的第二部戏是《画龙点睛》,讲的是唐朝李世民和书生马周等人的故事,我当时饰演的是长孙皇后一角。这出戏我们在上海的好多剧院,从延安剧场到长江剧场,从中国剧场到群众剧场,还有北京影剧院(美琪大戏院)、南市影剧院以及沪东工人文化宫、沪西工人文化宫,东南西北各个剧场都有演过。此剧还参加了上海广播人民电台的戏曲广播会演出。除了《沉香扇》与《画龙点睛》,我们还排练演出了很多作品,如《沙漠王子》《盘妻索妻》《天长地久》《流浪王子》《青云梦》《重阳山恩仇记》《血缘恩仇》《侠义恩仇》。

傅幸文剧照

跻身戚派，如沐春风

我最初在戏校的时候，基本每个越剧流派都要学习的，比如折子戏《盘夫》《梁祝·楼台会》等，都是必须要学的越剧传统骨子老戏。从戏校回虹口越剧团的几年里，我尝试着在《盘妻索妻》《流浪王子》《重阳山恩仇记》等剧中用戚派的旋律来演绎剧中角色。但正式开始传承戚派艺术，应该是在1988年我母亲的"戚派艺术研讨暨演唱会"活动中，我作为戚派传人，从虹口越剧团被借到我母亲所在的静安越剧团，参加演出《相思树·待郎归》一折。《相思树·待郎归》选段当年由刘如曾老师重新作曲配器，我母亲有录制磁带出版，这次由我来首次学唱并演绎这一选段。通过导演、技术指导老师们的精心排练，我顺利地完成了这一曲以比较新颖的表演和唱腔结合的选段，演出圆满成功。之后这个片段作为戚派艺术的经典选段被传唱及录制碟片。2002年，我们母女还合作拍摄了《相思树·待郎归》的戏曲MTV，在电视荧屏滚动播放并获奖。这首戏曲MTV选段也是我们越剧人家共同合作的作品之一。

20世纪90年代中的几年里，我们越剧人家三人行有过好几次合作演出活动，比如一起赴香港演出《玉堂春》《白蛇传》《玉蜻蜓》等剧，共同上北京录制节目……

后来，通过对《血缘恩仇》《玉堂春》《王老虎抢亲》《梁祝》等剧目不断的舞台实践以及电视连续剧《玉蜻蜓》《金缕曲》的荧屏亮相，我对戚派艺术的演绎日趋成熟！

雅韵戚毕，流芳百年

傅幸文《玉蜻蜓》剧照

傅幸文《梁祝》剧照

青出于蓝,再续经典

我常听老师们说我的母亲是一位智慧又很有远见的人。她20世纪50年代初成立剧团,形成有自己特色的流派艺术;她和父亲结为夫妇,夫编妇演,共创越剧事业;退休以后,他们俩又共同为我策划拍摄了几部电视艺术片和戏曲电视连续剧。

越剧电视剧《玉蜻蜓》是我父亲和电视台的编剧傅骏老师合作改编的一部戏曲电视连续剧。舞台版《玉蜻蜓》是我母亲与毕春芳老师在20世纪80年代合作的最后一部作品。1993年,我和萧雅合作拍摄了越剧电视连续剧《玉蜻蜓》,当时,拍摄戏曲电视剧还是比较新颖的一种记载宣传形式。我的父母精心地参与了前期整个的策划统筹过程。他们看到了戏曲电视剧在荧屏播放的创新之处,也为我们青年演员提供了更好地进一步刻画剧中人物形象的一次荧屏尝试机会。通过导演张佩利老师、音乐贺孝忠老师以及整个剧组演职人员的共同努力,越剧电视连续剧《玉蜻蜓》拍得非常成功,一举荣获全国戏曲电视剧"飞天奖"!

《玉蜻蜓》获得成功之后,1995年底,我和韩婷婷合作拍摄了越剧电视连续剧《金缕曲》,这部电视剧也是由我父亲做编剧的。有了先前拍摄积累的经验,《金缕曲》的化妆、头饰、服装各方面都更加精致了,演员的表演也更加成熟了,整个拍摄过程还是比较顺利的。此剧获得了全国戏曲电视连续剧"天安奖"。记得当年播放以后,我母亲非常高兴,她说她非常喜欢这部电视剧,《金缕曲》是母亲对我最满意的一部作品。

通过几部越剧连续剧还有电视艺术片《血缘恩仇》以及中

央电视台、东方电视台等各栏目的多次录制播映，我在社会上有了一定的影响。好多戏迷朋友们也是通过这几部作品认识了我，也对我们越剧人家有了更深一步的了解。记得当年《金缕曲》热播的时候，有几位戏迷小妹妹见到我，都喜欢叫我"秋娘"（金缕曲中的人物），现在回想起来还是觉得非常亲切。这么多年来，这些作品还一直被各大电视栏目、媒体网络、民间戏台包括抖音等平台播放传唱，久演不衰，影响力不断提升。

傅幸文《玉堂春》剧照

风光胜旧，岁序更新

20世纪90年代末期，戏剧艺术出现了滑坡的严峻形势，戏曲界掀起了出国、转业热潮，三个区级越剧团也经历了不同程度上的改革，剧团名存实亡，没有了剧团班底，好多人都下岗被分配到电影院、图书馆，文化馆等；没有户口的外地人直接没有了工作，出国的、经商的、嫁人的、回老家的都有……这一时期大家都感到很无奈、迷茫。

面临困境形势，我还是克服重重困难，始终坚守越剧艺术阵地，从未离开和放弃对越剧事业的传承和发扬。

2000年，戏曲文化开始逐渐回归到人们的生活中来。2000年底，我母亲的剧团迎来了"合作·静安"50年纪念日，我参加了纪念演出活动。记得那时，我们戚毕弟子联袂演出了《玉堂春》全剧和"戚毕经典折子戏专场"两台节目。

2002年，我们策划举办了一场《情缘未了》的演唱会。当初三个区级剧团的前辈老师和主要演员都有参加这场演出，我母亲由于生病没能到场，记得当年我还代替母亲读了一封她写给这场演出活动的各组织部门和到场观众们的感谢信！

2003年，我母亲去世。我们策划了一场纪念母亲的"雅歌满江南"戚派艺术演唱会。从那以后，一系列的纪念演出、拍摄录制等活动就有好多场。

2004年到2006年，上海市委宣传部发起了对戏剧老艺术家作品进行音配像的抢救录制工作。戚毕两位老师当年有蛮多的唱片被制作成CD保留了下来。我们积极地申请为戚毕的几部经典作品进行音配像，我连续配了两部大戏以及几个片段。特别是《玉堂春》和《王老虎抢亲》两剧的拍摄录制，我收获很大，因为我可以边听着母亲的原唱，边回味她当年塑造人物时的情感以及曾经对我的教导；加上毕春芳老师当场的指教，毕老师不断地提醒我《王老虎抢亲》中的王秀英是一个16岁的思春少女，需要我的表演保持一个少女的感觉……两位慈母恩师的谆谆教导至今仍在我脑海里回响。

2006年,在越剧迎来了百年华诞的大喜日子里,我们举办了"雅歌春韵"越剧戚毕流派演唱会,记得当时"雅歌春韵"四个字还是由我父亲提名的。

2007年,我应邀到上海越剧院重新排练舞台版《王老虎抢亲》。此剧2007年首演以后每年都会有公演,特别是每年的元宵节都会赴江浙一带演出。2018年,《王老虎抢亲》迎来了首演60年,我们策划了《王老虎抢亲》江南行,到江浙一带与当地团体合作巡演,效果非常好。2019年,《王老虎抢亲》参加了国际喜剧节在共舞台ET剧场的公演。此剧是一个非常接地气的作品,1962年由这出戏改编的音配像电影《王老虎抢亲》至今广为流传。

傅幸文《王老虎抢亲》剧照

2008年,在上海市戏剧家协会及社会各大媒体的支持下,我们又举办了一场"雅韵·仙声"越剧戚派艺术研讨暨演唱活动。

2009年,来自江浙沪的戚毕弟子共同演绎了戚毕经典剧目《玉堂春》。

2013年是我母亲逝世十周年,我们又策划举办了一场"慈母恩师梨园情"的纪念演出活动。

在各个流派的《梁山伯与祝英台》都复排重新上演时,我们想到了戚毕的《梁祝》也非常有特色,于是2012年、2018年,戚毕弟子联袂把戚毕的《梁山伯与祝英台》重新整理搬上舞台,并分别在江浙沪三地公演。

感怀恩师,贵在传承

民族文化旨在弘扬,戏曲艺术贵在传承,舞台演绎需要履历。所以对我们这代人来说,承上启下是我们的职责。首先必须是踏踏实实地传承,经典的作品不能轻易去改动,乱改反而会画蛇添足。经典作品之所以成为经典,这其中积累了前辈老师们不断打磨、不断完善的集体创作智慧和共同合作结晶。

1951年,自从我母亲和毕春芳老师合作的《龙凤花烛》一炮打响后,剧团生意越来越好,她们觉得能容纳700多人的恩派亚剧院已容纳不了更多的观众了,于是当年我母亲就有了个非常大胆的想法,她竟然去借款7 000元,将剧团的演出地从700多人的剧场移到可容纳1 300人左右的瑞金剧场。当时有人形容他们为"小孩子戴大帽子",并怀疑去这样的大剧场是否可行。没有想到的是他们却越演越火,甚至一个戏连演几个月都是客满!像《白蛇传》也是连着三年每年都有上演,而且每年都有新的提升。他们不断地舍其糟粕、取其精华,让一部戏越改越好,最终成为精品。

毕老师曾经跟我讲过:"你母亲非常能干,她是一个操心的人,而我却是一个安乐王。但是我们俩分工配合得还是很好的。有时候剧团人员闹情绪了,你母亲就会耐心地去做思想工作,而我只顾保证演出,不会做思想工作。但如果你母亲需要去参加会议和重要活动时,那我就会说你放心去,我来坚守阵地,管好这个家。"毕老师称此为"一人参军,全家光荣"。一直到了晚年,毕老师和我们聊天的话题总还是有关越剧的走向。我记得她曾经对我们说:"除了剧团的正常公演,你们也一定要多参加社区的文化宣传活动,哪怕没有费用也要去,这样才能弘扬我们的越剧艺术,让人们知道我们的流派艺术还有人传唱……"这就是老一辈艺术家的心声。这是他们用一生创立的越剧流派艺术!

当年母辈们有一个黄金团队,三编三导加音乐作曲的组合,还有老生、老旦、花脸、小丑,等等,他们共同策划,齐心合力,合作抱团,才会越演越火,剧团蒸蒸日上。

今年,恰好是戚毕两位老师的流派艺术合作70周年。我们策划举办了"越剧戚毕艺术珠联璧合70载系列演出活动"来缅怀两位慈母恩师,同时感恩一代越剧宗师。

傅幸文主讲"鲜衣怒马越剧人生",2017年9月摄于《我们正青春》栏目

传戚毕，荐馨香，永流传

从艺 40 年来，尽管经历了风风雨雨，一路走来曲折艰辛，但我还是觉得传承意义非凡。感谢两位慈母恩师以及黄金团队的先生们为之毕生奋斗的越剧事业，如今这也是我们的事业！

现在我们这一代越剧演员也都已经到了退休的年龄了。几十年来，我已陆续录制出版了《玉堂春》《玉蜻蜓》《王老虎抢亲》《金缕曲》《血缘恩仇》全剧以及《慈母恩师梨园情》《越剧戚毕流派经典折子戏选段》，"文·雅——傅幸文女承母业戚派艺术专辑"等 CD、DVD 音像制品；同时还参加策划并主演了《王老虎抢亲》《玉堂春》《龙凤花烛·四季衣》等几部越剧戚毕流派经典保留剧目，为越剧戚毕艺术留下了珍贵的资料；我积极参加各大媒体的录制传播并到东方财经频道、上海党校、徐汇图书馆、静安文化馆以及各社区文化中心做弘扬越剧流派艺术的宣传讲座；近几年来，我还先后收徒授艺，为越剧艺术的传承和发扬以及培养新人，做好承上启下的工作。

我们这一代是比较幸运的，不仅能欣赏到前辈越剧大师的舞台风采，还学到了前辈老师手把手传授给我们的多部经典作品。怎样把我们从前辈身上学到的东西传授给下一代学生们呢？我想还是要尽量把流派创始人的原唱给学生们多听，让新人们在前辈老师原汁原味的唱腔基础上，再根据自身条件去不断地努力研究，争取发挥得更好。这就像小孩子学走路一样，要一步一步来，如果不学会走路就去跑步，肯定是会摔跤的。

越剧的发源地是嵊州，嵊州的越剧普及程度比较高。越剧文

傅幸文艺术专辑

化进校院这一点也做得很好，他们把唐诗宋词编成越剧的旋律，学生们在课堂上都学习越剧唱腔，这样的教学方法，让学生既记住了唐诗宋词，也了解了越剧流派唱腔。我觉得这是非常好的普及传播途径。

现在越剧艺术活动在各社区文化中心也不断丰富起来了，各个社区剧场都会有文化馆团队或者民间剧团爱好者的交流演出，而且民间团队中的演员普遍还是比较年轻的，戏曲艺术多样化的演出活动吸引了好多年轻白领来共同参与。蛮多民间剧团还排出了整台大戏上演，丰富了人们的业余生活，也给社区周边居民带来了休闲方便的文艺观摩。

越剧从 1906 年起步走到现在已经有 115 个年头了，如何继续走得更远更好，再多出精品？我个人认为，首先我们演员要有自己的演绎特色。就拿我们戚毕流派艺术来说，戚派艺术擅长悲旦，毕派艺术擅长轻喜剧。演员大多数都是本色演员，很难达到每部作品都成为精品。各位流派创始人都有自己个性化的表演特

傅幸文，摄于 2020 年 6 月 "尊长家园"
抖音直播间

色，都有自己的成名作。从这一点来说，我觉得每个演员必须要根据自身的条件、扬长避短来打造自己的演绎风格。当然一剧之本以及整个创演人员的文化底蕴也很重要。越剧艺术要保持它的"美"，不管是哪个流派的演绎，都要在唱腔音色、人物造型、头饰服装以及舞美灯光等方面，给人一种美轮美奂的越剧艺术特有的江南柔情风格。还有越剧要规范化，比如在语音、咬字、押韵等方面必须要准确规范起来。老一辈艺术家留下的精华不能丢，但是我们要不断地去芜存菁，与时俱进。

我很庆幸自己生长在越剧人家，从小耳濡目染，受到戏曲艺术的熏陶，而今成为了越剧艺术的传承者。

感谢前辈大师们的敬业精神，感谢戚毕艺术黄金团队的先生们，给我们一代又一代传承者留下了宝贵的艺术财富！

希望我们共同致敬前辈，传承经典，弘扬发展戏曲艺术，让中华民族艺术之花开得更加灿烂！

（采访及整理：袁嘉璐）

悠悠戚毕魂，蛙声传春芳

讲述人：丁小蛙
时间：2021 年 1 月 22 日
方式：线上微信

丁小蛙，国家一级演员，上海市非物质文化遗产"越剧"代表性传承人。出生于 1972 年，原籍浙江乐清，毕业于浙江嵊州市艺术学校，师承毕派创始人毕春芳。代表作品有《王老虎抢亲》《少林武王》《白蛇传》《花为媒》等。1995 年被引进上海静安越剧团；1998 年主演的《王老虎抢亲》一剧被制作成 VCD 在全国发行；1999 年调入上海越剧院；2007 年获得第 17 届上海白玉兰戏剧表演艺术奖配角提名奖；2008 年参与 CCTV11 戏曲频道空中剧院——越剧《孟丽君》的录制；2016 年参与策划组织了以"传承和发扬"为主题，由上海广电公益媒体群、上海戏剧家协会、上海非物质文化遗产保护中心、上海广播电视台等主办的"春华秋实满庭芳"越剧毕派艺术演唱会；2017 年，在专家的指导下，丁小蛙对毕老师的艺术创作作品进行了系统梳理。

戚毕成，经典之作初问世

在越剧界，"戚毕"是一个专有名词，它其实是两个越剧流派，戚派和毕派的合称。

戚毕越剧流派表演艺术一开始是上海市静安区非物质文化遗产代表性项目，2007年被上海市人民政府公布为上海市非物质文化遗产代表性项目。从根上讲，毕派表演艺术发祥于上海也发展于上海，是地地道道的"海派越剧"，因为我的老师毕春芳出生在上海。相较于毕派讲，戚雅仙老师创立的戚派艺术形成稍微早一点，后来我的老师加盟之后，两位老师在舞台上珠联璧合、相映生辉，成功创作了很多优秀的剧目，成为黄金搭档。于是就有了"戚毕不分家"的说法，说到毕春芳老师就想起戚雅仙老师，说起戚雅仙老师就会想起毕春芳老师，有时候连她们的戏名都会弄错了，就像是一家人一样。戚毕两位老师初次合作是在20世纪50年代，今年刚好迎来了戚毕老师合作70周年。

毕春芳老师之所以会成为一个流派创始人，是因为她在戏剧表演里面有自己的特色，而不是一味地模仿其他流派的表演模式。当然我的老师原来也是学她的大姐们，例如尹桂芳老师、范瑞娟老师，毕老师看她们的戏，把她们身上的优点化为自己的东西，创造了自己的流派。现在像我们这一代，很难创造自己的流派，现在的年代和老师的年代也不一样了，我们没有老师那时候的氛围——一演就几个月，目前没有一年到头都在舞台上表演的机会，所以很难再形成自己独立的新流派。

我老师形象特别好，翻一些资料就能够知道，她小生的扮相可以迷倒一片观众；嗓子也是独特地好，洪亮宽厚，各个方面条件都很好。当时老师所在的静安越剧团也特别有影响力，编剧、作曲、编导、舞美、音乐都比较强，大家一股劲创作了很多经典的剧目。

戚毕两位老师合作创作了很多舞台作品，最早的作品是《龙凤花烛》，它的主题是反封建礼教，当时正好婚姻法颁布，所以这出戏是在时代背景之下应运而生的。1950年，两位老师合作演绎的《龙凤花烛》在上海瑞金剧院第一次上演，她们一演就是几个月。戚老师和毕老师当时所在的剧团叫"上海合作越剧团"（静安越剧团的前身），是真正的以市场为主的剧团，一出戏的上座率如果不到七成就马上换剧目，她们的剧火爆到买票都需要凭户口本，那时候多么辉煌！戚毕两位老师努力探索独特的风格，把作品再创作，想要把真正的欢乐带给观众。《三笑》《王老虎抢亲》《卖油郎》这些都是毕派的经典剧目，我的老师以喜剧见长。戚雅仙老师的先生傅骏给我老师的毕派艺术总结了"三轻"这三个艺术特点：擅长演轻喜剧、唱腔轻快流畅以及表演轻松自如。而戚派则是以悲旦为主，几出大戏比如《血手印》《龙凤花烛》《玉蜻蜓》都非常经典，戚老师有很多经典的唱段，现在老百姓也还在流传。当时戚毕两位老师20来岁合作了被称作"白血双玉"的四大经典作品，也就是《白蛇传》《血手印》《玉堂春》和《玉蜻蜓》四部戚毕大戏，特别受观众的喜欢，可以说脍炙人口。

毕派名作《王老虎抢亲》是一出轻喜剧，第一次演出是在1958年，戚毕两位老师在上海瑞金剧院首演。这个故事里面有四大才子中的祝枝山、周文宾，周文宾这个人物是有一点虚构性质的。周文宾被他妈妈认成是过世的姐姐，祝枝山不相信，于是元宵节周文宾和祝枝山打赌男扮女装出行，结果不巧被王天豹看上了，王天豹作恶多端所以又叫王老虎。王老虎要抢他去府里成亲，把周文宾关在自己的妹妹王秀英的闺房里面，没想到王秀英本来就知道周文宾是才子并且很喜欢他，两个人早已暗生爱慕之情，王天豹弄巧成拙反而促成了王秀英和周文宾的姻缘，这是一出喜剧、闹剧。1960年的时候香港的长城电影制片公司还拍过《王老虎抢亲》的电影，金庸导演，夏梦主演，戚毕两位老师配唱。里面的唱段特别好听，又是喜剧，所以经久不衰、深入人心，观众特别喜欢这一出。每个剧团即使没有戚毕传人，也会有别的演员演这出戏。

还有一出《血手印》，王千金和富家公子林招得从小订婚，后来富家公子家道中落，王千金的爸爸王春就想赖婚。但是王千金认为不能赖婚，叫丫鬟去送黄金给富家公子，正巧被花匠看到，花匠生贪念起歹心杀了送黄金给公子的丫鬟。林招得恰巧扑倒在丫鬟的尸体上，衣服和手上都沾了血，他匆忙回家又在门上沾上了血手印。而王千金的爸爸正好借刀杀人，冤枉穷女婿杀了丫鬟，导致官府误捕林招得为凶犯，判罪处斩。之后王千金赶到法场，林招得的母亲向包公投状，这才重新审案子，平反了林招得的冤案，夫妻两人最终获得团圆。《血手印》这个剧目是从其他剧种移植过来的，原型是豫剧《大祭桩》。戚毕派的这出《血手印》从第一次上演至今有60多年了，60周年的时候我们也纪念过。

两位老师也演过很多不是戚毕特色的但非常经典的越剧剧目，像《梁山伯与祝英台》，这是越剧的骨子老戏了，几乎所有的越剧流派都表演过这部作品。还有《白蛇传》，其他流派的老艺术家演过，戚毕老师也演过，她们按照自己的特色去演，演出来的作品也很有自己的风格。但是《血手印》《玉堂春》《王老虎抢亲》这些剧目，其他演员、老艺术家都没演过，只有戚毕老师演，这相当于是戚毕老师创造的形象，是戚毕流派的特色，所以特别有代表性。

后来，1980年1月份，戚毕两位老师在原来合作越剧团的基础上重新建立了静安越剧团，戚老师是团长，毕老师是副团长。两位老师在静安越剧团排练演出了很多经典剧目，也新编排了很多非常受观众喜欢的剧目，比如《光绪皇帝》《卖油郎》《血手印》这些作品，留传到现在也都成为了戚毕流派的代表作品，很多地方院团也都在表演。比如台州，每一个剧团都有戚毕派的戏，没有戚毕流派的戏，他们就没有生意了；300个民营剧团几乎都有戚毕派的戏、戚毕派的剧目，这也说明戚毕派的戏受观众喜欢的程度很高。

现在几乎所有的社区都在演戚毕两位老师创作的戏。戚毕流派的作品以团圆为主，现在的一些观众也特别喜欢团团圆圆的剧，比如戏剧前面有冤枉的剧情，但是最后结尾男女主角都是团圆的。而且她们的唱腔脍炙人口，特别接地气，观众喜欢，这些是她们的伟大之处。以前她们演出都是一天两到三场，会有很多观众，到现在一代一代传承下来。

戚毕流派在普通大众和戏迷朋友之间之所以有这样高的喜爱度，主要原因可能有两个：第一是通俗易懂，戚毕两位老师在舞台上的很多作品是非常接地气的，她们的流派实际上可以说不在越剧院，而在静安区；第二个原因可能是戚毕老师当时创作的剧本跟广大观众很有共鸣，非常贴近大家的生活，所以观众也都比较喜欢看戚毕派的越剧。

蒙师恩，传承之任重在肩

我是温州乐清人，我妈妈喜欢越剧，从小我就跟着妈妈去村口看越剧演出、电视剧、电影。乐清的农村有社戏，看多了就喜欢上了越剧，《红楼梦》的经典唱段我都可以模仿得惟妙惟肖，当越剧演员成了我的梦想。在我12岁那年，我跟着乐清白象文化站下乡，演出非常多，夏季会休息一两个月，其他时候每天几乎都有演出，条件也很艰苦，晚上就睡在村民家里面，或者是在祠堂里铺稻草打地铺。

后来乐清越剧团在整个浙江省招生，初试3 000人，最后留下来30个人。选拔对演员的嗓子还有身高方面都有很严格的要求，最终我入选了。剧团送我去嵊州艺校进行专业的学习，我在艺校学习的是尹派，学习了两年之后我就在乐清越剧团里当尹派小生。之后也很巧合，1995年，越剧团正好少一个毕派的小生，毕老师觉得我的音色跟毕派比较相似，就把我引进到静安越剧团，我跟邹红老师两个人是静安越剧团第一次也是最后一次引进来的一对越剧演员。到了静安越剧团我就改唱毕派了，这也是一种缘分。虽然毕老师的流派也是从尹老师那里化过来的，但是尹派和毕派的唱法有很多不一样的地方，毕派更加刚强一点，而尹派比较柔，所以从尹派改唱毕派难度很大。我接排的第一出戏是《花为媒》，那几个月排练很辛苦，好在正式公演的时候观众还是非常认可的。我在静安越剧团的时候参加比赛，老师有时会给我排练，有大型活动她都会亲自到场支持我，到越剧院之后也是如此。

后来静安越剧团基本上不演出了，但是我还是想当越剧演员，并不想干其他事。老师觉得我喜欢越剧、事业心又强，建议我去上海越剧院。所以1999年我就调到了上海越剧院。到了越剧院之后有一段时间我也很烦恼，因为没有戚毕派的戏，我唱的都是其他流派的戏，并且都是跑龙套，但我的老师都支持我，她说："只要需要你，你就应该去，跑龙套也是应该的。"

2001年年底的时候，越剧院新排《蝴蝶梦》，但是演小生的演员突然有事情出国，我赶去救场。救场就是原本的演员临时出现意外状况，需要其他演员顶上她的角色，都说救场如救火，这在我们梨园界是很重要的事情。当时我要一人饰两角——庄周和楚王孙，而且既要唱徐派又要唱尹派，老师也到现场来支持我，她认为演员一定要这样。也是这一次救场让我有机会展示自己，假如没有这个机会，我可能现在还在跑龙套。这个剧目本来是2002年要去北京参加评奖的，时间也很紧张，我用20来天时间把戏顶上去了，结束后还因为太累而大病了一场。

老师真的非常大度，只要我喜欢，她都支持我，这一点我非常感恩。其实我到了上海越剧院后好多人叫我改唱其他派，但是我认为"一日为师，终身为母"，所以不肯改，这件事老师也尊重我的意见。领导叫我唱什么我就去，这是救场没关系，但是我不会改变我的主派。我对老师的感情也不是一两天，她的引进之恩我会永记。后来上海越剧院领导看我做了很多工作，被我感动，给我排了毕派的戏，以后不管什么活动越剧院也是非常支持。

老师对我们的要求是一定要规范化，也就是在我们的表演上一定要标准化。她希望我们保持流派的艺术表演风格、韵味。毕老师一直教导我们要刻画人物，有一些自己的表演风格融入作品里面，她每一个角色都有它的灵魂。作为演员，有机会创造角色我都愿意去尝试。这段时间我们剧院刚完成的一个原创剧目叫《玉簪记》，是钱惠丽老师为主角的一个戏，我演的是另外一个角色；还有一个是《山河恋》，我在里面演一个将军，我帮茅威涛配戏，跟她合作我觉得很开心。

老师希望我们能够在她的基础上继续发展，要与时俱进。比如她那个年代，以那样的形式可以，到我们这一代，应该有新的东西，在传承上还要有发展，不能一味模仿。这是老师对我们这一代人的另一个要求。

现在我在努力地做传承工作，戚毕老师她们的剧目有很多很多，我觉得把老师这些剧目传承下来，这是我们作为非遗传承人的一种责任。喜剧是毕派的特色，我基本把老师的三部经典轻喜剧都传了下来——《卖油郎》《王老虎抢亲》《三笑》。1998年，我和傅幸文老师主演戚毕老师的经典剧目《王老虎抢亲》，还做成了 VCD，后来我为乐清越剧团策划排演的《新三笑》也很受观众喜欢。2018 年献礼改革开放 40 周年的时候，我特地给乐清越剧团编排了一个很有地方特色的本土剧目《柳市故事》，是从传统的"八大王"事件①改编的现代越剧，比较创新，戏迷

---

① 温州"八大王"事件指 1982 年初，以"投机倒把罪"抓捕一批走在市场经济"风口浪尖"上的人，主要打击对象是五金大王胡金林、矿灯大王程步青、螺丝大王刘大源、合同大王李方平、旧货大王王迈仟、目录大王叶建华、线圈大王郑祥青以及电器大王郑元忠。

反响很好。

老师希望我能够把毕派艺术代代相传、发扬光大，再培养年轻一代的传承人，认为我们作为非遗传承人应该要收徒，她说让我来教，把毕派艺术一代一代传承下去。现在我也收了一些专业院团的学生，也培养了好多小朋友。虽然苗子不是特别多，但是参加考试的学生还是蛮多的，我看到有些艺校、院团招聘的时候来应聘的越剧演员人数也还是可以的。我在嵊州艺校收了几个学生，是被老师亲自鉴定优秀的苗子，比如说现在在杭州越剧院的小生郑蒙蒙，她从小喜欢越剧，后来在嵊州艺校学唱毕派的时候她来找到我，在毕老师的见证之下，我收了她作弟子。现在她们在传承方面做得不错，在专业院团拥有很多粉丝，目前全国几位专业的毕派再传弟子都很努力，我觉得很欣慰。

虽然越剧的需求比较小众，但是我觉得，从事戏曲工作我不后悔！这么多年走来确实遇到了很多的困难，但是现在我感觉自己是非常幸运的，因为我做的是自己喜欢的东西，从事的是自己喜欢的职业。传统艺术一旦爱上了就是一辈子，它越品越浓。

新时代，与时俱进砥砺行

这么多年的越剧表演和传承工作做下来，我觉得越剧的演出，全部演员都靠市场肯定比较困难。有时候越剧艺术还是要靠艺术家的市场，观众喜欢你，那他们会买票来看，像我老师的专场，我们帮她策划的票价是680元，翻倍到1 000多元都有人来看，就是为了见老师一面，这些是市场非常好的情况。有时候新人的市场不够，但是只要是我们戚毕派公演，基本上票房都还算走市场路线的，观众比较多也很热情。疫情期间大家好久不演，许多观众都非常想念戚毕派的声音。观众主要分成几种：有一种是专门喜欢听戚毕派艺术的，谁唱他们都喜欢；也有些观众只认角儿，不认戏，同一出戏张三演就看，换成李四演就不感兴趣了。总的来说，喜欢一个流派比较多见，一些新观众会喜欢某个演员的表演。比如，有些人喜欢我演的毕派小生；有些人喜欢老师这样老一辈的演员，可是现在已经逐渐看不到老一辈的艺术家了；也有人就看年轻一辈的演员，我的弟子现在有很多粉丝。每个演员都会有自己的一群粉丝，我的弟子去年疫情期间在抖音平台直播，粉丝量达到了几十万，有很多人都觉得她是个好苗子，非常看好她、喜欢她，我觉得挺好，这是青出于蓝而胜于蓝。通过直播这种方式吸引的粉丝基本都比较年轻，这种方式让更多年轻人了解戚毕派越剧。但是，真正的越剧艺术还是要在剧院里见观众，要靠舞台表演、舞美、灯光这些方面的配合。就现在的情况来说，我们能够在舞台上表演戚毕流派剧目的机会不是很多，因为演出费用非常高，包括剧场的费用、演员的出场费用等，这些不像网络直播那样方便简单。办一场完整的越剧演出需要准备的东西很多，方方面面都要考虑，很不容易。

近几年我也会跟戚毕流派的其他老师一起去国外表演越剧，希望能够让更多观众欣赏中国的越剧艺术。戚毕流派在海外的新戏迷很多，而且都非常热情。我现在的一些粉丝原来从不听越剧，听了我的越剧表演以后就喜欢上了越剧，成为我的铁粉，这样的情况是很多的。2019 年 3 月 9 日，我去英国曼联体育场演出，在"一带一路"协进会成立大会上跟傅幸文老师、金红老师一起合作表演了《光绪皇帝·瀛台会》《王老虎抢亲·戏豹》这两个戚毕流派的经典剧目，有很多喜欢越剧的海外华侨来支持我们，还有戏迷从西班牙巴塞罗那特地赶过来看我们的演出。2019年8月3日，我在加拿大第二届多伦多越剧艺术节演出。8月17日，我又到美国纽约的法拉盛印度宫去参加蛙之声·忆芬芳"新华·传承杯"丁小蛙毕派艺术纽约演唱会。之所以名字里面有"新华"这两个字主要是想把我的家乡和越剧文化还有毕派艺术结合起来。这场演唱会是我与生活在美国纽约的乐清同胞们一起设计策划的。当时我家乡刚刚改名叫作"新华村"，因为有很多同乡的兄弟姐妹在纽约生活、工作，我们就想团结起来一起传播传统的戏曲艺术。这次活动同时是纪念毕老师舞台艺术生涯80周年，也是我纪念老师离开三周年的系列纪念活动之一。演唱会由美国的梅拉诺文化演艺公司、美国鹰龙传媒有限公司还有上海越剧院共同主办，他们也给了我们很大的支持。这些海外的越剧表演活动吸引了很多新的观众来看，让很多没有接触过、了解过越剧的观众慢慢喜欢上戏曲艺术，喜欢上戚毕流派的越剧表演。戚毕派戏剧在网络和海外的传播让我觉得很开心。

现在我也在尝试用新的方式来传播戚毕派艺术。我们在进行进校园的传播，从娃娃抓起，在小朋友中普及越剧文化。2015年，在毕老师的见证下，我们办了一个公益性的儿童团，叫徐家汇汉越儿童越剧团，和其他越剧演员一起培养"小越人"，让这些还是白纸一样的孩子来学习。我们不用招生，儿童团有十几个小朋友，都是别人介绍过来的，小朋友来到汉越越剧团，看到漂亮的服装，有了明星梦，喜欢上戏剧。现在团里的好多小朋友在全国很多剧院、中央电视台、上海电视台的越剧演出节目里面都表演过，从越剧团创立到现在这六年之中，我们已经培养了一位小梅花奖得主、两位小白玉兰奖得主。现在我正在给她们排少儿版的《王老虎抢亲》，都是团里面4—13岁的小朋友来表演，也希望小朋友们爱上戚毕流派越剧艺术，让毕派的经典作品能够一代一代传承下去。校园是一种传播渠道，我想以后也可以把越剧带进高校，用类似的办法向更多人宣传我们戚毕越剧流派表演艺术。

2016年，我参与策划了"春华秋实满庭芳"越剧毕派艺术演唱会，这是上海广电公益媒体群、上海戏剧家协会、上海非物质文化遗产保护中心、上海广播电视台七彩频道一起主办的一个活动。2017年是越剧诞辰111周年，我与其他老师一同推动"南花北移"项目的落地，启动了北京凤鸣越剧戚毕派艺术传承大师班，在启动仪式上，我邀请了很多越剧名家一起给北京观众表演戚毕派越剧的经典唱段，希望能够发掘更多年轻人，也希望有更加年轻的力量参与到我们传统越剧艺术当中来。我现在也在做一些公益性的越剧讲座，策划了一套师资培训的课程，我在努力通过各个渠道去传播我们的越剧艺术。我作为越剧演员、非遗传承人是非常愿意去做这些事情的。

我和包括傅幸文老师在内的戚毕流派传承人一起合作策划组织了很多的纪念活动。纪念活动上演的经典剧目比较多一点，因为观众喜欢经典剧目。2020—2021年的"戚毕艺术珠联璧合70载系列活动——长三角戚毕经典剧目寻根行"晚会、"雅歌春韵：纪念越剧《王老虎抢亲》首演60周年——2018江南行""纪念越剧《血手印》首演60周年系列活动——《血手印》60印象"都是我们发起、策划、执行的。

  2018年"江南行"前前后后有130多天,从7月4日到11月25日,我跟傅幸文老师在江浙沪地区巡演,包括宁波、杭州、嵊州、台州、温州苍南、启东、上海7个城市。我们策划的时候给这次"江南行"的每个城市都安排了不同的主题,既有纪念戚毕恩师和戚毕流派相关的内容,也有我们戚毕流派传承人想要进一步推广越剧文化、传承戚毕流派的内容。宁波是戚毕流派两位创始人的故乡,所以我们称它"娘家行";杭州是戚毕经典《王老虎抢亲》里江南才子周文宾的故乡,称为"思乡行";嵊州是越剧的发源地,所以叫"寻根行";台州这几年的越剧市场非常活跃,我们想感谢台州越剧戏迷的大力支持,所以叫"感恩行";温州苍南的越剧艺术传承历史非常悠久,我们称这一站为"知音行";在启东,我们希望能够把戚毕流派的越剧表演艺术推广给更多的戏迷、更广泛的观众群体,所以叫"普及行";上海是我们这次"江南行"的最后一站,越剧又兴起于上海,所以称为"追梦行"。上海站表演的剧目《王老虎抢亲》还被邀请参加了2018年的上海国际喜剧节,也是一个新的突破。当时我在"江南行"发布会上表演了一个新改编的越剧小品——《花好月圆》,本来传统的周文宾是一个江南才子,这里改成一个海外回国的精英,他男扮女装陪王文秀加班,最后表白成功,加了王文秀的微信。这出小品改编成这样现代的新剧本,我其实一开始是很担心的,传统的越剧用这样新颖的方式来表演,没想到演出效果特别好,吸引了很多年轻的越剧粉丝。这种新颖的改编我觉得也是传播经典戏曲的新方法。

  我希望有机会的话各个院团能够多排一些戚毕派经典的、原创的剧目,如果能在上海越剧院传承一些戚毕派的原创剧目,就更好了。原本我希望上海能够有一个专门的戚毕越剧团，但因为我是上海越剧院的演员，这样专门成立戚毕越剧团就比较困难了，而且因为各种原因，静安越剧团的恢复也是比较困难的。能在上海听到戚毕派声音的机会比较少，而在外地已经有很多了，我还是希望能够在上海听到多一点的戚毕派越剧的声音。

现在想创造一些新的戚毕派剧目困难重重，上海越剧院人才济济，排本戏能轮到是很不容易的。所以只有努力争取机会创排一些新的戚毕派角色、原创剧目。戚毕两位老师合作的时候有自己的团，有乐队、舞美、编剧、导演等，这些都给两位恩师创作大量的原创越剧作品提供了很好的条件和基础。现在上海越剧院的年轻人一个班底不够用，排了我的戏，别人的戏就不能排。我们院太大了，不能专门只做戚毕派的戏，很难能轮到我们排。现在排戏也很贵，排原创需要几十万元甚至上百万元，资金压力很大，很不容易。

越剧艺术代代相传，传承很重要，是不能断档的。我是毕派传承人，我一直在努力地寻找好苗子，但是这些都是可遇而不可求的。因为种种原因，我们的苗子还是不够多，所以我常呼吁一些艺校多培养一些戚毕流派的苗子。我们自己的静安越剧团没有了，毕派苗子在各个院团也不是特别主流，我觉得传承责任重大。

我在传承戚毕越剧流派表演艺术之中也遇到了很多阻力，但是现在关注这方面的人、喜欢这方面的人也蛮多的，社会上的力量在逐渐增加。我在戚毕流派中呼吁，在社会上也呼吁，只要我开口去说，政府、戏迷朋友还有我们单位都很支持，一些有使命感的企业家也很愿意帮助我们。好几次我有戚毕流派的活动需要帮忙，上海越剧院、静安区政府他们都是全力以赴地帮助。所以我觉得，戚毕越剧流派的表演艺术传承虽然困难，但是这几年传承传播工作做下来我还是很开心，也做成了一些事情。我的老师离开我们已经是第四年了，我每年都跟傅幸文老师一起来策划纪念活动，很多协会、电视台都来帮我们。这些我都觉得非常欣慰和感恩。现在越剧演员的待遇也好一点了，虽然越剧艺术还是比较小众，但是我觉得比起以前，各种条件都好多了，国家都在重视，特别是上海市政府现在全额拨款帮助越剧的发展，我们戏曲艺术一定会越来越好！

（采访及整理：何莘雨）

爱上了，就是一辈子

讲述人：杨童华
时间：2021年2月28日
地点：上海市静安区文化馆

杨童华，1967年6月出生于上海，上海市非物质文化遗产"越剧"代表性传承人，越剧表演艺术家毕春芳的入室弟子。1976年，开始学习越剧并登台演出。1981年，经戚雅仙老师引荐，先后在黄山越剧团和海宁越剧团任头肩小生。1986年，由毕春芳老师引荐，入静安越剧团正式编制，同年出演越剧《狱卒平怨》主角吴明，被视为最有潜力的新人。2002年，出版《杨童华演唱专辑》，首开越剧卡拉OK伴奏带CD/VCD双盘先河，其中收录的由杨童华首唱的《城隍庙》选段，成为听众心中不可磨灭的经典。多年来，深耕越剧传播，在大小舞台举办演出、讲座、节目等近万场。2017年3月，出任上海市徐汇越剧团团长。2017年8月14日，在各级领导部门的关心支持下，杨童华牵头成立全国首家毕派传承基地，为非遗传承再添薪火。

与《王老虎抢亲》的一眼万年

没记错的话,我小时候看电影是一毛五分钱一张票,24小时连续通宵放映,看电影时人山人海——经历了长久的文化饥渴之后,社会各界对文化艺术作品的精神需求被提升到了无与伦比的高度。现在的年轻人可能难以想象,那时候是越剧真正的黄金时代。

而我们这一代人,作为越剧演员,实际上还是有福分的。为什么这么说呢?因为我们这一代人小的时候,越剧开宗立派的大师们尚活跃在舞台上,所以我们是实实在在地、亲眼目睹过这些艺术大师在舞台上出神入化的表演的,甚至他们在生活中的灵动身姿。而这其中的无穷奥妙,很多是影像和录音无法完整记录的。

那时候,对爱好越剧的人来说,一下子发现在舞台上、剧院中、电台里……各种渠道有如此多美轮美奂的艺术作品,引来了一大批拥趸,可谓是"老鼠跌进米缸里",一下从文化饥渴再到信息爆炸,巨大的落差点燃了大家对文艺的狂热。而在我家,全家都是越剧爱好者,我外婆和母亲喜欢看,我从小也在身边一起看。大家都知道,"恩格尔系数"讲的是家庭中食品支出占消费总支出的比重——如果把其中的食品支出换成看戏支出,只怕我家的这个"新·恩格尔指数"要高得离谱了!用现在的话来说,那是一个"神仙打架"的年代,《红楼梦》《梁山伯与祝英台》等经典作品,缤纷万千,看得人流连忘返,真是三月不知肉味。

有一天,我看到一部电影,叫《王老虎抢亲》。那一天坐在银幕前，我感到一股奇怪的能量在我的全身涌动，叫我在神经高度兴奋的同时，内心又有一种回归家园般的祥和平静。这种奇妙而撕裂的感觉引起了我的注意，令一个还不甚识得许多字的小朋友，拼了狠劲开始研究起电影资料。几番折腾才知道，画面中那个貌若天仙的、一人"双反串"生旦两角的演员，是来自香港的大明星夏梦小姐——多年以后才知道，原来让大作家、大才子金庸先生迷得神魂颠倒，从而创作出"神仙姐姐"王语嫣等角色原型的人，便是这位夏梦小姐……这样想来，当年电影的走红和观众的痴迷，也是理所当然的了……当然这是后话——画面如此精美，声音那么动听，我就缠着大人带我去"二刷"……这还是我第一次自己主动要将一部电影看上第二遍呢。看完以后，我回到家，躺在床上睡不着觉，日日夜夜地在想，这个声音怎么这么好听？有没有带子？要是能让我天天听到这个声音，那该多棒呀！

现在无论是观众，还是身边的亲友，都说我这个人有点"艮"。"艮"（音 Gen）是上海话，普通话里比较相近的就是"轴"，意思是比较执着、比较固执。我一旦喜欢上一个东西，就会不顾一切地陷进去，为它神魂颠倒。三岁看老，想想我这种"艮"的精神，从小就开始了：一个才上小学的小朋友，用尽一切方法去研究、去打听、去追寻这个令我魂牵梦萦的声音……又是几番周折，我才知道，原来这个令我陶醉的声音，并非出于那位香港大明星夏梦小姐之口。那么，到底是谁呢？那个年代可没有电脑合成呀……又费了好一番工夫，谜底终于解开：我脑海中声音的主人，叫毕春芳。我几经周折，用尽自己考第一名的奖励权，加上对大人软磨硬泡，终于拿到那一盘毕春芳老师的磁带。

我把它放进录音机,按下播放键,那从老式录音机喇叭中传出的声音,令我全身仿佛被电流击中一般……那一刻起,我知道了,我的一生,都会和这个声音结下不解之缘。

爱上了,就一发不可收拾

今天大概只有老一辈才清楚:远近闻名的静安越剧团,前身是合作越剧团,早于1950年就成立了。而直到1979年,戚毕两位大师复出舞台,静安越剧团才得以正式成立,以戚雅仙、毕春芳为正、副团长,依托于静安区文化馆这片热土,静安越剧团基本上保持原合作越剧团的艺术力量,重新开始演出合作越剧团的优秀经典剧目,一批经典作品开始复苏。我四处打探,终于找到了这里……我现在仍然能清晰地记得,戚毕两位老师早年演出的《楼台会》《三笑》等剧目,让我一眼万年,终生为之倾倒。

那时候毕老师的演出是7—9毛钱一场,我能够掌控的支出,几乎全都用在了看演出上面。旧时不比现在,技术不甚发达,每天下午5点,在戏剧频道会播出半小时的戏曲节目。有时候会标注明确的剧目,有时候省略不写,就只写"越剧选段",那就成了赌轮盘了,但不论如何,我都会准时收听,生怕错过了自己喜欢的作品。这个时间点,如果我在家,肯定好像守城的士兵一样,坚守着收音机不放……即使不在家,哪怕是坐在公交车上,突然听到沿街马路的商店传来了戚毕两位老师的剧目声音,我就会立马从车上跳下来,直接冲过去,站在那里听个过瘾……过去的时代没有录播,过了这个村就没这个店了!有时意犹未尽地把这段戏听完,才反应过来,到家还有三站路,但身上又没有多余的钱再坐车,只好自己走回去……想来在那个朴实的年代,没有录音带,也没有手机,我就只有用这种办法,进剧场看、听戏剧频道,累并快乐着。可现在回忆起来,或许就是这种求知若渴的心态,给我打下了扎实的基础。

过去在上海,住的多是石库门房子,说是"七十二家房客"可能夸张,但一座建筑里真有不少住户哩!我家就住在后楼,这种老式石库门房子,装修和居住条件都相当差。因为我钟情越剧,不但要听,还要练唱,吊嗓子的声音分贝不小,在老房子里一定会影响到别人。条件简陋,我只能就地取材,发明出了一个不知是否独创的小妙招:"饼干听练唱法"——过去物资匮乏,能吃到罐装饼干已属不易,为防止饼干受潮,装饼干的容器,是一只大大的马口铁罐子。我们中国人素来勤俭节约,好多人家吃完饼干后,都会把它清理干净另作他用,有的存钱、有的放针线包、有的盛放梅干菜什么的……而我则用把它用作"饼干听练唱法"——当时的条件下,我开创性地拿饼干听用作练声的工具,现在想来,也颇符合现代录音监听设备的原则:一来解析到位——自己听得清楚;二来控制音量——不会影响别人。

正是在那段时间里,我听了特别多的唱段、练了特别多的唱段,这些"筑牢地基"的练习令我终生受益。"饼干听练声法"好处多多,但是人无完人,金无足赤,它也有一个缺点:当时我科学知识掌握得不甚牢靠,不知道呼气中带有的水分会造成金属受潮,防潮工作不到位,使我练唱的好伴侣饼干听早早退休报废……但或许正像人们说的那样,危机与机遇并存。当我唱锈掉第二个饼干听的时候,机遇随之而来,人生中的一次转机来临了——或许是机缘巧合,或许是命中注定,我有幸结识了对我一生影响深远的两位恩师:戚雅仙老师、毕春芳老师。

与戚毕的一生情缘

见到戚、毕两位老师的时候,通过日复一日的大量练习,我已经掌握了一些曲目的演唱,绝非一张白纸。除了演唱上的基础外,也因为我自己是跨栏运动员出身,体校锻炼为我在身体素质上打下的坚实基础,使得我在掌握戏曲基础功夫时游刃有余。天生的一副好嗓子、高个子、好身体,加上对艺术的悟性,使我受到了恩师们特别的宠爱。两位恩师非常有远见:旧时因为生活条件差,营养状况不甚理想,而身高又和后天的营养补充有着密切联系,导致那时候的演员普遍身高不高,上台为了视觉效果,都要穿着很高的靴子,非常辛苦。而两位恩师慧眼识才,看中我个子高,即使还没披挂上阵,往台上一杵,就像男角儿的样了,再一扮上,妥妥的小生没跑了。

戚毕两位老师不但在艺术上毫无保留地指导我,在生活上,吃、住、行都尽可能给我安排最好的。两位先生特别爱才,看见好苗子一定会倾其所有。她们把我当做自己的孩子一样对待,在生活上无微不至地照顾我。每次去她们家里,老师先问的不是练过功了吗,反倒是吃过饭了吗。别看两位老师是家喻户晓的大明星,在生活上两位却十分地朴素接地气,起居习惯各个方面都十分传统，饮食则喜欢家乡土特产。去到她们家，老师一定会把家里最可口的佳肴拿出来给我补身体，像对待自家小孩一样疼爱。

令我记忆犹新的是，有一次剧团外出巡演，到了比较偏僻的乡村，剧团吃的是大锅饭，伙食就地采购，吃得比较简单。而我那时尚在青春期长身体的阶段，毕老师看我吃不惯，怕我营养跟不上，悄悄地将自带的咸鱼塞到了我的饭碗里，又调皮地对我眨了眨眼睛。类似的事情还有太多太多，恩师仿若慈母般的关爱，真的让我温暖一生！

两位恩师祖籍都是浙江宁波，又都在上海出生，所以唱腔咬字上极具特点，属于"宁波口音加上海口音"，形成了自己的独门特色，极具辨识度。两位老师的相处方式，是"你中有我，我中有你"。她们这么多年历经无数的风风雨雨，一路包容，相互扶持。这对我现在待人接物都带来了很大的影响。不但是在艺术上无与伦比的成就，两位恩师在人性和道德上的优秀品质，也是我终生学习的榜样。毕老师常挂在嘴边的一句话叫"一人参军，全家光荣"。当年是戚老师去参加外面的活动，负责抛头露面，毕老师则坐镇后方，当好家。现在我们说"男主外，女主内"或者"女主外，男主内"，老师们早就认识到团队各司其职、有机配合，才能发挥出最大的作用。

毕老师还有句著名的口头禅：金杯银杯，不如观众的口碑。她的艺术生涯并不以奖项为第一追求，但是毕老师的人格魅力、艺术魅力早已征服了所有人，得到了广泛的认可。我现在到浙江各地演出，现场莫说全满，甚至连过道、进出口和周围场地都挤满了观众，令当地的干部和警务人员要抖擞上阵维持秩序。至今仍有那么多毕派的疯狂追随者，老师当年的好声音之深入人心可想而知。这样想来，我能获得观众的认可，也正是因为我学得比较"像"，"描红"比较认真。许多痴迷毕派，尤其是看过毕老师原汁原味演出的观众，能够从我身上唤起他们当年对毕春芳老师的珍贵记忆。因而我在舞台上很感动、很感恩，也很荣幸能够把老师的好声音传承下来——因为我们非遗的首要，就是"传承"。

博众家之所长，集群英之荟萃

越剧小生流派中有尹（桂芳）派、徐（玉兰）派、范（瑞娟）派、陆（锦花）派、竺（水招）派，每位大师都极具个人风格。而毕老师，是戏曲中难得一见的阳光小生。毕派的演唱风格别具一格，归根结底，我们毕老师的人生哲学是乐观的，生活心态是积极的，生活节奏是放松的。你看她的戏，也是很轻松的，以轻喜剧为主。总是让观众在历经曲折后，阖家团圆。

就好像我的人生，吃了不少亏，跌了不少跤。但正如古语云，"祸兮福之所倚，福兮祸之所伏"，我在艺术道路上，虽然历经不少磨难，但一直有幸得到贵人指点。我这个演员有点特殊，一般演员都是一副班子、一套体系教出来的，而我不是。我的音乐理论和发声方法是音乐大师何占豪老师（协奏曲《梁祝》作者）教的；运动能力是少体校训练出来的；而我的毕派唱腔和表演来源于毕老师言传身教。不得不提的还有一位令我崇敬的大前辈，是当年合作越剧团创作主力之一、音乐家贺孝忠老师。

贺孝忠老师、筱麟童老师这对艺术伉俪，对我的艺术风格和技巧影响极大，给了我许多细致入微的指导与点拨。篇幅所限，还有太多帮助过我的前辈无法一一致谢，但正是因为幸运地得到了诸多前辈的提携，才造就了独一无二的我。在这里，童华要向各位衷心地道一句感谢！

20 世纪静安的越剧记忆

那时候的静安越剧团，在戚毕两位大师率先垂范，以上率下，包括中生代的周雅琴、杨文蔚、朱祝芬等老师，以及无数优秀的演职人员共同努力下，静安越剧团在上海滩如日中天，演出天天客满，火爆程度万人空巷。

我在进入静安越剧团之前，已有 8 年舞台经历，按平均一个月 60 场（年轻时都是早夜场，有时候一天 3 场）来算，一年 600 多场，8 年大概演了 4 000 多场。也正是这样实战演练打下的基础，令我进入静安越剧团，在毕老师身边进修，受益匪浅。刚进剧团时，毕老师在台上演出《玉堂春》，我就做她的龙套。威风凛凛的王金龙一出场，后面得有一排卫兵站队。一样是跑龙套，因为我个子高，没法混进列队，所以做的是中军一角，站在大人身边可以开口的龙套。切不要小看这小小的一句念白！正因为有了这点点滴滴的积累，才有今日舞台上展现出来的风采。《荀子》当中有句话叫"不积跬步，无以至千里；不积小流，无以成江海"。讲的就是这个道理。

爱上了，就是一辈子

2000年，"合作-静安"越剧团建团50周年暨戚雅仙、毕春芳合作50周年纪念演出节目单，2021年1月28日拍摄于静安区文化馆

后人的甜，源于当初的苦

20世纪80年代末，戏曲市场低迷，演出机会非常少。种种原因下，我暂别舞台，乘着改革开放的春风，南下打拼。但我心中，从未放弃过对越剧的热爱。仍然一有机会就回来探望老师。后来事业有了起色，我小有积蓄。一次在毕老师家里，老师拿着1987年录制的卡拉OK带跟我说："童华侬看，现在我听人家讲，流行个侪是啥CD啦、VCD啦。录音带辣种东西现在阿是没人看啦？我们都成老古董咪！但是先生晓得，侬一定是欢喜个，这两盘侬园园好，送拨侬了！"

我手拿着这盘卡带，一边感动于老师对我多年如一的关心和爱护，一边回忆起了儿时的我，手握着毕老师卡带时感受到的震撼与幸福。老师眼里，我始终是一个要她呵护、疼爱的孩子，但是我现在长大了，可以为老师做些什么了！老师在我心中的地位是不可替代的，各种感情交织在一起，我毅然决定，要送给老师一份礼物。我认真地向老师说道："先生，这次童华自掏腰包，请您赶一回'时髦'，给您也做一个'啥 CD 啦、VCD 啦'过过瘾头！"

和老师初步探讨设想后，我就着手开始联络发行公司，组建团队，布置场地，协调器材，运作各种资源，做好前期筹备工作。前前后后忙活了好一阵儿，可当我再找到老师，商讨下一步打算时，毕老师竟然出乎意料地说："近来觉得身体有点吃力，唱勿动咪。"

"啊？"那可如何是好？要知道，项目真正立项了，人也请了，约也签了，不少订金费用也已经付出去退不回来了，好多人就等着开工呢。在世纪之交的当时，所有制作费用加在一块儿，可以在上海买几套一居室的老公房，绝非一个可以随意忽视的小数目。

正当我眉头紧锁，一筹莫展时，先生开口解了围："童华，不要太担心，侬自家来唱勿就可以了吗？"

"但是先生，我很多年不唱了，好多东西怕一时间捡不起来呀！"突然之间要我上场录音毕老师的经典唱段，而且还是正式发行的专辑，那不是开我玩笑吗？

"勿要吓，我教侬！"毕老师竭力打消我的顾虑⋯⋯

箭在弦上，不得不发。就这样，我意外地被"逼上梁山"，两套CD/VCD双盘卡拉OK伴奏带，原本是我送给老师的一份厚礼。机缘巧合下，兜了一大圈，我从送礼人变作了剧中人，本来想给老师留个念，哪能想到自己会成为专辑的主角？

现在想来，当时毕老师究竟是临时起意改变打算，还是有意为之推波助澜，已难以考证。但现在看来，世上很多事，往往是"无心插柳柳成荫"——在越剧音乐的流派中，我们静安一派别出心裁、独具特色。当时专辑有着当年合作越剧团原班人马担当制作班底，由戚雅仙、毕春芳两位老师和贺孝忠、红枫老师亲自进行艺术指导，音乐指挥叶家桢，乐队成员均是黄金时代为戚毕老师伴奏的资深乐师。

最让我引以为傲的是，这两盘CD在无意之中，最大限度地保留了合作越剧团的黄金声音——时间再往前推，受技术限制，留下的作品正如毕老师所言，大多是有损格式的磁带、VHS录像带等，清晰度受影响；而再往后，甚至是到了20年后的今天，乐队中有一部分老师已去世，不少老师年岁渐长，身体机能有所下降，不复巅峰时期的身体状态，莫说还有几位已退隐多年，不再接触戏曲了……而2000年进行专辑录音的时候，恰逢我们静安这支乐队状态最好的时候，老师们对艺术的理解和演奏技术都处在巅峰，这两套专辑真可说是生逢其时。以当时最为先进的技术，记录下了静安越剧团最完整、最原汁原味的黄金声音！

虽然制作时精益求精、不计成本，让我有些肉疼……但想到这件工作为抢救保护戚毕珍贵艺术资料、传承非遗艺术资源而做出的重要贡献，同时也是为了戚毕流派，为越剧，为戏曲做了一件大好事，我丝毫不后悔！

杨童华演唱专辑 1 正面，2021 年 1 月 28 日拍摄于静安区文化馆

杨童华演唱专辑 1 背面，2021 年 1 月 28 日拍摄于静安区文化馆

传承需要有点"艮"

被评为非遗传承人后，我对自己有了更高的要求。无论是非

遗传承人,还是徐汇越剧团团长,对我来说,都不只是一个光环,而是一份责任、一挑重担,鞭策着我负重前行,任重而道远。

毕春芳老师艰苦创业、开宗立派,开创了如此伟大的艺术流派,为我们留下了这么多宝贵的艺术财富。现在我从恩师的手中接过这根接力棒,也一样要继续把这艺术的薪火代代相传下去。正如我们常说的那句口号:传承、传唱、描红。传承不是喊喊口号,而是一件身体力行的苦差事。前辈们竭尽一切努力将越剧艺术发扬光大,为继承学习前人的悠久光辉历史,我们更要竭尽所能传唱越剧,尽我所能描红恩师的手眼身法,把这份宝贵的艺术财富和其中蕴含的民族精神发扬光大!

就像我前面提到的那样,我这个人有点"艮",做人做事锲而不舍、认定目标矢志不渝。不少人劝我,在当下的快节奏、利字当先的时代,费时费力费心地坚持传承老师原汁原味的传统艺术,得不偿失,不但有点"艮",甚至有点傻。我往往笑而不答,我们毕派名作《唐伯虎点秋香》中的主人公原型唐寅在《桃花庵歌》里写道:"别人笑我太疯癫,我笑他人看不穿。"

传承老祖宗留下来的非遗精粹,把最完整、最原汁原味的东西给保留下来,这项伟大而艰苦的工作,功在当代,利在千秋。不但需要发自肺腑的喜爱、无私投入的奉献,有时候,更加需要这种"艮"的精神。

"谁无暴风劲雨时?"面对挑战和阻力,要多一些坚韧不拔、持之以恒,要守得住考验、耐得住寂寞、经得起诱惑,才能"守得云开见月明"。要深信天下没有白费的努力。功成不必在我,而功力必不唐捐。

(采访及整理:徐喆怡)

舞台之外的传承

讲述人：邹红
时间：2021 年 1 月 5 日、1 月 10 日、1 月 21 日
地点：上海市静安区文化馆

邹红，1970 年出生于江苏海门，上海市非物质文化遗产"越剧"代表性传承人。她成长于越剧世家，8 岁登台演出，13 岁正式学艺。1997 年，在著名越剧表演艺术家戚雅仙、毕春芳两位老师的推荐下，作为人才被引进调入上海市静安越剧团工作，成为戚雅仙老师的关门弟子、戚派第三代传人。2003 年调入静安区文化馆工作至今，现任静安区文化馆副研究馆员、群文活动部主任，从事戏曲教学工作。2007 年获上海市非物质文化遗产保护工作先进个人称号。2008 年，她组建成立了静安区文化馆青年越剧团，创排了越剧小戏《湖丝情》《早霞》《霞光》等 6 个原创剧目，曾获得上海市群文新人新作展评展演"优秀新人新作"奖，华东六省一市地方小戏银奖。2013 年静安区文化馆青年越剧团获得首届上海市民文化节"团队风采奖"。

雅韵芳菲,源远流长

越剧最早的创造者是绍兴嵊县一带的农民,他们耕田时随着农具一起一落的节奏唱着"宣卷调""莲花落"等田间小调,以唱来缓解体力劳动的疲惫。后来,经历了"小歌班""落地唱书"等阶段,农民们从自娱自乐发展成献艺卖唱,然后又丰富唱腔,发展形式,加上表演身段,为形成戏剧逐渐创造条件。1906年,嵊县东王村第一次以"小歌班"形式演出,揭开了越剧的第一页。"小歌班"又称"的笃班",由鼓板伴奏的"笃笃声"而名。1922年,"小歌班"进入上海大世界,改名"绍兴文戏",开创新的篇章。在此期间,"绍兴文戏"无论唱腔还是表演形式和剧目都有了很大的发展和提高,1921年至1937年仍属于男班时期,后来才演变成我们熟悉的女子越剧。1928年,女班出现,1937年,女班进入上海。因为女子扮小生比男子扮小生更显得风流儒雅,也贴合越剧柔美的唱腔和整体风格,所以大受欢迎,最后形成了"女子文戏"一枝独秀的局面。

1940年,袁雪芬老师大胆进行"新越剧"改革,吸收了话剧、昆曲、绍剧的特点,最重要的是在编演新剧目的时候确定完整的剧本,摒弃以往由演员即兴编词的传统,舞台美术和服装也改头换面。1942年,在袁雪芬等艺术家对剧种进行一系列改革后,"越剧"成为这个剧种的通名,以崭新的面貌出现在剧坛,成为一个有影响力的剧种。1943年,我的恩师戚雅仙在上海大来剧场跟着她亦师亦友的袁雪芬"袁大姐"演二肩旦,还得了个"小袁雪芬"的雅号。后来,戚老师渐渐根据自己的嗓音特色形成了自己独特的风格。1947 年,戚老师与徐玉兰老师同台演出了很多剧目,其中《香笺泪》成为了戚老师的成名剧,戚派唱腔和"悲旦"的人物形象也在观众心目中扎下根来。1950年,一曲《婚姻曲》① 红遍大江南北,戚派唱腔更是广为流传,也让戚老师的名声红遍全中国。

1950 年,年仅 23 岁的戚老师创办了合作越剧团②,与毕春芳老师开始了长达半个多世纪的舞台合作生涯。她们一起排演新的剧目,塑造独一无二的经典人物,开创了戚毕流派辉煌时刻。

戚毕流派的经典剧目很多,《玉堂春》《血手印》《王老虎抢亲》等。但这些剧目其实有很多演唱版本。如果仔细听就会发现从早期到中期再到晚期,有些唱腔一改再改,而且越改越好听。这是老前辈的创作规律,合作越剧团的著名作曲家贺孝忠先生也曾帮我们青年演员改编过《新白蛇传》的唱腔,在继承戚毕经典唱段的同时,根据我们自身的嗓音条件创造出新腔,既新颖又不失戚毕特色,观众都能接受。但是要在观众中广为流传、传唱,这点我们就很难做到。毕竟演出太少,脱离了舞台,有些唱腔很难继续存活。在当下,作为传承人,我们首要的任务是去守护老师艺术的精髓、流派的特色,通过严谨的教学让它代代相传,这样才能让戚毕流派韵味长存。

---

① 《婚姻曲》是 1950 年戚雅仙为了配合宣传《新婚姻法》录制的带有越剧元素的歌曲。在江浙一带,越剧是最能触及广大普通妇女的宣传形式。

② 合作越剧团于 1972 年解散。1980 年戚毕两位老师成立了静安越剧团,基本聚集了原合作越剧团的原班人马,包括作曲家贺孝忠、周雅琴、朱祝芬、杨文蔚等戚毕弟子,红枫、傅俊、金凤、李卓云等创作人员。

我和越剧：从越剧之家到吴江越剧团

我出生在江苏海门的一个越剧之家。父母和哥哥都从事越剧工作，也都曾在江苏海门越剧团工作过。受家庭的影响，我五六岁就开始接触越剧，看着父母辈舞台上的演出，耳濡目染就喜欢上了越剧。

我母亲善演各个行当，剧团缺哪个行当，她就演哪类角色，演什么像什么。我8岁的时候就学了她演的《恩仇记》里的一段徐派唱腔。记得我第一次登台是在海门体育馆，台下坐了几千人，正所谓初生牛犊不怕虎，不晓得舞台上的紧张、害怕，一开口起调唱："娘子啊！"就得到了观众的热烈掌声。当时这个年龄的小朋友会唱越剧的很少。

因为有了第一次的登台亮相，再加上家庭的影响颇深，我越来越喜欢越剧。13岁那年我如愿以偿考进了海门越剧团，因为自身底子还不错，在团没多久就被剧团作为优秀团员送到浙江新昌长诏越剧培训班继续深造学习。在这一年多的时间里，培训班的学习规范了我的表演，为今后的演艺生涯打下了良好的基础。

1985年，我从海门越剧团调到了江苏省吴江越剧团。吴江越剧团当时是一个小百花越剧团，所谓的小百花也就是演员都很年轻，基本上在20岁出头的年龄，我那年才15岁，是团里最小的演员。

因为年纪小，个子也不高，所以在吴江团里跑了三年的龙套，主要演丫鬟。但这三年里，我很努力，一直看大姐姐们的演出，坚持练功、练唱。机会就在1988年出现了，我和团里的几位小生演员一起去南京参加全国越剧青年演员电视大奖赛。那时候我音色比较甜美，嗓子也比较亮，以一折《西厢记·拷红》①里红娘这个角色获得了"优秀演员奖"。意外获奖使团领导都很兴奋，回来以后就开始重点培养我，我也终于成为团里的主要演员。自那年以后，我不断地在舞台上实践演出，积累了很多舞台经验。这对我来讲非常重要，因为演员必须在舞台上摸爬滚打才能锻炼出来。

当年很多剧团都缺乏原创剧目，基本上是学上海的越剧院和浙江一些大院团的现成剧目，请他们的导演、作曲老师等原班人马过来为我们进行辅导排演，然后我们到各个地方"走码头"进行市场演出。我演的戏很多，各个流派都唱，比方说这个戏是金派的，我就学唱金派②。最早接触到戚派是因为《火烧百花台》这个剧目，那时我刚20岁，因为剧团的演出需要，我对花旦的各个流派都有了解和学习，也没有刻意朝哪个流派发展，直到1992年遇见戚毕两位老师。

一折《官人好比天上月》结缘戚毕老师

1992年，吴江撤县建市，请了很多越剧名家到吴江越剧团

---

① 《西厢记》写的是唐贞元间书生张珙和已故崔相国之女莺莺的爱情故事。当两人幽会被莺莺之母崔夫人发现，崔夫人逼问莺莺的侍婢红娘，红娘反而说服崔夫人同意许婚。红娘热情、机智的人物形象在《拷红》这一折中得到充分的彰显。
② 金派是由金采风老师开创的越剧流派，代表剧目有《盘夫索夫》《碧玉簪》《彩楼记》《汉文皇后》等。

来参加撤县建市大型演出活动,其中包括戚毕两位老师。领导可能是想让艺术名家提携小字辈的演员,促进我们的成长,就请毕春芳老师跟我同台对唱了一段《盘夫索夫》最经典的那段"官人好比天上月"①。那么多艺术名家到我们身边来帮我们这些小演员配戏、排戏,真是既感动又兴奋。而且,戚毕两位老师一点架子也没有,关心地问我学了几年了,提醒我唱的时候要注意些什么,很和蔼地和我交流。所以我和她们一见如故,一点儿也没有紧张害怕。经过和毕老师同台演唱,我跟戚毕两位老师今生的缘分也就结下了。

1993年,吴江越剧团要排静安越剧团的经典剧目《王老虎抢亲》②,团领导请了静安越剧团的老师们,包括这出戏的演员一起过来给我们进行艺术指导。首演那晚,戚毕两位老师就到现场来看我们演出。也许那个时候戚毕老师觉得我这个小姑娘还不错,有培养前途,就于1994年借我到静安越剧团工作,期间和毕春芳老师的大弟子杨文蔚老师搭档演出了《王老虎抢亲》《花为媒》。1997年,我经戚毕两位老师引荐,通过人才引进正式调入了静安越剧团,得以在老师身边好好学艺。没过多久,丁小蛙

---

① 《盘夫索夫》写明嘉靖年间,曾荣因父为严嵩所害逃亡在外,几经波折与严嵩孙女兰贞成婚。婚后,兰贞察觉丈夫感情异常,经盘问得知底细,寄予同情和支持。后兰贞母亲做寿,曾荣乘祝寿之机欲取严嵩罪证,但归路被阻不能脱身。兰贞见曾荣深夜不归疑遭不幸,回娘家索夫,最终有惊无险,曾荣顺利出府。《官人好比天上月》是严兰贞在"盘夫"时的经典唱段,告诉丈夫"官人好比天上月,为妻可比月边星",劝丈夫说出真情,让她分担忧愁。
② 《王老虎抢亲》写兵部尚书之子王天豹作恶多端,被称为"王老虎"。元宵节,王误抢男扮女装的周文宾进府,强逼成亲,却阴差阳错地促成了其妹与周的婚事。1958年由合作越剧团首演于瑞金剧场。

也从外地剧团调进静安越剧团,我们两人同台搭档演出了很多老师们的经典剧目,如《卖油郎》《玉堂春》《白蛇传》《花为媒》《救风尘》等,得到了戚毕两位老师亲力亲为的指导,这对我们艺术上的快速进步起到了非常大的作用。尤其是戏曲表演艺术,一定要口传心授才能让你学会如何演绎人物的性格特点,如何把握唱腔的韵味,所以在那段时间我自觉艺术修为是突飞猛进的。

1994年,邹红演出《花为媒》,与戚雅仙老师后台合影

1995年,邹红在上海大世界舞台演出《玉堂春·三堂会审》

说到戚老师对我的悉心教导，印象最深的是 1996 年，我和丁小蛙两人去参加全国青年越剧演员大奖赛，我参赛的剧目是《相思树·待郎归》一折。说来惭愧，那时候我们毕竟年轻，明明老师在身边耳提面命，自己对艺术的追求仍然不够上心。反倒是戚老师有心和我说："邹红，你要去参加比赛了，到我家里来，我帮你把唱腔再指导一下。"印象很深刻，那天早上我赶到戚老师万航渡路的家，去了以后，她一句一句地教我，帮我分析人物和情绪、节奏快慢、咬字等细节。

邹红与丁小蛙 1995 年
《卖油郎》演出剧照

1996 年，邹红参加比赛前去戚雅仙老师家中求教时的合影

《相思树》是戚老师早期的一个剧目。《待郎归》一折是讲贞夫的丈夫三年前出征，三年后听说丈夫终于要回来了，她在家里准备迎接丈夫。她边打扫边回忆往事，忽然又想对镜梳妆，却发现没有铜镜。想起原由，不由得自责"我好健忘也"。原来出征时她把铜镜送给丈夫戴到胸前，既是给丈夫一个思念的信物，同时作为防具保他平安。没有铜镜，贞夫用脸盆盛水充当铜镜，发现自己三年以来憔悴了不少，不复新婚时的青春美貌。这段戏总体是喜悦的，但演员需要边唱边加上很多形体动作，抒发贞夫期冀、焦急、怀旧、担忧的复杂心情，大幅度的动作使得控制气息和节奏尤为不易。在戚老师的细心指导下，最终我获得比赛的三等奖。

静安青年越剧团的前世今生

2000 年，静安越剧团名存实亡，没有正常演出，演员大多赋闲在家。戚老师觉得我还年轻，问我要不要考虑去其他院团，但我觉得戚毕艺术的根在静安，静安是戚毕两位老师的金字招牌，必须有人留守在这片土地上。我就跟戚老师说："老师我不唱了，要唱就在静安唱，如果剧团没了，我也留在静安，还能做一些其他的事。"就这样，2003 年，我听从文化局领导安排调入静安区文化馆工作至今。

过了这么多年回头看，真觉得自己这一步是选择对了。这十几年里，虽然前景不甚明朗，但我尽力而为，用心规划。幸而静安区文化馆青年越剧团成立了，文化馆也成了戚毕越剧教学传承基地，这真是对两位老师的一种告慰。当然，在这里也得感谢区文化馆、区文旅局的领导给予的平台，才能使我白手起家建立青年越剧团的队伍。

2006年邹红开设越剧白领公益班，教授戚毕流派唱段

静安区文化馆最早的时候没有青年团队。2003年到2005年的时候我办过戚毕越剧沙龙。全市的戚毕票友，主要是五六十岁的阿姨和爷叔，每周五的上午聚在文化馆书场。请五六个乐队老师，票友们轮流上台演唱，也不化妆，就清唱，唱完大家开心就鼓掌叫好，是很纯粹的一种沙龙活动，以中老年人自娱自乐为宗旨。

慢慢我开始教她们形体，排练折子片段。她们学了之后去全国各地参加比赛，还到电视台《百姓戏台》、人民广播电台《戏曲栏目》等去录制节目，不少阿姨都曾获过奖。我还每月组织一次彩妆演出，也会组织她们去街道进行宣传演出。就这样，这个沙龙从纯粹的休闲娱乐组织慢慢变成一个中老年越剧团队。

为了能让青年人加入学习，2006年，我进行网上招生，开设白领青年越剧培训班。第一期来了十几个人，学完以后有些人觉得戏曲太难、太费时间，就没有继续学下去。有的人觉得很好玩，留了下来，还把自己的朋友介绍进来。两年间进进出出大概有100多人。这样口口相传，到后来有了一批稳定的学员，于2008年12月27日在毕春芳老师的见证下，成立了静安区文化馆青年越剧团。毕老师是我团的艺术顾问，她看到青年团成立非常高兴。因为在1980年，戚毕两位老师重建静安越剧团的时候，就是在静安区文化馆排戏，所以她们对文化馆有着特殊的感情。2016年，毕老师临终的时候，我和毕派传人杨童华去看望她，她虽已处于半昏迷状态，还断断续续地和我们说"静安区文化馆"。我知道她的意思，说："好！毕老师您放心，我们一定会在文化馆继续把戚毕流派传承下去。"时间过得太快，许多往事犹如发生在昨日。

青年越剧团成立至今，我们坚持每周1至2次的基础训练和排练，复排戚毕的大戏和经典折子片段，也不断尝试原创节目。我还带领团队进行街道慰问演出，让团员在演出中积累经验。每年6月第二个周六是国家定下的"非遗日"，也是青年越剧团展示学习成果的机会，我总是提前规划演出，策划主题，进行排练，也会邀请戚毕弟子、传人一起参加演出。2019年，我馆邀请了杭州黄龙越剧团和青年越剧团联袂演出，这既是艺术上的相互学习沟通，也是师姐妹们欢聚一堂，共叙师恩。

2020年，静安青年越剧团成立12周年。12月6日我们举办团庆的演出活动,以"新心相印情义长"作为主题,演绎了"新老团员传人同唱""新河演绎继承创新"等三个篇章。12周年正好是走过一轮。2021年,我对团员说:我们要从头再来,再创佳绩。青年越剧团是一个业余票友组织,不像民营的剧团有固定工资,所以演员的流失是难免的。在文艺大繁荣时期,国家又推出很多政策鼓励民营剧团的发展,有些演员在青年越剧团已10年多,学习到很多的艺术知识,也了解怎样带团队,就提出离团,自己成立了工作室,并参加演出招标,进行市场化运作。从一张白纸学起,文化馆真的是培养了一大批文艺爱好者,让她们学有所用,发挥才能。刚开始我的内心也有苦闷,因为培养一个学生非常不容易,但我们团演出机会不多,又不能浪费她们有限的舞台青春。后来我想明白了:作为传承人目的就是教学推广,传承、弘扬老师的唱腔流派。无论我的学生们走到哪里,她们也都是在传唱戚毕流派。旧人离开,自有新人加入,也是一种"生命"延续的方式。文化馆作为一个教学基地,广招人才,保持青年越剧团的青春活力,教学的辐射面才能越来越广,所以这反而是一个比较好的管理和发展模式。我对团员们说,过去的成绩都已是过去式了,接下来要在新的12年里创造新的辉煌,让更多人加入传承工作,一起把戚毕流派发扬光大。

留在静安,完成戚毕流派申遗使命

2004—2005年,静安区文化馆和上海电视台"抢救小组"

栏目携手启动音配像工程，将原静安越剧团经典剧目《王老虎抢亲》《玉堂春》及戚毕经典折子片段拍摄录制，由我具体负责该项目。这两部大戏只有戚毕老师演唱的音频资料，没有影像，所以要找传人来表演录制，弥补有音无画的遗憾。拍摄的时候，毕春芳老师作为艺术指导去现场把控，我负责对好监视屏来看演员的口型。因为是配像，演员的口型一定要跟老师的演唱无缝衔接。我对这些戏比较熟，电视台导演就说："邹红，你负责看好，没有配好口型的及时叫停。"所以拍摄全程我都戴着耳机盯着监视屏，哪里不对就重新再来。在拍摄过程中，我切身感受到"抢救"的紧迫性和保护经典的不易。参与这样的工程为后人留下宝贵的文化财富，对我来说意义重大。

2005年邹红与毕春芳老师在共同抢救"音配像"拍摄现场照片

2006 年，国家制定了非遗政策，开展全国普查工作，落实到各个区，馆里派我来负责这项工作。我当时也不知道"非遗"两个字的真正含义，需要我们普查些什么。后来参加了上海市群众艺术馆组织的培训，学习怎么去进行全区的普查工作、了解申报的条件，我才对非遗申报的流程了然于胸。我想，既然是口传心授的，我们戚毕表演艺术肯定是非遗。所以当时我就提出"戚毕越剧流派表演艺术"项目一定要参加申报，它是我们静安文化的特色品牌。之后我开始整理资料进行申报工作，并在首批静安区非遗申报项目中成功获批。

2007 年，该项目从区级非遗项目升级为市级，当时毕春芳老师是非常激动的，她还曾对我说过："幸亏你还留在静安。"2003 年留在静安的抉择，冥冥之中就是为了让我完成这个使命吧。

非遗项目要传承的戚毕流派特色都有哪些呢？第一是唱腔，第二是原创的经典剧目和人物。

戚老师是著名的"四大悲旦[①]"之一，很多戏都是哭哭啼啼地边哭边唱，比如《白蛇传》《血手印·法场祭夫》大段清板。而毕春芳老师则是轻喜剧的艺术表演风格，最经典的就是《卖油郎》《王老虎抢亲》《三笑》。她俩一悲一喜，珠联璧合，相得益彰，成为越剧舞台上的"黄金搭档"。

戚派唱腔朴素深沉、咬字清晰、顿挫感很强，感情真挚，婉转缠绵，回味无穷。比方说《白蛇传·合钵》，有 6 句"为了你"，听上去是重复的，旋律很简单，但要唱好着实不易。需要

---

① 江南四大悲旦分别是越剧表演艺术家戚雅仙、弹词女演员徐丽仙、锡剧表演艺术家梅兰珍、沪剧表演艺术家杨飞飞。

你调动所有的情感，用最朴素的声音传达出最深沉的悲痛。每一句"为了你"唱法都不一样，情感上层层递进。最后一句"为了你"是高音，"断桥硬把青儿留"作为一个结束点。后面还有一段《哭梦蛟》，白素贞被法海用金钵罩住难以动弹，与梦蛟生离死别，她抱着梦蛟边唱边哭，这大段的清板常常让观众潸然泪下。戚老师的很多著名折子片段听上去都平平淡淡的，节奏也一拍一拍很慢、很稳，但是平淡中加了很多内心戏和声音上的微变化，流入观众的心里面却是波澜起伏。这种能够直击观众内心的艺术感染力是戚老师精湛的艺术功力，也是后辈难以超越的艺术魅力。

但戚派唱腔也并非只能缠绵悱恻。1950 年，戚老师的一曲《婚姻曲》红遍大江南北，曲调欢快、唱腔音符非常简单，没有花哨的小腔，朗朗上口。这也是她的流派能够让观众记住的一个要点，因为只要多听几遍，你就可以跟着学唱几句了。

戚老师在 20 世纪 80 年代重返舞台时已经 53 岁，形体发胖了，但她在舞台上对每一个人物的刻画塑造还是不同的。王秀英和王千金完全是两个表演风格，苏三和祝英台也完全不同，每一个人物个性都很鲜明，所以仍然深受观众喜爱。我在教学的时候也一直在提醒一些爱好者，说你千万不要先去模仿老师的声音，要去模仿老师的韵味：为什么这个咬字是这样？为什么小腔是这样唱的？感情处理为什么是这样的方式？要学的是这些，而不是拼命去模仿她的声线。我们要细细品味人物和感情，用心去演唱，才能学好戚派。

其实，静安越剧团的乐队也是一大特色。越剧有一些常见的板式，像四工调、清板、慢板、中板、快板、嚣板、流水等。

《玉堂春》① 王金龙和苏三第一次见面的对唱,用的是叫"三五七"的唱腔板式,是静安越剧团独具一格的特色。我曾想过保护申报静安越剧团的乐队非遗特色,还找过原静安越剧团著名作曲家贺孝忠老师,但贺老师说要有乐队人员,才能理解他的创意构思,并将乐谱转化为他想要的音乐呈现出来。静安团的乐队老师们走的走,病的病,他也没有精力去做这件事。不久,贺老师也过世了,真令人伤心,如此优秀的作曲家仙逝,是越剧的一大损失。合作越剧团的音乐具有独特的音乐风格,好比每位越剧创始人唱相同的曲而韵味各不相同。真可惜戚毕流派最经典的配乐就此失传了。

2017年非遗项目采访,邹红采访原静安越剧团编剧红枫老师

---

① 《玉堂春》写官家子弟王金龙与名妓苏三誓偕白首,因金尽被逐,潦倒关王庙。苏三得悉,赴庙赠金,使王得回南京。后鸨儿将苏三卖给山西富商沈燕林为妾。沈妻皮氏与赵监生私通,毒死沈,反诬告苏三。县官受贿,将苏三问成死罪,解至太原三堂会审,主审官恰为巡按王金龙,遂使冤案平反,王、苏团圆。

做老师、做"网红",在当代传播戚毕越剧

转业到文化馆工作后,我从演员转型为戏曲教师,需要费心去琢磨课程的编排,好在当年越剧培训班所学的花旦指法、小生指法、水袖等成套教案深印脑海,让我教学时有据可循。不过,日常上课,我也发现把专业院团的教学方法全盘挪用是不现实的。学生们没有那么多时间,她们平时上班,工作也较辛苦,对于她们来说,越剧应该是一种减压放松的方式、一种提升自我的艺术课程,所以刚开始学不宜太难。每次上课,我先帮助学员改进一些存在的问题,比如牙关不开、发声位置不对、声音太扁、水袖的动作没有感情,让她们明显感受到自己的进步,这样才能增加她们继续学下去的动力。多年的教学经验让我意识到,教学的模式多种多样、因人而异,所以我养成了"慧眼识人"的本领,一看就知道学生的问题出在哪里。

学生在学习过程中也能渐渐体会戏曲艺术的博大精深,它不仅仅是一个演员的唱念做打,而且是一门综合艺术,包含了一整套中华文化传统。我们的服饰有多美?服饰上面的颜色搭配有多少讲究?不同的人物用的是不同的绣花,发型也会根据演员不同的脸型加以修饰。学生在学习越剧的过程中不仅实现了对美的追求,还能通过舞台表演丰富内心的感情,体会不同于日常生活中的那种酸甜苦辣、喜怒哀乐。每次唱完戏,释放了情感,心情都是舒畅的。你走进戏剧之后,再跳出来回到自己的生活当中,就会发现自己的体态更美了,对舞台上的色彩、服装更有把握,而且你会更加懂得人情世故,懂得去爱。

在课间，一位做老师的学员说："学了越剧的发声方法，疫情期间录课件嗓子都不疼了。"一位做心理咨询师的学员说："对于我来讲，演戏就是一个自我修炼的过程，让我看见我的旧有的行为模式，放下小我去进入到人物。"还有一位学员说："我初中语文老师是个戏迷，我很多年没和他联系了。学了越剧之后，我找到他，把学会的段落唱给他听，他非常惊喜。这么多年前的老师，因为越剧我又和他结缘，现在空闲时经常交流。"看到越剧给学生生活的方方面面带来积极的影响，还让她们收获了一群志同道合的朋友，我是非常欣慰的。

今年因为疫情，线下培训都改成线上了，文化馆要求我们业务老师在视频平台上进行教学。我录了一段一分钟的花旦指法教学，就是十个比较传统的指法，没想到粉丝一下子增加到18 000多人。观众们看着这些简单的动作，留言说："老师你表演得真好，这是戏曲文化的传承，也让我们明白了戏曲动作的含义。"同时，我也将这些教学视频按照馆里指示，上传至"国家公共文化云"，得到了"国家公共文化云"颁发的"全民艺术普及V课的荣誉证书"，被评为全国最受欢迎点播前十名的第二名。获此殊荣固然可喜，但更重要的是，我看到了更符合现代节奏的教学方式。让传统戏曲艺术走进更多年轻人的生活，是我今后工作的方向。

为了紧跟时代，青年越剧团创编了一些现代小戏参加市级比赛。2009年，为了迎世博，我们根据真人真事创排了《湖丝情》，讲述1851年，一位中国商人将中国的湖丝运往英国参加首届世界博览会，几经周折，赢得了金奖。2013年，我们创排了《共享老"新"房》，讲述静安区实事工程，为民造福。2018年,根据一代伟人毛泽东的真实历史故事创作小戏《早霞》,并在毛泽东故居甲秀里实景演出。2019年,创编了现代越剧小戏《苏州河的昨天与今天》,通过苏州河来看上海的百年变化。

对于这些创新剧目,青年越剧团的演员没有模板可寻,只能依靠我帮助分析剧本、解读人物来让她们走进角色。饰演毛泽东的演员陈炜,当时就问:"我怎么才能演得像伟人?"毛泽东青年时代照片和影像资料很少,那我们怎么办?我说"毛爷爷"有一个招牌式的动作,很多雕像都有这个动作,把这个动作做好了就像了。另外胸怀天下、沉着冷静的架势都是伟人的基本气质特征,你演出这种气势来,观众感觉上就有伟人的形象了。所以说带领演员进入到一个人物的内心,是需要导演去引导的——要从精神高度、从内外在的神似向这个人物靠拢。

排现代戏是有挑战的。我要让习惯演传统戏的团员丢弃程式化的表演,适应话剧的表演手法。不能穿传统戏装,没了水袖的辅助,演员的两手都不知道该放哪里了,一举一动都需要我去帮她们作示范,排练时也要把她们的动作录下来,一遍遍回放,不断指出需要改进的地方。经过精心的打磨,小戏才能走上舞台,和观众见面。

然而,在追逐潮流的同时,我们也要注意如何保持越剧原汁原味的特色。现在的越剧表演各个方面都在试验创新,比如前几个月上海越剧院排演的扶贫大戏《山海情深》,就用了一架钢琴。这架钢琴被放在舞台的下场口,和对面的葫芦丝进行音乐对话,钢琴代表海派文化,葫芦丝代表的是贵州文化,突出沪黔之间的紧密交流。这种纯粹的乐器之间的对话,既吸引了观众的眼球,又贴合戏剧主题。但是如果把西洋乐器加入演员的唱腔,那就冲淡越剧的韵味了。

2019年,邹红身着戚雅仙老师演《玉堂春》的戏装教学

当越剧和现代的传播媒介结合,我们也面临着艰难的取舍。自20世纪五六十年代起,国内就涌现出大量优秀的越剧电影,但戏剧能够完全脱离舞台吗?我认为我们一定要学会两条腿走路。戏曲舞台艺术肯定是在舞台上才能绽放出最夺目的光彩:在简单的舞台上用虚拟的动作给观众展示出千变万化的场景,本身就是戏剧的一大魅力。电影只能是实景的,而观看舞台录像又远远达不到现场视听效果,所以观众一定要走进剧场,才能领会戏剧的精华。但是现代媒介有什么优势呢?它可以吸引年轻人。很少有人愿意花两三百块去看一场自己毫不了解的戏。所以我们要通过录制视频,结合大众平台,让戏剧触手可及。只有让年轻人先对戏剧产生兴趣,才能让他们买票现场看剧。

现代媒介对于保护传承影像资料也起到了很重要的作用。舞台上的名家终将老去,所以他们在舞台上的风采一定要有录像保存下来，让后辈们看到曾经的辉煌。把经典剧目通过电影、电视剧或者其他视频形式推广给千千万万的受众，最终目的还是吸引他们走进剧场。

愿戚毕越剧深入民心，世代传唱

近几年越剧渐渐走进街道和学校，开始深入我们的一些教育机构，让小朋友从小去了解，这是我一直希望看到的。我觉得非遗传承需要从娃娃抓起，从年轻人着手推广，这样才不会断层。传承人个人的力量是有限的，一定是要整个社会全民参与进来，才能传承好我们民族的艺术瑰宝。传承戚毕越剧，并不是只培养专业的明星，而是要让更多的人知道上海静安有戚毕两大越剧流派。两大流派特色是什么，大家都能说出一二，还能唱几句，这样的口口相传、深入民心，才是真正的传承。也许现代高科技手段能成为我们绝佳的辅助。

未来可能还是需要有新的传承教学模式出现，需要传承人集思广益，用更快更好的方法吸引更多的人。必须有"人"的加入，项目的推广传承才是有效的，它的生命力才是旺盛的。愿戚毕越剧流派表演艺术源远流长，世代传唱。

（采访及整理：翁雨晴、李致远、钱怡）

一缕画魂传世家,一抹水彩绘时代

讲述人:杭鸣时
时间:2021年4月28日
地点:苏州市高新区名都花园

杭鸣时,1931年生于上海,祖籍浙江海宁,上海市级非物质文化遗产"擦笔水彩年画技法"传承人。苏州科技大学教授,享受政府特殊津贴的艺术家,苏州美术家协会名誉主席,中国美协水彩画(含粉画)艺术委员会副主任,全国水彩、粉画展评委。1950年在上海稚英画室习画及工作,同年加入上海美术工作者协会,参加年画、油画组活动。1955年毕业于鲁迅美术学院,毕业后留校任教逾40年。代表画作有水彩画《工业的粮仓》、宣传画《继承革命传统,做红色接班人》、年画《草原铁骑》、油画《柯棣华抢救伤员》等,出版的专著有《擦笔水彩年画技法》《粉画技法》《杭鸣时粉画人体集》《杭鸣时作品选集》《杭鸣时水彩画集》等。

筚路蓝缕,成时代之美学

擦笔水彩年画技艺的传承,要从我父亲这一辈讲起。民国初年,科举制度的终结让很多过去的读书人不得不另谋出路,刚好当时上海的商务印书馆急需大量人才,我的祖父杭卓英古文基础很好,就应聘进入了上海商务印书馆印刷所,担任所长鲍咸昌的中文秘书。

杭鸣时父亲杭稚英

商务印书馆作为一个大型的出版机构,需要培养属于自己的人才,于是在1913年时开始招考图画生。我的父亲杭稚英在老家海宁时就对画画非常感兴趣,很多人都说他极具绘画天赋,祖父便让他到商务印书馆参加图画生考试。我父亲当时只有十几岁,一下子就考入了商务印书馆编译所图画部,开始了为期三年的练习生生活。在商务印书馆期间,我父亲接受了系统的立足于应用的中西美术教育,对他今后的商业美术创作产生了深远影响。

在商务印书馆学画是有条件的,图画部培养你三年,学成后,你需要为印书馆继续服务四年。三年练习生期满,我的父亲就到下设在上海棋盘街的门市部服务,负责承接广告装潢及印刷业务。我父亲在柜台上班,顾客来了以后说明自己需要画一张什么样的广告画,他就当场画出草图,顾客看好敲定后,他迅速完成正稿就可以投入印刷。因为他才思敏捷,出手快,又能揣摩客户的心态,所以广告画成交率很高,印刷量很大。他在四年的服务时间里,为商务印书馆做出了很大的贡献。

在此期间,我的父亲创作并出版了月份牌画,在装潢业务上,也初步获得了市场的认可,很多从外地来的顾客都指名要找我父亲,他的名气和人际关系都不断扩大。于是,在商务印书馆待了七年之后,我父亲就出来自立门户,建立了以月份牌绘制、装潢设计等为主营业务的"画室",也就是人们后来所说的"稚英画室"。虽然称为画室,但它实际上并不是简单的画室,而是现代中国真正意义上投入具体运营的设计师事务所和广告公司的雏形,同时也带有一些作坊与同人社团的影子。

画室刚刚成立时,只有我父亲一人,但因为定制画稿的人特别多,他一个人有些忙不过来,于是便找到了曾经同在商务印书馆工作的上海嘉定人金雪尘。很多海宁的同乡亲朋看到我父亲在上海打开了局面,纷纷到画室来做学徒;之后李慕白、王祥文、王松堂等人也陆续进入画室。我父亲前后带领过40余人,这些人中有一部分后来成为了月份牌画创作的生力军,尤其是杭稚英、金雪尘和李慕白更被称作稚英画室的"黄金组合"。

黄金组合的三个人各有所长,各司其职,我父亲统筹全局,金雪尘善于造景,李慕白则工于人物。他们之间非常默契,大家

杭稚英自立门户在上海闸北鼎元里开设画室后的首批学员合影,左起为李慕白、王祥云、王松塘、宋允中、李仲青,摄于1922年

都相互了解,不用打招呼都能够画到一块儿去。一张月份牌广告画,一般先由我父亲出创意打草稿,接着由李慕白绘制人物形象,然后金雪尘补足景物,最后再由我父亲做整体调整和细致加工,而月份牌边缘的一些花边纹饰、美术字、商品图案和小商标等,则是交给画室其他成员完成。

当时有非常多的品牌都到稚英画室来定制广告画,比如哈德门香烟、泰山牌雪茄、双妹牌花露水、杏花楼月饼、蝶霜雪花膏、虎标万金油、天厨味精,还有一些杂志的封面,大量署名"稚英"的月份牌广告画进入市场。稚英画室出品的月份牌画色彩亮丽、印刷精美,它们伴随着商品流通以极强的传播性流布到上海和上海以外的地方,在当时形成了很大的影响。

1941年底,日本侵略军进入了上海租界,标志着上海"孤岛时代"的终结,稚英画室的业务几乎陷入停顿。在这段最艰难的岁月里,我的父亲拒绝与日本人和日伪政权合作,闭门谢

《霸王别姬》，创作于1946年，现藏于中国国家博物馆

哈德门香烟月份牌广告画

中国天厨味精制造公司商号广告画，辛亥革命武昌起义纪念馆藏

客，不愿为日本人作画，整个画室只能举债度日。

抗战胜利后，稚英画室恢复营业，我父亲用近两年的时间还清了之前欠下的所有债务。为了维持稚英画室这么多人的生活，长期的生活压力和工作压力压垮了父亲的身体，1947年9月17日，一场突发的脑溢血让他永远地离开了我们。为继续维持画室运转，我的祖父聘请金雪尘、李慕白主持经营，正式以"稚英画室"的名义对外承办业务。直到20世纪50年代，在新的社会条件下，"稚英画室"才最终解散，画室中人也陆续投身新年画运动的潮流。

在那样瞬息万变的历史情境中，稚英画室创作了一大批反映着时代风尚的月份牌广告画，成为了一个时代的美学标志。时至今日，这些月份牌广告画依旧是我们国家和民族审美经验史上宝贵的艺术遗产。作为海派文化的经典，它们承载发扬了中国文化的伟大传统，也同样经历了欧风美雨的洗礼。它们还在艺术追求与商业价值之间，找到了恰当的平衡，成为中国近现代工商业文明发展的丰硕成果。

薪火相承，展大家之风范

我从小在画室里长大，父亲和成长环境对我继承擦笔水彩年画技艺产生了极其重要的影响，在耳濡目染中，我渐渐对擦笔水彩年画产生了浓厚兴趣，技艺也在学习中不断精进。在上海育才中学上学时，因为我的画画得好，育才中学就给我举办了个人画展。

毕业之后，我的祖父想让我留在上海接手父亲稚英画室的摊子。但那个时候正常的生活物资都不够用，根本不需要去做广告推销，我想我画广告也没有人来邀请，当时自由职业也没有前途，于是，我就考到东北鲁迅文艺学院（鲁迅美术学院的前身）去了。当时东北鲁迅文艺学院是从延安搬到哈尔滨后再搬到沈阳的，我刚好是它搬到沈阳后的第一届学生。原本应该是四年毕业，但是学校急需人才，我当时也学得比较好，因为之前就有擦笔水彩年画的基础，和同班同学一起画写生的时候，他们觉得我画得甚至比老师还要好，所以我三年不到就提前毕业，留校任教了。

当时党中央提出要做老百姓喜欢的东西，艺术家应该积极地参与群众喜闻乐见的艺术形式的创作。上海月份牌是非常受群众欢迎的，就算是偏远地区也有上海月份牌的广告。但是过去一说月份牌,好像画的都是大美人,如果我要画,我应该是要为人民群众服务,而不是为广告服务。鲁迅也说过,艺术应该是为革命服务,提倡珂勒惠支的版画,接近劳动人民的、革命的,所以我也不敢在老师、同学间提我画过月份牌画。

《继承革命传统,做红色接班人》

但是,那个时候提倡画年画,很多画油画的画家都去创作年画了,那么我就从年画这个角度,运用我擅长的擦笔水彩年画技法,创作了一幅画《继承革命传统,做红色接班人》。这幅画是我到农村体验时的写生,运用的就是擦笔水彩年画的技法,眼珠子画的就像活人一样,当时辽宁美术出版社一看,发现我这个就是上海月份牌的味道嘛,这才知道我就是杭稚英的儿子。

在此之后,辽宁美术出版社每年都要请我过去办年画培训班,把辽宁省各个工厂、学校里对年画有兴趣的人都集中起来进行学习,由我专门讲擦笔水彩,培训班连续办了 14 年。除了辽宁美术出版社以外，国内好多别的出版社，比如安徽美术出版社、四川美术出版社、内蒙古美术出版社、吉林美术出版社和黑龙江美术出版社都轮流请我去上课，在整个过程中我培养了一大批年画作者，影响还是比较大的。

《工业的粮仓》是我出名的作品。当时我看了英国的水彩画，又见到了抚顺大场面的露天矿，花了一个月创作了这幅大题材的水彩画，被中国美术馆收藏，后又入编《中国新文艺大系》美术卷。《草原铁骑》也是一幅引起全国轰动的作品，创作出来后大家发现，原来擦笔水彩不一定画大美女，解放军也一样画。那个时候是计划经济时代，新华书店在发行前要提前去了解群众需求，每个店统计上报到出版社之后再决定一共要印多少张。《草原铁骑》当时是创下了"文革"前的年画首版发行量之最，首版印刷了180万份。一般情况下，3万份的印刷量就已经够本了，结果我这张画预订了180万份，引起了极大的轰动。

《工业的粮仓》

我现在已经90多岁了，因为后来主要画粉画了，我就把水彩放下了，大概已经有20多年没有画水彩了。最近我夫人生病

《草原铁骑》

住院，我到医院里去陪她，医生把办公室提供给我做画室，我一边陪她，一边作画，画了放下多年的水彩画，和早期水彩写生作品一起，正准备出版水彩画集。

精于技艺，现笔墨之神妙

擦笔水彩年画，人们通常也叫它"月份牌"年画，它独特的艺术风格和绘画技巧的形成，可以追溯到20世纪初叶。那时候帝国主义列强对半殖民地半封建社会的中国进行大规模的经济侵略，由于倾销商品和商业竞争的加剧，商业广告得到了空前的发展。擦笔水彩年画就是在这样一个历史条件下应运而生，又伴随着商业宣传的不断扩大，而逐渐发展起来。

擦笔水彩年画的技法，是在我国传统的山水画、风景画、仕女画的基础上，运用《六法论》中"因物象形，随类赋彩"这两法，然后又吸取了炭精画和西洋水彩画的技法逐步充实而完善起来的。最初的方法是用淡墨染出物体的凹凸，然后再重置颜色。这种画法因为底层墨色易溶于水，往往在着色时带下墨色而让色泽混浊不鲜，所以渲染的色彩只能清淡。后来随着国外商品的输入，一些装潢讲究的饼干箱、糖果盒、印铁盒以及印有水彩画、油画的明信片等源源不断流入上海，对擦笔水彩年画技法产生了直接的影响。有些画家根据盛行于上海的炭精画和西洋的水彩画技法在结合上作了初步尝试，把原来用宣纸、绢匹改为用图画纸，又用炭精粉代替淡墨渲染凹凸，在着色上采用了水彩画的技法，这样一来取得了很好的效果，形成了这一画种的技法特点和形象逼真、刻画细腻、色调明快的绘画风格。

在月份牌画的革新史中，终结月份牌画"古画风格时期"的郑曼陀至关重要，他借鉴照相术中人像写真放大使用炭精的技术，创造性地将其应用于月份牌画的绘制，由此诞生了现代新式的月份牌画。在郑曼陀的基础上，我的父亲又进行了一定的创新，他潜心学习、不断研磨，尝试运用美国迪士尼彩色卡通及广告技巧，吸收其运用色彩的长处，在构图、色彩和人物形象上进行大胆革新，将鲜艳的色彩移植到月份牌画中，彻底改变那种色彩古旧淡雅、画面略显沉闷的状况，创造了色彩艳丽华美、富有时代气息的新一代月份牌人物画，将月份牌广告画创作发展到擦笔水彩这一新的阶段。在此基础上，他还通过反复试验，将用于修补照相底版或印刷制版的德国进口的喷笔这种先进的工具和技术，用来调整月份牌画面的色调，表现色彩的细腻过渡，使画面虚实有致、主次分明。

擦笔水彩年画的题材非常丰富多样，有民间喜闻乐见的历史人物、传说故事、古典名著；也有很多结合社会现实，反映新事物的题材。比如上海当时最新最现代化的"大世界"、跑马厅、百货大楼等新式现代建筑，珍禽异兽、奇花异草等寓教于乐的科普题材，汽车、火车、轮船等新式交通工具，飞机、大炮、坦克、机关枪等现代化武器，中国和世界各地的风景名胜、影视明星等。在新中国成立后，很多年画家开始以歌颂党和祖国、展现劳动人民精神风貌、反映现实斗争为题材，也创作出了一批优秀的擦笔水彩年画作品。

炭精稿

擦笔水彩年画的绘制是有一定步骤的：第一步是画素描稿，从生活中选模特，画速写，画出精确的形体结构和准确的明暗色调；第二步是画色彩稿，先试验几幅小的色彩稿，以确定画面整体色调和大的色彩关系，然后选择其中比较理想的小色稿作为着色时的依据，这样才能意在笔先，心中有数；第三步是透图定稿，将画稿转到正稿的纸上；第四步是擦炭精粉，擦的时候要注意运用手腕的功夫，做到若有若无，若即若离，照顾到大的结构关系，如果擦得成功，就会产生虚中有实、实中有虚，似乎水彩画中的晕染效果；最后一步就是上水彩色，着色前先将要上色的部位用清水轻轻刷一次，这样可以把浮在纸面上的炭粉洗去，又可使画纸湿润，便于着色时产生柔和的效果，避免生硬结块。

关于人物脸部的水彩上色，我总结出了几个步骤，需要有四层上色：第一层上色时以橘黄、桃红为主调，第二层以黄绿为主调，第三层以赭石为主调，第四层则是根据素描和色彩关系进行局部调整，使画面充实起来。这样四层画下来，一个人物的脸部就基本出来了。

在层层上色时，需要等第一层色完全干透之后，再着第二层色，这样的画法叫"多层画法"。因为没有干透的那部分色还没"吃进"纸内，若是这个时候动手着第二层色，就可能把未干透的第一层色"拖"下来，露出白纸，造成像地图一样不规则的斑块，破坏了塑造中的形体。在进行多层着色时，有几个要点需要特别注意：第一，每层色要有明确的寒暖倾向，不使色彩混杂；第二，寒暖色调需要交叉进行，一层暖调，一层寒调，间隔地着色，以便加强色彩的渗透和透明的效果；第三，必须等待上一层色干透后再着下一层色；第四，色彩要越加越薄，以便透出上几层的色彩。

很多画家在擦笔水彩年画的创作实践中，也逐渐摸索出了一些可以辅助绘画的特技。比如刮刀的运用，用普通刀片或油画调色刀表现某些石块、墙皮、细草或用刀刮出飞白等以利于更好地表现质感。还有前面提到过的喷笔的使用，运用喷笔来调整画面

《金鱼舞》，1949 年之后
稚英画室出品

的色调和虚实、远近关系；而且，用喷笔来进行"绘画"还会产生一种绝妙的效果，比如《金鱼舞》一画的背景和纱裙等都借助喷绘展现出水下梦幻般的效果。

关于擦笔水彩年画的绘画技巧，我曾经出版过一本《擦笔水彩年画技法》。在书里，我详细地讲解了擦笔水彩年画的创作过程，什么步骤该怎么画，什么地方容易犯什么错误，在绘画过程中应该注意一些什么，这些我都在书中以图文的方式进行了细

《擦笔水彩年画技法》封面

致的讲解。

继往开来，创非遗之未来

擦笔水彩年画技法走上非遗之路是在改革开放之后，当时有人提出一些文化应该被定为非物质文化遗产去继承。在上海，大家就想起了我传承的擦笔水彩年画技法，联系我去进行非遗项目的申报。

当时在申报的过程中，需要对所申报的项目进行各方面的考察，比如它普及到什么程度，群众喜欢到什么程度，是病态的还是健康的，有没有百年以上。当时月份牌年画有七八十年的历史了，还不满百年，有几个条件不符合，但是很多人也觉得要是等人家没有传人了，你再让人家去传承那就为时已晚了，所以还是不断地向上打报告。最终擦笔水彩年画被批准成为上海市非物质文化遗产，我成为这项技艺的第一位传承人。

对于擦笔水彩年画技艺的非遗传承，政府和社会都做出了很多努力。举办过很多课程，邀请我去授课，给感兴趣的学生讲解擦笔水彩年画；电视台也拍摄过相关的纪录片，把每一个步骤都详细记录下来。现在我已经91岁了，我和我的夫人年纪都比较大了，没有太多的精力去参加很多活动，但只要是我力所能及的，我都会尽力去支持。

现在上海也有一些月份牌年画老作者和爱好者在传承擦笔水彩年画，其中有一些也是我的学生，他们对月份牌年画是很有感情的。但是现在的年轻人很多都不学擦笔水彩年画了，很多人连写信都不写了,一般都是在手机里面编辑发送,现在写字写得好的小孩也很不简单了。擦笔水彩年画的程序是比较复杂的,需要一层一层去画。从前稚英画室的画作,用放大镜去看,眼睛、鼻子都非常立体,画得很准。现在很多人有一点素描基础的,他就不耐心画这个东西了,有的就不擦了,这样画出来很单薄,没有那么浑厚,过渡就比较简单,越画越不像了。现在通过其他手段也可以达到目的了,他就不肯下这个功夫。

所以,我还是希望更多的擦笔水彩年画爱好者能够更加重视基本功的训练,在创作实践中不断磨炼技能,大胆创新;也希望能有更多的年轻人喜爱擦笔水彩年画,让这项非遗在一代又一代的传承中不断延续。

(采访及整理:张杏莲)

手格其物而后知至

讲述人：陈海龙
时间：2021年1月15日
地点：上海市静安区天目西路218号

陈海龙，第五届中国工艺美术大师，上海市非物质文化遗产"象牙篾丝编织技艺"代表性传承人，上海静安区"海派印纽雕刻"非遗项目传承人、知名雕刻家，擅长象牙篾丝编织工艺。现就职于上海出版印刷高等专科学校。1956年出生于上海，1973年进入上海一家刻字厂学习牙雕，时任该刻字厂工艺车间牙雕小组组长，在单位期间进入专业美术学校学习，为日后的创作打下绘画基础，也提高了艺术修养。在跟师父学徒3个月后，便独立开始了他的雕刻生涯。1976年，只有20岁的陈海龙设计制作了以鸟笼为代表的象牙印章，并形成系列。2010年6月，"象牙篾丝技艺"被认定为上海市非物质文化遗产保护项目，其本人被认定为该项目的代表性传承人。

"物格而后知至,知至而后意诚,意诚而后心正,心正而后身修,身修而后家齐,家齐而后国治,国治而后天下平。"

匠心独具,复原百年失传绝技

我生于上海,也长于上海,大半生风来雨往都在这座城市。

18岁那年,还是小青年的我进入上海一家刻字厂学习牙雕,开始了我这大半生的雕刻生涯。在单位期间,我从最基础的工作做起,也曾进入专业美术学校学习,过得很是充实。

陈海龙雕刻印章

1984年,我偶然间在一期故宫博物院院刊上,读到由杨伯达(原故宫博物院副院长)、刘静(原故宫博物院工艺组研究员)各写的两篇文章。其中介绍到象牙篾丝编织工艺始于汉,成熟于清,现存世的作品仅有北京故宫博物院收藏的"象牙席"和为数不多的"象牙扇",民间则没有。到了清朝雍正年间,由于工艺太费财力使得皇上下令停止制作以致失传,距今已有200

多年。而所谓象牙篾丝,便是用特殊技艺将象牙劈成厚薄均匀的丝状。之后需要用特殊合成的药水,将泡好的象牙劈丝进行打磨,再编制成各种手工艺品。象牙质地细密坚韧,便于雕刻,并可劈丝编织,是名贵的制扇用料。北京故宫博物院珍藏着一把以象牙篾丝编织的雕花团扇,洁白细润,庄重典雅。我当时就想,若是这样的绝技真就从此消逝,真的是一件非常遗憾的事情。

(明)象牙丝编织纨扇

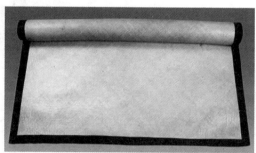

象牙编织席

此时的我在单位工作中与象牙已打了 10 年交道,制作的图章印纽不下千枚,也曾经制作过象牙《麒麟照壁》《金陵十二钗》等摆件,不仅了解象牙材质的特点,而且也积累了一些象牙雕刻的经验。所以我对这两篇文章提到的"象牙篾丝"十分感兴趣,暗下决心，打算寻找一条失传技艺的复兴之路。但当时的我从未见过象牙篾丝编织的实物，甚至都不曾到过北京。在没有任何参考的前提下，若是想要独立复原百年失传绝技，其难度可想而知。

刚开始我反反复复地试验了古书上记载的"抽丝法"与"劈丝法"，不知经过多少次试验，耗费了多少心力，但都以失败告终。最后，我认为古书上的方法可能是匠人出于保密没有把真实的方法传出去，也许是有人误传，我决意靠自己摸索出一种新的可行的方法。最初，我从了解象牙的物理特性开始，分析象牙内钙质和胶质的含量，研究象牙在成篾后不同温度、湿度下能够承受多大的拉力，寻找适当浓度的药水，在适当的温度和湿度下，从而达到最佳数据。在有了对象牙的深入了解与试验后，我得出的经验是象牙篾丝编织工艺品的制作，难不在雕，而在轻薄的质地。制作篾丝选什么料也很重要，要避开象牙外层的疏松层和内里的易碎层，选用中间的部位，通常一根象牙只有三分之二可以使用。为防止象牙焦脆，我采用"水刀"切割保护了象牙的韧性。劈丝时需要尽量取长，短的则需要用"织补"手法融入整体。劈丝后，将其浸入一定温度和浓度的药水中，又因为象牙的主要成分是钙，反复浸泡会影响象牙的硬度与韧性，加工时要避免过久和反复浸泡，还要防止浸泡后久置于空气中挥发了药性。至于究竟浸泡多久、最多可反复几次，要看气温和空气干湿度，则全凭经验，很难量化。在无数次失败后，我终于得到了宽度不到 1 毫米、厚度仅几丝的象牙篾丝，且因为篾丝很细，所以要在篾丝半干而未全干之时取出，趁其韧性最佳时进行编织。这一步需要极度的耐心和平和的气息，稍有不慎，材料便会断掉，功亏一篑。

经过这样的摸索，可以说我是国内唯一一个能制作出象牙篾丝的人。我自创的劈丝技术，所劈牙丝不经磨制处理也能达到光润细腻的质地，呈现出薄如绢纸的质感，且处理后牙丝的柔韧程度也超越前人，通过科学方法处理后，其受热胀冷缩与干湿的影响均有所改进，打破了象牙制品因地区差异不能长期外露的缺陷。经过反反复复的钻研，我深谙象牙篾丝编织的秘诀。每每端坐在工作桌前时，心却静得很，只需要将各种工具依次排开，按照道道工序，逐一加工手中的篾丝；在编织手头篾丝的同时，浸泡着下一拨篾丝，比起从前从容沉稳了许多。

篾丝平面最后以八角锦地纹编织成，还需配上镶嵌和雕刻工艺才能形成一件完整的工艺品。之前我就一直从事着雕刻工作，所以这一点对我来说并不太难。整个扇子所有的镶嵌部件都是可以拆卸、组装的，大到底座托盘，小到手柄、吊坠，无一处胶合。功夫不负有心人，我第一件真正意义上的象牙篾丝作品"八仙提篮"完成了。随后我的"龙华古塔""宝船"等作品接连引起了业内的关注。当时上海的《解放日报》《文汇报》《新民晚报》《劳动报》等都对这项技艺成功恢复报道过。上海龙华寺方丈明旸法师还曾为我雕刻的"龙华古塔"题字"技艺高超，巧夺天工"。

义无反顾，精研象牙篾丝编织

但是机不旋踵，改革的浪潮没有给象牙篾丝技术全面复兴的机会。1993年，我所在的原刻字厂在国企关闭的大潮中应声而去，我向厂里申请把剩余的一部分象牙边角料以数万元的价格买了下来。关于象牙用来做什么，其实我当时并没有明确的想法，于是这批象牙静待了十年，才等来重启的时刻。

最初我和同事承包了一个部门，自办企业，成立了美术雕刻工艺品装潢部。这期间，我做过城市雕塑、石雕、木雕、泡沫雕、广告、陶艺、电影舞美，还给上海波特曼商城的几十家驻华公司制作前台背景板等，甚至一度不顾一些人的反对给逝者做过大理石像。在重复而繁杂的忙碌中，我心里却不免有虚度之感，更是一直挂念着自己心爱的象雕。2003年，我主动向上级提出歇业，从我任法人代表的企业（集体所有制）下岗，从当时大家羡慕的"经理"到协保回家，周围的人都很不理解，背地里有很多议论乃至嘲讽。但我心中已有了打算，并不将这些事情放在心上，没有犹豫地离开了。

时隔十年光阴，再次面对当年买下的象牙，我的心中只有一个念头：用这堆象牙制作出一件无与伦比的艺术品，并且将象牙篾丝编织技艺传承下去。当时我的妻子在医院工作，平时也很是辛苦。但也只有她明白并支持我内心所想，默默地承担起全部家用开销和教育女儿的重任。而我则在西康路租了一个20来平方米的屋子作为工作室，早出晚归，就此一头扎进没有分文收入的象牙篾丝创作。

没有工作，没有收入，生活的重担全都压在了爱人身上。家里的房租费、水电费、孩子的学费，还有一家人生活开销都依靠着妻子一个月2 000元的工资艰难维持着。为了节省开支，减轻爱人的经济压力，寒来暑往，我往返工作室途中从不舍得坐空调车，每天就吃早晚两餐饭而不吃午饭。在我看来，不吃午饭不仅可以省5元钱，还有助于一天工作的专注和连贯，使人不慵懒、不打瞌睡，而这习惯我也保持至今。人要吃住的话，两个平方米就够了，物质上的东西是没底的，少开销点，不要去什么娱乐，能省就省点，但是"生活"不好省。

选料、打磨、劈丝、浸泡、编织、雕刻、镶嵌……我在小小的工作室里看过一日又一日的日出，一轮又一轮的圆月。眼看着手中的篾丝扇面逐渐成形，时间也随着浸泡象牙丝的药水一点点挥发。2006年，我前一天夜里赶制完团扇"花好月圆"，第二天即送到北京参评第五届中国工艺美术大师。随后，我便得知自己获得"中国工艺美术大师"称号的消息。"花好月圆"仅重4两，在当时上千件各地参评作品中被评委看好，这好有一比，大概就是"四两拨千斤"吧。有人之后曾评价这件作品通体象牙，篾丝纤如发，质地润如玉，将象牙雕刻艺术的精致之美发挥到了极致，是此前从未见过的象牙工艺品。我那时想的是，其他同行原料充足，作品都做得大，气势恢弘；我没那么多材料，只能往精致里做，往绝里做，也算是扬长避短的一个招数。从一个默默无闻的象牙雕刻技师成了国家级的工艺美术大师，很多人都问我对这样的人生"逆袭"有什么感触。但其实当我决心做象牙篾丝编织时并没想那么多，我只是想让更多的人知道、关注这项快要失传的传统技艺。

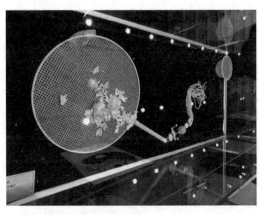

象牙篾丝编织团扇"花好月圆"

30多年的研究和实践过程中，我不断尝试从劈丝技艺、编丝技巧、艺术构思等方面把这门罕见的民间绝活发扬出去。从2003年开始，我成立了一个独立工作室，一门心思地钻研这门技艺。我也从不用金钱去衡量作品的价值，因为如果你想到这件作品大概能卖一万元，你绝对不会放10万元的功夫进去，这样的话，永远都做不出真正好的艺术品。

一把刻刀，坚守40年，这大抵就是我半生的写照。日常生活中，一些不必要的饭局和宴请我能推就推，因为做作品需要对艺术的沉浸，应酬太多，心就静不下来了。面对简单的生活，内心才能更平静。"干活"既是我全部的工作又是最大的爱好，拿起雕刻刀我可以连续几天不出房门，吃饭常需要妻子唤几遍，饭菜凉了再热，热了又凉。

"与物质世界保持距离"是我对自己的告诫，也是我对艺术的尊重。在我看来，艺术是不能与"价格"并论的，真正的工匠精神便是"忘我"，如果一心想着作品能卖多少钱，是做不出好作品的。

清新典雅，彰显海派文化底蕴

最近我刚完成一个由象牙篾丝编织的立体花篮。整个作品全部选用上等的猛玛象牙材料，花篮主体采用不足一毫米至三毫米的猛犸象牙篾丝，根据设计需求使用不同的手法编织而成，分为两层，内层起结构支撑作用，外层八角锦地纹装饰与内层巧妙连接。篮中鲜花则选取了猛犸象牙雕成栩栩如生的牡丹、荷花、菊花和梅花全立体雕，寓意着春、夏、秋、冬一年四季，代表了人间四景，美好年华。

艺术生涯中最令我最满意的一个作品，就是我沉寂三年磨出的作品"花好月圆"。扇子通体象牙，扇面直径 31.5cm，扇柄 20cm，扇穗 50cm。为了体现花好月圆的寓意，我特别处理了扇柄和扇面的接处，得到了十分圆润的效果。雕刻精美的牡丹花和双蝶，如同一幅淡雅的国画嵌于扇面中，华贵且不落俗。扇柄是镂空雕刻的"香音之神"，她们身披飘带、裸乳跣足、体态婀娜，周围散布着祥云和鲜花，"香音之神"似乎转瞬间便要轻盈地飞向牡丹花丛中，由此，便恰恰是花好月正圆。值得一提的是扇子的扇穗也是用纯象牙制作的，链、坠、球、珠串成 50cm 长的穗，其中的坠件是一个可开启的小盒，雕刻着荷花与菊花，球为两层镂空雕的小景，整个穗非常独特精致。加长的扇穗、扇面和扇柄构成一幅完美飘逸的艺术品。这件作品洁白无瑕、透润轻盈，令人赏心悦目，流露着清新典雅、细腻精巧、妖而不艳、素而不俗的海派气质。

象牙篾丝编织团扇"花好月圆"

对于海派特色，我也曾深思过我与其之间的联系。人的发展总归是难以脱离自身的环境影响，我生长于沪，上海这座城市的影子以及海派文化的气质早已印刻在我的生命里，自然也会显露于作品之上。回顾海派牙雕的发展历史，上海牙雕以其独特的细花工艺，成为中国牙雕的一个重要流派，在20世纪中后期达到辉煌的艺术顶峰。中国象牙雕刻历史悠久，在几千年的发展进程中逐渐形成了以北京、广州、苏州等地为代表的几个中心生产地，并在长期的地方文化的影响下形成了带有各自地域特征的风格。相比之下，上海牙雕起步则很晚。1843年开埠后所形成的特殊的地理环境及"移民为主、五方杂居"的人文条件，才真正促进了本土牙雕业的兴盛。开埠后，陆续有大批来自各地的优秀牙雕艺人来到上海，开坊授徒、交流技艺，使北京牙雕雍容大气的宫廷艺术风格、广州牙雕玲珑剔透的南国凤韵、苏州牙雕典雅醇厚的文化气息、南京牙雕古朴庄重的仿古韵味在这里交汇，获得有机的统一，并最终熔炼出独具本土特色的细花工艺，使上海牙雕在不到200年的时间就站在了一个很高的起点上，成为中国牙雕文化一个重要的分支。"海纳百川，兼容并蓄"是海派文化的重要特征，其牙雕文化也是一样，融汇众家所长，本土特色鲜明，是地域文化的浓缩。

雕刻艺术凝结和浓缩了中华民族的智慧，不仅是文化的载体，也是民族历史的见证。上海细花牙雕作为我国牙雕的主要流派之一，在创作上精品迭出，表现题材上更是具有与时俱进的特征：踏潮流，跟节奏，蕴含时代气息，生命力强劲，是当代文明的重要载体。作为海派牙雕的一员，有幸通过复原象牙篾丝编织技艺，将象牙工艺推向更精细之处。所以说到海派文化的气韵，大抵也在我手中纤白的篾丝里流转绵延。

陈海龙编织的扇面

笃行致远，致力非遗技艺传承

在传统手工技艺行里，制作技艺由辉煌、鼎盛直至走向衰败、失传的个案层出不穷。当年集三千宠爱于一身的皇家用品，今天也只能通过稀有的现存文物一睹其芳容。面对无法复制的旷世奇物，人们只能扼腕叹息。能不能恢复制作是业内人都做过的内心拷问。通过数不尽的探索与付出，我最终复活了象牙篾丝编织技艺，虽在工艺美术圈里得到赞誉，然而这门技艺在申遗路上却并不顺利，目前仍旧是市级非遗项目。如果继续申报国家级非遗项目可能会遇到不少障碍。中国艺术研究院工艺美术研究所副所长邱春林遗憾地说过："因为将失传的工艺重新恢复，其间的传承谱系并不明确,从目前规定的国家级非遗名录评定标准来看,会有很多人提出疑问。"这就意味着,这项重现了200多年前皇家贡品的工艺暂时还只能在国家级非遗名录门外徘徊。但是我对此看得很淡,自己能够复原这门传统技艺并将其传承下去,便已是完成了当初的目标。

象牙篾丝编织台屏"华诞"

我制作一件作品需要一两年时间,因为这是富有中国文化精髓和时代韵味的艺术,必须得耐得住寂寞。我们这代人,不管怎么说,要留一些好的作品给后人,这就是我最想做的一件事。令我十分欣慰的是我的这门技艺已后继有人,那就是我的女儿陈易。对于女儿是否要接手这门技艺,其实我曾经也很犹豫。我给女儿取名"易",就是希望她的一生能够顺遂平和,而做了大半辈子的我,自然深知这门技艺是多么辛苦。但女儿一再表明自己学习篾丝编织技艺的决心,也终于让我松了口。

陈易从小就对手工艺制作很感兴趣并且十分具有天分，高考进入上海工艺美术学校后便开始跟随我深居简出地学习象牙劈丝和象牙雕刻，目前与我同在上海出版印刷高等专科学校任教，已经熟练掌握了象牙篾丝编织这门技艺。说来也巧，我正在读幼儿园的外孙女，也很喜欢做手工，小小的手指十分灵活，做起东西比我还巧。

我的工作室于2017年基本建成，旨在弘扬传统文化和工匠精神，以实训项目、科学研究、社会服务为定位，面向艺术类专业师生并辐射全校师生，开展版画、篆刻、制皮、制陶等课程及项目，致力于提高学生传统技艺水平。我也持续积极探索着"师徒制"的传承模式，为人才教育培养模式实施提供实践平台，为学生就业和实践能力的提升提供更多机会。我的工作室不仅长期支持校内不同专业的学生自主成立非遗传习社，还与新中高级中学结对，为该校学生开设非遗工艺体验课，体验做拓片等技巧。同时，我也充分利用专业工作室平台积极开展校师生培训，将传统工艺结合传统文化加以教学，实现共同使用空间最大化，实现专业工作室的高效率使用。

陈海龙在工作室

此外，我也在高职院校从事非遗技能的传授。之所以选择学校，一方面是因为一些学校重视非遗保护和传承，并写入学院章程；另一方面让非遗项目传承下去，也这是我一份的责任。然而，时代在变。在这个人心浮躁的时代，面对一群年轻活泼的"00后"，怎样才能让他们静下心来钻研相对枯燥的传统技艺呢？首先要培养年轻人对中国传统文化的认同感。中国五千年历史长河中，有太多值得学习和传承的优秀文化、技艺，但先要让孩子们有关注和了解的机会，不要老盯着国外的东西。基于这样的想法，去年，我带领几位学生开始了砖雕作品《上下五千年》的创作。从盘古开天辟地到丝绸之路，再到如今的"一带一路"，尽可能地涵盖中国五千年来的文化、科技和社会文明，光设计稿就画了六稿。创作的过程就是让孩子们学习传统文化的过程，比如盘古开天辟地、三皇五帝、竹林七贤、唐宋八大家、丝绸之路等故事，必须对此有了解才能完成创作。在我看来，这个过程比作品本身更为重要。经过一年零三个月的潜心创作，这件由16幅单件作品组合而成的大型砖雕作品已基本完成。一刀一刻背后，是一颗颗对传统文化的敬仰、爱慕之心。2016年5月8日，是我十分难忘的一天。在"2016年职业教育活动周"启动仪式上，我作为上海分会场的唯一代表，与天津主会场的刘延东副总理视频对话。我向总理汇报了带领学生开展非物质文化遗产传承的学习和工作情况。创作的过程就是让孩子们学习传统文化的过程，当前不少学生对非遗持有强烈的好奇心，而任何专业都是从好奇心开始的，我现在要做的是保护和引导好这些珍贵的好奇心，不要让好奇心变成功利心。

回首过去，那在小房间里埋头编织象牙篾丝的情景仿佛就在昨天。中国古代有"格物致知"一说，以自身观物，又以物观己，才能透彻明白。而我更喜欢的一句就是"手格其物而后知至"，用自己的双手去实践去琢磨，历经千锤百炼，最终领悟人世的真谛。我虽不敢妄言自己已透悟人生，却也是从这日日夜夜的雕刻与编织中，才认识自己，认识生活。如今我除了忙于教学，也希望能为非物质文化遗产的传承和推广尽一份力。技艺传授与公共展览，使得推进这项非遗文化进入校园与大众生活成为可能。能够让更多的人来了解与欣赏中华民族传统工艺的美，让古老的艺术融入现代生活，重新焕发活力，这便是从艺40多年的我的最大心愿。

（采访及整理：邹应菊）

陪伴岁月的坚持，陪伴时光的传承

讲述人：刘海
时间：2021年1月14日
地点：上海市静安区文化馆

刘海，1950年6月出生，上海市非物质文化遗产代表性项目"耍石担石锁"市级传承人，助理经济师，现任上海市静安区石担石锁协会会长。1966年开始跟随陈瑞增（1911—1998）练习石担石锁技艺，50多年来没有间断。刘海不仅练习石担石锁技艺，还长期致力于石担石锁项目的组织协调、普及宣传、交流传承工作，不停为争取石担石锁的训练场地奔走呼吁。这些年来，在他的努力下，静安区石担石锁协会聚集了周为明、吴建国、童征、刘国栋等一批爱好者。

项目溯源与传承状况

耍石担石锁这个项目其实在中国古代就有了，唐代一些习武之人已经开始练这个了。因为我们古代是冷兵器时代，那个时代他们练石担石锁主要是为了练力。举个例子，他们需要在马上使用刀枪，没有力是不行的。而现在一般用不着那么大的力，你使出那么大的力也敌不过现代化武器。所以现在练习这个不是为了作战需要，而是为了健身、传承。

现在石担有穿心花、双肩花等一系列花样动作，还有脚蹬千斤这样的绝技；石锁有二郎担山、架肘、苏秦背剑、关公脱袍等一百多种花样动作。之所以这样称呼，一个原因是为了艺名好听点，另一个原因是比较形象，做这个动作时看着像什么就起什么名字。比如耍石锁有一个动作是将石锁接到肩膀上，土名叫"钓鱼"，把石锁钓上来，艺名呢，叫得好听点，叫"喜鹊登梅"。

从健身角度来说这个项目，石担和石锁都讲究从小的开始，从基础开始，对腕力、臂力、腰力、腿力以至于全身的力都有要求。以前的石担石锁因为是单纯练力的，所以它没什么花样，老祖宗也没留任何规则、规定的动作以及要领之类的。其实近代在练的时候，包括我们那一代的老前辈也没有留下任何文字的东西。

1952年，闸北（今静安区）成立工人业余石担石锁队，练到后来队伍里面关系比较好的不同群体分别组在一起形成了不同队伍，不同队伍之间有点相互较劲的意思，分为南健和北健。什么叫南健、北健呢？以铁路为界，铁路以北是北健，铁路以南是南健，两边各自有一个独立的队。在我看来大家聚在一起锻炼其

刘海在练习石担石锁（左为石担，右为石锁）

实就是健身、交朋友，在这个过程当中起传承的作用。单靠一个人是不可能传承的，得要有一帮人一起练，有一定的影响力，才能坚持下来。

与石担石锁结缘

我当时在闸北共和路住，我家在 150 号，住 148 号的老前辈陈增瑞和一众习练者就是练石担石锁的，新中国成立前他家里就有一套石担石锁的器具，他和他的一帮老兄弟一起玩、一起练。1966 年不上课的时候，我也就跟着一起练了起来。每天下午 3 点多钟在门口的人行道上开始练习。那个时候场地条件很差，为了避免石头碰坏马路，我们要在马路上铺上一层席子，还得堆上泥土。

最早练习这个就想锻炼身体，那个年代不像现在运动的器械比较多，你看现在健身房什么器械都有，那个年代没有。现在的人健身是办张卡到健身房练的，追求形体优美，看上去很好看，其实练石担石锁也没啥区别。练习石担石锁有利于身体健康，家里人都是支持我的。那个年代确实也比较乱，外面有些好事打架的人。当时家里人认为你不出去打架惹事就好了。我们住的那一排十几个孩子都差不多大的，都在学耍石担石锁练身体，我们这一帮人从不出去闯祸。

19岁我响应"上山下乡"到黑龙江去了，到农场工作。很多人应该知道这段历史，1966年，我虚岁是17岁，进中学读了一年便遇到"文化大革命"了，我们也都停课了。我当时考的是重点中学，要不是"文化大革命"，我之后应该说即使不读名牌大学，怎么说都是大学生吧。

"上山下乡"期间我每年回来探亲一个月，回来就继续练。要练基本功，如果不坚持练，我也不可能有脚蹬千斤的绝技。像我这一批十几个人，就我一个人坚持下来了，其他人都因各种原因没能坚持下来。所谓"脚蹬千斤"，就是用脚蹬着石担，石担上面还要坐好几个人，有时要7个人。就这个"脚蹬千斤"项目，我2008年在宁波参加中国武术协会举办的"第五届全国武术功力大赛"时展示过，获得了一块银牌。"脚蹬千斤"现在后继无人了。那年我参赛的目的是了解一下其他地方的情况，发现其他地方没有人练这个项目了。

在农场里的时候，我就结合自己的工作进行练习。在农场里我的任务是赶马车，那辆马车一般套着四匹马，冬天有三个月需要拉木头，这是苦力活，当然也要用力。我们一辆马车有三个人，我负责赶车，有两个跟车的。干活时首先要有两个人用锯子把大木头锯倒，之后一个负责砍树，一个拿斧子，一棵树倒下来会有很多树杈子，要用斧子把它砍掉。一辆马车拉6根木头，你要把它抬上去，所以要有力，而我对待这种"锻炼"也非常认

陪伴岁月的坚持，陪伴时光的传承

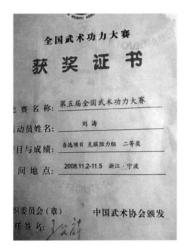

刘海的获奖证书

真把握各种机会练习，就这样坚持下来了。

循序渐进，坚持不懈

练习石担石锁在我看来其实没什么困难，关键是有毅力一直去做。另外还要有吃苦精神，手经常被擦破，擦破了也不能用药水。因为手一包扎都没法练习了。就算是化脓流血了也不要紧，擦擦继续努力。

练习的话要循序渐进，不是一下子就练很重的。像我们是十六七岁开始练手，也没有那么大的劲，开始就只练十几斤的，一直到20来岁才能把50多斤的石锁扔起来。再者是需要先练动作后练花样。最早是没什么花样的，比较简单；后来为了有观赏性便设计了很多花样。开始练习的时候先按照石锁的样子做成木头的，木头的大概20多斤的样子。用木制的来练动作，碰到你不会受伤，动作稳了以后再拿石头来练，它有一个渐进的过程。这个过程就是讲求一个胆大心细，需要力量和技巧相结合，需要坚持练习。正如我们常说的：一天不练自己知道，三天不练同行知道，五天不练观众知道。而我也没受过什么大伤，要是受伤我可能早就熄火了。

这是我在展示脚蹬石担的场景。最重的一副石担600斤，上面还有5个或者6个成年人，你是看不到我的，只能看到两条腿一个臀部在上面。这是当时在北站凯旋门广场展示时拍的照片。我们还有脚蹬400斤石担的，为什么改成400斤了？因为600斤太重了，搬来搬去不方便。当然400斤的石担上还是坐着6个成年人。

刘海表演"脚蹬千斤"绝技的场景

对于练习石担石锁，我的体会是：两条腿要直，不过你看似只是两条腿在使力，但要能力顶千斤，关键是腰要撑住，还要运气。所以除了练力，其实还要练运气。有点像现在的杠铃，蹲下去以后再举起来。举石担要把石担架到脚上，再用两个脚蹬起来，举上去，双腿挺直。开始比方说蹬50斤，后来到90斤、100斤、120斤，就是这么慢慢练习腿部力量、练腰力，慢慢坚持练下来的。两个人耍石锁叫"双人对练"，你扔给我，我扔给你，玩出花样，主要就是起一种展示的作用，观赏性强。

强身健体，自我保护

练习耍石担石锁有什么用呢？像我提到的，我们耍石担石锁是为了强身健体，还能起到自我保护的作用。

我之前有过这样一段经历，1984年左右，我三十几岁，那个时候不像现在各地都有高铁，当时从上海到南京坐个快车要五六个小时，慢车要八九个小时，那次我去南京探亲，为了省点钱就坐了慢车，到南京已经半夜里3点多钟了。下火车走的西站那边，比较偏僻。我一个人拎着包走夜路，里面装了一点水果，经过一个桥底下的时候，唰的一声窜出来一个人，抢我手里的包，还好我经常锻炼，最终没让他得逞。

始于兴趣，长于热爱，不断发扬

1. 参与演出，扩大影响

我们队伍在20世纪60年代的时候曾经去普陀等地方表演，那时队伍名称叫"上海市普陀区工人业余武术杂技小队"，也叫"小分队"，成员都是业余的，不卖票，哪一个单位请就去。那个时候最多一天要表演7场，早上7点左右就出发了。时间特别紧，一场还没有演好，车子就在门口等着转下一场了。为了节省时间，前面演好的人会把东西先装上车，等最后的人表演好上了车，就立刻开车前往下一个地方表演。很多时候我们连饭都来不及吃，车上就发两个面包，吃了就又去表演了，有时都要表演到晚上11点多才回来。那时候我们最大的演出场馆就是文化广场，最小的是在两个乒乓球台上。乒乓球台底下放东西撑着，两个球台拼在一起就开始表演了。

说到表演用的这些器具，还有这么一段故事。在查瑞龙那个时代，石担石锁是十二角星的，就像国民党党徽，不好看也不太合适。我们一帮南健的老前辈就特别聪明，下班之后带着榔头、凿子等工具来到陈老先生家里，把十二角星凿掉七个角，剩下五个，就像五角星嘛，凿完之后一看，都觉得好看得不得了！

当时上海有名气的文艺场馆我们基本都去过了。大多数的表演都是免费的，有些单位能够给我们报销一些经费。有几块钱，最多十来块钱。我们队伍里面有原来杂技团的一些人，由于当时杂技团解散了，他们家里人要生活，就跟我们一起去演出，我们就将报销的经费给他们。那时真的很困难，吃的很简单，不像现在要吃蛋白粉之类的，但我们还是坚持下来了。

2. 重拾爱好，扎根闸北

这个项目在20世纪50年代初的地方志上已经有记载了。我以前住的共和路大约是1993年动迁的，动迁后大家都安居乐业了，就会想着练练身体。那个时候，早年练石担石锁的一些老前辈还在，我当时正在街道上班，街道就推荐我牵头把大家组织起来一起锻炼。当时有两个老前辈几乎天天在人民公园那里锻炼，后来我们下班以后也跟着两位前辈一起去那里锻炼，直到人民公园改造，我们便将训练场地转移到了闸北公园。闸北公园园方比较支持，让我们选了一块独立场地锻炼，还辟出一块场地给我们放置锻炼用的器具。有了稳定的场地，我们这一帮人才有一个方向聚集在一起。1997年我40多岁，现在我都72岁了。

3. 成功申遗，不断完善，不断规范

在闸北公园立住脚以后，我们一群爱好者们经常聚在一起练习，影响力也越来越大。当时国家文化部下发了非遗的相关政策，各个省市开展工作时也做了普查，上海的各个区县都成立了非遗保护办公室，挖掘、申报区域范围内的一些非遗项目，整理好进行上报。当时就有非遗办公室的同志来找我们商谈申报非遗的相关事宜。后来，耍石担石锁被公布为上海市非物质文化遗产项目。

客观看待未来，坚持心中热爱

1. 后继无人的困境

目前，我们还有一个十几个人的团队经常去三泉公园练，但已经没有什么年轻人了，年龄最小的已经有40多岁，他还不是上海本市人，很早来打工的，户口还在老家。我们现在面临的问题是大家都年龄大了，我们当初相识的时候30多岁，现在都是老头子。现在要真正地练，就要从十七八岁开始，这个年龄段训练得当不容易受伤，可我也不敢随便叫现在的小孩练这个，怕伤到孩子。

石担石锁协会部分成员合影及训练时的场景

如果要说现在的困境，就是石担石锁正面临着后继无人的情况啊！推广宣传方面我们也做了我们能做的，像上海电视台、有线台，还有《新闻晚报》《新闻报》《体育报》《东方早报》都登过头版头条，对石担石锁进行介绍。但耍石担石锁作为一个非遗项目，它有它的时代性和局限性，我们既要用发展的眼光看待问题，也要用现实的眼光来看，也不是一概而论说就一定能传承下去的。很多时候我们要考虑到它的普及性，也要考虑实用性。现在健身的器材太多，人家不一定非要通过耍石担石锁进行锻炼，而且说实在的，相对来说，它的危险性更大一点。

从现实情况来看，现在的孩子进了幼儿园以后，要学的东西太多了，家长心态和我们那个年代也不一样，更多的还是想要孩子从小学甚至是幼儿园起就要进入好的学校，考到好的大学，平时都担心孩子学习落伍了，留给孩子们玩的时间很少，就不太可能让孩子从小学习我们这个项目。等到毕业了还要考虑成家立业，哪有时间来玩、来练这个石担石锁呢？

2. 项目难以发展的自身局限性

我觉得有些非遗项目适合宣传推广，有些不一定适合。我跟江苏省两个会长也曾经讨论过，这个项目不太可能办成全民健身项目，如果想发展这个项目，就把它纳入体育竞赛项目。比如说，如果教育部门规定，每个学校上体育课时，根据孩子年龄大小，教孩子学习石担石锁从简单到复杂的动作，这样慢慢地就普及开了。当然，如果在全国都这么实施的话，这个项目也不用现在这样保护了。我们会看到其实很多项目都想这么做，大家都想把它纳入体育课的体系里面，但是相关部门也是要根据现在小朋友各方面的综合情况考虑的，还是有难度的。

3. 理性展望，真情寄语

现在国家对老百姓的健身场地也很重视，我们现在训练的三泉公园，园方对于我们练习的场地非常支持。不过公园也可能要面临改造，进行重新规划，我们的训练场地也很难得到保证。总而言之，我们希望更多的报纸或者新媒体对耍石担石锁进行宣传，动员青少年、民间爱好石担石锁的人士到三泉公园来参观练习，我们的基地就在那里，我们免费教授。

结　语

　　我和石担石锁相伴已经大半辈子了，以我的经验来看，耍石担石锁纯粹就是凭个人兴趣爱好，没有任何回报的，不过只要坚持下去，可以体质好一点、力气大一点，一般小毛小病找不到你。当然这种说法也不是绝对的，能否保持健康要看多方面的因素，但练习这个本身也是一种健身的方式。总的来说，随着时代的发展和变化，对于这些民间的东西，你在坚持、在做本身就是一种很好的传承。

（采访及整理：温世林）

铮铮铁骨不畏寒,"花棍"非遗代代传

讲述人:查天培、王隶
时间:2021年1月5日
地点:上海市静安区虬江路723号朝阳中学

查天培,男,1947年生,现上海市非物质文化遗产"打花棍"代表性传承人。7岁开始跟随其父查瑞龙学习打花棍技艺,至今已经从事这项技艺65年。查天培倾注了大量的心血,一边坚持对打花棍技艺勤练不辍,一边不断探索创新打花棍招式套路,同时还苦心收集、整理了大量珍贵史料。2013年,查氏打花棍成为静安区非物质文化遗产代表性项目;2014年10月,经该项目的保护单位宝山路街道牵线,查天培开始在上海市朝阳中学传授打花棍技艺;2015年,打花棍成为上海市非物质文化遗产代表性项目。

王隶,男,1972年生,上海市朝阳中学校长,中学高级教师。2014年10月起和查天培合作至今,始终倾心致力于查氏海派花棍的传承和推广。领衔研究的课题《在中小学体育教学中引入非遗项目"打花棍"技艺的实践研究》被列为上海市学校体育科研项目;带领研究团队研发了"打花棍通级标准"1.0版、2.0版和《查氏海派花棍传承谱系》;2019年上海市朝阳中学获"全国中华文化优秀传承学校(打花棍)";2020年由他主笔撰写的《上海打花棍进校园案例》,在全国第二届"非遗进校园"优秀实践案例征集宣传活动中获得十佳案例。

查天培

查天培先生口述：

承爱国之志，传中华技艺

我打花棍的技艺主要传承自我父亲查瑞龙，这是他改良后的技艺，所以每每打起花棍，便总是想到父亲。

我爷爷查永司是木匠，所以花棍都是他自己做的。父亲的经历很传奇，我一直很敬佩他的为人处世，如今坚持传承打花棍也离不开父亲的影响。在武打影片中，我们中国有三条"龙"：20世纪70年代是李小龙，现在是成龙，而20世纪二三十年代拍默片的时候就是我的父亲查瑞龙。父亲年少时在商务印书馆办的尚公小学读书，10岁起就开始喜欢耍枪弄棒，逐渐练就了一身武艺，同时还精通石担、石锁，极大地锻炼了体魄和力量。他最厉

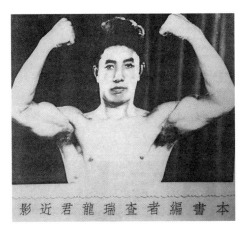

查瑞龙

害的绝技是汽车过身,还曾经在上海万国体育会和洋人角力,他体重 160 磅,却能打败那些体重 200 磅的对手。

我国早期有一个武旦叫邬丽珠,是我父亲的师妹。1925 年,父亲进入电影界,主演了 6 部武打片,在多集连续片《关东大侠》中饰演主角查士雄,邬丽珠饰演女侠赵窈娘,一炮而红。父亲在剧中力敌千斤野牛,用双手牵拉两辆反向发动的汽车的镜头被视为当时中华武功一绝,因此被称为"东方大力士""关东大侠"和"上海霍元甲",成为当时电影公司的台柱演员。

"九一八"事变后,为了生活,父亲和练武的同伴们组成了表演队,在京沪线一带表演谋生。当时,各大剧院老板都不敢接受进步文艺团体的演出,父亲受托帮南国剧社找一个演出的场子,他多方奔走,还主动担任剧场的义务保镖,保证演出顺利进行。南国剧社正是由田汉领导的剧社,此后我父亲和田汉两人就成了莫逆之交。在田汉的影响下,我父亲就不再拍武侠片,他筹资办了艺华影片公司,邀请田汉担任编导,又由田汉邀请夏衍、

20世纪30年代左翼影片一瞥

周扬、阳翰笙等进步文人组成编剧团队，合作拍摄了抗日影片《民族生存》《肉搏》《中国海的怒潮》等影片，讲述抗击日寇的故事，在当时很有影响力。

在这期间，美国米高梅电影公司想把赛珍珠的小说《大地》拍成电影，在物色演员的时候找到了我父亲，还许诺了高达20万元的酬劳费。我父亲原本想请田汉了解一下剧本以后再做定夺，但对方却不答应，因为担心片子里可能有辱华内容，我父亲就拒绝了他们的邀请。田汉曾写过一首称颂我父亲的诗，时间比写《义勇军进行曲》还早两年：

一九三一年末的影界，
有一位大力士随着时代而转变，
他离弃了神怪武侠的玩意儿，
走上为民族求生存的大道。
他说：只有走这条路，
才不辜负它的铜筋铁骨……

他向帝国主义者肉搏，

高呼："大家起来，收复失地！"

但是不久，田汉被捕入狱，我父亲无法维持公司的收支，只能把艺华公司卖给了"烟土大王"严春堂，当时也没人敢找我父亲拍片，我父亲就将杂技和武术配合起来，组织了一个魔术表演团。1934年到1945年，我父亲参加华侨抗敌后援会为救济伤兵难民筹款而举办的表演，5次到泰国、新加坡、菲律宾等地演出。他的"足蹬千斤""钉板铁桥"和"汽车过身"等节目技惊四座，令外国人对中国人肃然起敬。

华侨抗敌后援会为救济伤兵难民筹款而举行杂技表演纪念

他最后一次演出是在菲律宾的一个岛上，由于日寇占领了菲律宾，杂技团无法表演下去。当时日寇要我父亲参加"随军慰问团"为他们表演，父亲坚决拒绝。他动员杂技团的成员用种田来维持生活，这样的生活维持了三年。期间他还和菲律宾当地的爱国华侨们组办了"抗敌后援会"，经常演出为伤兵募捐，因此被日寇逮捕关入集中营，屡遭毒打，一直到抗日战争胜利后才得以回国。

新中国成立后，我父亲一直致力于发扬和传承中国民间体育运动，他经常在少年宫教小朋友习武。1952年，他组建了闸北区工人业余石担石锁运动队，教授石担石锁技术，还经常深入工厂、农村、部队、学校进行慰问演出。我父亲创编了很多武术新技术，主编过《新技击》一书，像"金龙盘柱"这样的花式，已经没有人会了。田汉在《影事追怀录》中写过："扮演剧中（《肉搏》）主角史震球的是大力士查瑞龙，他是一位全能的运动员，田径赛、球类他都来得。……这位大力士后来在南洋据说曾因抗日入狱、受敌人摧残，新中国成立后在上海仍注意培养着业余体育人员，发明花石担等运动节目……"这些资料我都保存着，以此纪念我父亲。可以说，父亲的精神一直潜移默化地教育、激励着我，促使我将打花棍不断创新、不断传承。

新技击提倡者合影

动作指导

持日夜恒心，练花棍绝技

我父亲虽然武艺很高，但是对于子女却没有太多这方面的强求，而是任我们凭自己的兴趣发展。不过他还是教了我很多东西，除了打花棍，还教了我摔跤、举重、石担石锁等，最后我就专注于打花棍这一项技艺。

小时候，我比较好动，读小学一年级的时候，每天课业很轻松，上午上学，下午没有事情可做，作业也很简单，就识几个字。回家后就看父亲的学生练习打花棍，比如父亲的关门弟子徐志成，他比我大10岁，花棍打得很好。我有时候做完功课后闲着没事就跟着他学，但却一直没有办法把花棍打起来。

有一次，父亲在花园里浇花，他看到我在尝试打花棍，就放下手中的水壶，跑到我身后，用他的两个大手握住我的小手把花棍打起来了，可是他手一放，花棍又掉了。我说："你一放手我的花棍就掉了，这个太难了，我不可能打起来的！"我父亲就教育我，无论做什么事都要坚持，只有坚持了，事情才能办好。后来，我每天坚持练习。打花棍的时候，要时刻保持清醒的头脑，全神贯注，一点点掌握技巧以后就逐渐变得容易了，所谓"熟能生巧"。就这样，我渐渐入了门，学了一年多，我已经能掌握五六个基本花式了，比如"打莲花""顺风车"。我现在教朝阳中学的学生们也一样，刚开始的时候他们也都觉得不可能，结果学了两个星期后就都能打起来。我就和他们说，只要坚持练，就可以练得更好，还能学会更多花式。

20世纪70年代，我初中毕业后到江西去插队，那时候别人都带很多干粮、腊肉什么的，我却从上海带了300斤杠铃片、5根铁杆、5个哑铃，还有一副吊环和几根花棍。在当时200万插队知青中，也许只有我会做这种"傻事"。在农村，我白天出工，晚上或者农闲的时候就会练习。

当时农村里也有文艺表演，我经常在生产队、公社里给大家表演打花棍。但是表演的时间都是在务农结束后，时间通常在晚上，效果没有白天那么好。我就忽然想起我父亲有一个节目叫"火流星"，拿两个铁笼子，里面放上烧红的木炭，往上撒一把盐，就会噼里啪啦地爆起火星。他一只手撑在地上，一只手转。这个节目曾经在东海舰队后勤部举办的军民联欢大会上作为压轴节目表演，全场灯光熄灭看我父亲表演"火流星"，精彩极了。于是我就想，能不能把打花棍也变成这样的形式呢？农村多得是树枝树干，我就找来木料，自己把它磨平，两头扎上棉花，绑上铁丝，浸上煤油，点上火，将打花棍变成了打火棍。虽然这样有点危险，但由于我打花棍练得很纯熟，所以很快就得心应手了，获得了极好的演出效果。

县里的文化小分队有一次到我们乡下来演出，队长从知识青年那边打听到我会这个技艺，就专程跑到我所在的生产队。从公社到我们生产队有15里路，而且都是山路，一般很少有人上来，他却找到我，让我表演给他看看。我说："现在是白天，白天打火棍没有什么效果，我就打一般的平头棍子给你看吧。"我表演了20来个花式，他一看，立刻跟我说："好，你有这手绝活，到我的小分队来吧！"我心里也很开心，于是就这样参加了文化小分队的工作，巡演了一年的时间。

一年借用期结束后，我又回到了生产队。有一次，我用独轮车推着几百斤的公粮去粮库，当中要走一座独木桥，结果走到一半桥断了，造成我胸椎骨折。那时候医疗水平和条件都很差，没有好好地治疗，全靠自己养伤，所以落下了畸形和后遗症，到现在阴天下雨的时候还会酸痛。不过，这并没有影响我继续坚持打花棍。回到上海后，我进了生产组，在生产组待了 5 年，后来被分配到上海住宅总公司，当了一名建筑工人，直到 2000 年退休，业余时间一直坚持练习打花棍。

退休以后，我时间就多了，可以继续钻研打花棍的技艺。我父亲以前会 20 多种打花棍的花式，杂技团的同行尊称他为"花棍王"。现在我在父亲技艺的基础上自己又设计出了 20 多种花式，也可以算是"花棍王"了。

我希望，父亲的技艺可以一直传承下去，也希望可以有更多的人知道、参与到打花棍中来。

王隶校长口述：

悟文化精髓，创育人新意

打花棍和朝阳中学联系起来是一个机缘巧合的事情，打花棍本来是之前闸北区的区级非遗项目，也是宝山路街道唯一的一个非遗项目。当时宝山路的街道副主任是后来调任静安区文旅局的调研员张众，他在调任之前做的最后一件事，就是在打花棍和朝阳中学之间搭了座桥。

当时打花棍面临着几个困难：一是打花棍这个技艺传到查天

培老先生手上的时候,他虽然有儿子,但是他的儿子不打花棍;二是打花棍这门技艺本身学起来还是有点难度,查老平时坚持每天在街边的公园操练,看着赏心悦目,往往有很多人围观,但是大家都只是觉得好看,实际学起来却觉得很难,往往知难而退。有些人提出想跟他学,查老就自己做了花棍送给他,结果做得很辛苦,也送了不少人,但真正能坚持学下来的却一个都没有。

在这种情况下,张众主任就想把这个项目往学校推广,一开始也联系了几所学校,有小学也有初中,但是去了以后,人家也不是很感兴趣。最后张主任就和查老说,要不你到朝阳中学找王校长试试看,王校长是体育专业出身,有可能会接纳。于是,查老带着花棍到了我的办公室,我一看就说:"这个是打花棍吧?"他听了也很意外,问我怎么会认识,现在不大有人认识这个东西的。我说这个东西挺好玩的,之前我在北京旅游的时候,在天坛公园看到有些人在打,留下了很深刻的印象。京沪打花棍虽然技法差不多,但是器材不太一样,他们打的花棍是软棍,在空心不锈钢管外面包了一层像自行车的内胎一样的黑胶,摩擦力比较强,两头装饰有绒球,叫"老北京花棍"。但是查老带来的花棍是纯木质的、实心的,分量比较重,操控起来难度应该会比较高。

我看了查老的演示以后,觉得很有意思,打花棍花样很多,对于练习者身体各部位的协调性有较高的要求,对于颈椎、肩、手、眼、腿及大脑都有很好的锻炼效果,如果引入学校可以作为学生们体育锻炼的一种手段。而且我们学校之前就搞花样跳绳,现在加上打花棍,也算是一个"花开并蒂"。于是,我和查老"一拍即合"。

事情虽然是定下来了,但是时机却不凑巧。查老来的时候已经是 10 月底，学校已经在准备期中考试，课程早都排好了，现在突然要新增课程也不太合适。后来我就想办法从各个拓展课的团队里面抽了几个人出来，组成一个"先锋队"，先跟着查老学起来，也算是"试试水"，学半年左右再开始教更多的学生。

当时面临的最大困难是士气不足。打花棍在非遗分类里属于"传统体育、游艺和杂技"类，技巧性比较强，并不是很容易就能"上手"。孩子们看查爷爷打起花棍来神乎其技，可自己尝试了以后又觉得很难，有点信心不足，觉得这个东西怎么可能学得会呢？当时第一批参加练习的团队里都是女同学，也都很认真。但练了几天不见起色，有的急得眼泪都出来了。于是，我们就一直鼓励，还组织了几位青年教师、体育教师陪她们一起练。时间久了，熟能生巧，就一点一点"入门"了。有了这样一支先锋队的尝试，我们就开始计划将打花棍付诸教学。

打花棍走进学校

学校又专门成立了一个打花棍的社团，有二十几个成员。后来正好区里面有艺术节，我们觉得孩子们总是关起门来练习，没有成就感，因此想让他们出去表演表演，露露脸。但是参加艺术节报名，也不知道是算武术还是算舞蹈。后来也不管三七二十一，把孩子们打扮打扮漂亮，就当舞蹈上去演出，结果表演效果还挺不错，评委和观众们都很感兴趣，获得一致好评。

　　后来，我们获悉宝山路街道要举办运动会，就主动报名去表演，一开始他们不同意，说开幕式都排好了，节目也都定了，不想再重新安排。我就说："等你们全部结束，给我们5分钟时间表演两个项目，一个打花棍，一个花样跳绳，我带一批学生过来，给大家助个兴！"还好平时街道跟我们经常合作往来，就满足了我们这个愿望。等运动会结束后，我们就作为闭幕式节目上台表演。孩子们的表演一开始，观众们就热闹了起来，大家都在问："这是什么东西？好玩！好玩！"很多人都围上来拍照片。说巧不巧，街道运动会那天邀请了当时静安区体育局的副局长黄京滨作为嘉宾，他看到这个表演时眼睛一亮，找到我了解情况。于是我就跟黄副局长介绍了打花棍的历史还有脉络，又讲了我们的项目开展情况，他问："你现在有多少人能打？"我说："现在就这20多人。"他说，一年半以后是静安区和闸北区合并以后的第一届全民体育节，到时候将会举办一个非常盛大的开幕式，在新落成的静安体育中心召开，也是整个静安体育中心建成以后的第一台节目。他问我能不能出一个节目，大概需要七八十个人。黄局也是蛮有思路，他跟我说："从街道运动会，到区运会，到市运会，到全运会，再到奥运会，没有人看到过打花棍的演出，大家平时看到最多的也就有些拐棍操、柔力球之类的，打花棍如果上去的话肯定会很亮眼的！"我觉得是个好机会，就答应了下来。

答应下来之后，我们回来抓紧时间练习，把打花棍穿插到体育课中去专门教。到了体育节那天，精选了50个学生，查老在前面领衔，表演服装是典雅"青花瓷"民族风，既漂亮又精神。当时这个表演环节其实是各种民间技艺的拼盘式演出，整个体育馆里面汇聚了各路"民间高手"，各自在导演安排的区域进行表演。导演安排让打花棍的队伍站中间，旁边是抖空竹的、顶灯的、舞龙灯之类的民间技艺。可是每个人都想往中间站，别人一挤过来，查老就往后面退，导演就急了："你怎么老往后退呢？你就站中间！"正式演出那天，新建成的静安体育中心流光溢彩，整个会场气势恢宏，节目也是精彩纷呈。除了现场的上万观众，电视台也进行了转播，这也是查氏海派花棍第一次走上如此宏大的舞台，让许多人第一次见到了这项"非遗"。

查氏海派花棍舞台展魅力

在这之后,我们的项目获得了越来越多的关注:2018年12月,中国青年报举办了名为"亮手绝活,见证传承力量"的网络平台直播,集合各大网络平台全网直播全国各地中小学的特色大课间。12月9日这天上午9点,全国选定了12所学校同步直播每个学校不同的特色体育项目,有打太极拳的,有敲腰鼓的,其中也有我们的打花棍。2019年10月,上海举办了第15届世界武术锦标赛,有100多个国家参加。当时要做一个大会宣传片,在上海选了6个和体育、武术相关的非遗项目,我们打花棍也被选为其中之一。为了加强对非遗的保护和宣传,上海市非遗保护部门组织拍摄名为了《璀璨薪火,海派百工》的非遗宣传系列纪录片,有点类似《舌尖上的中国》,第一季拍了60个项目,查氏海派花棍也被列入了第一季的拍摄计划。拍摄当天,摄制组在朝阳中学从朝晖拍到夕阴,拍了十几个小时,最后剪出了5分钟的精彩视频。这个系列的纪录片后来在上海市的轨道交通、楼宇外墙的12万块显示屏上滚动播放,让打花棍进入越来越多人的视野。

现在回头想想,我们第一次在街道运动会的亮相是一个很好的契机,之后我们又通过各种努力先让周围的社区居民看到了,然后又让各级文化、旅游部门和非遗部门也知道了这个项目。

除了增加知名度外,学校在查氏海派花棍的传承上也想了很多的办法,采取了很多的措施。

2019年6月1日,我们通过认真的酝酿,举行了查氏海派花棍第一次正式开门收徒仪式,拟定了16个字的传承辈分——"中华文化,源远流长。传承非遗,光大国粹"。第一次收的徒弟是"中"字辈的,共125人被收录进"查氏海派花棍传承谱

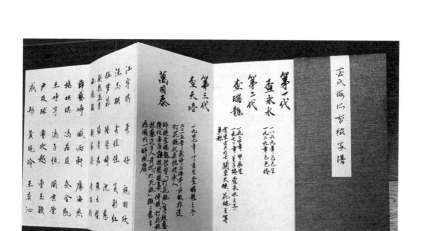

查氏海派花棍传承谱系

系",都是朝阳中学的师生,其中也包括我本人,是"中"字辈的老三。"入谱"都要经过考核,我们定期会举办达标通级的比赛。根据查氏海派花棍良好的推进态势,我们在几年前制定的《查氏海派花棍通级标准》升级为《查氏海派花棍通级标准2.0版》,有入谱级、达人级、高手级、大成级、大师级、至尊级六个等级。到下一次再开门收徒的时候,我们就要收"华"字辈的徒弟,然后是"文"字辈、"化"字辈,一辈辈传下去。

一开始,花棍只限在校使用,不发给学生,因为全要靠查老自己手工制作。后来,我们受到一个学生的启发:有一个学生因为家不在上海,九年义务教育结束后就得回老家学习参加高考,所以必须要提前一段时间回去适应当地的教材。当时他就问能不能带一根花棍回去,考虑到这也有利于技艺的传承,我们就说:"那要看你水平,如果你水平挺好的,能够成为我们花棍入谱传人,那么这根肯定是可以奖励给你的,找查爷爷签个名都可以。

但是如果你不会打,那这不就是一个烧火棍吗?要不要也就没啥意思啦!"从那之后,对于通过认真刻苦的练习获得"入谱"荣誉的同学,学校就会奖励一根花棍,让他们把花棍带到自己的家乡,把打花棍技艺带到祖国各地去。去年有一个孩子,过年的时候去看望在美国定居的爷爷奶奶,孩子就把花棍带去,为爷爷奶奶进行了表演,长辈和亲戚们看了可开心了,在异国他乡感受到了祖国传统文化的精彩。

学生在操场练习打花棍

目前,学校已经开始思考未来三年对打花棍工作的推进策略,重点主要是两件事,一是记载,挖掘记载打花棍现有的花式、技法、史料、谱系等;二是辐射,将打花棍的传承经验辐射到更多的学校和更广的区域。其实,现在已经有学校主动上门找到我们准备开展相关工作了。昨天,广州天河第一中心小学的王晓芳校长给我来电,说之前国家文旅部非遗司的李晓松副司长带队来上海考察时,随行的参观团中有广东省非遗处的处长,他看了我们非遗传承的推进模式后很受启发,回去就建议天河第一中心小学跟我校对接,看看能不能想办法让这个项目到广州去生根开花。我说:"这些传承和推进的经验,包括技术的教学、谱系的传承、通级的设置等,都是可以毫无保留地给你们的,接下来其实主要就是技术教学怎么样落实的问题。这放在以前是一个很困难的问题,不要说在广州,就是叫我们去上海的郊县教打花棍也够呛,但是现在有条件开展视频教学了,可以开展网络教研。这样一来,记载和辐射这两个工作就可以贯通起来做,我们要争取把查老的花式全都通过信息化技术记录下来,配上详细的讲解资料,不要让这些技艺失传了。"和几年前比,我们现在虽然有很多传承人,但还是只能完成一些比较基本的动作,掌握10个花式已经很了不起了,但要像查老这样达到身心一统、人棍合一还是需要持之以恒的练习和长时间的积累。目前,咱们的当务之急是把这些都留存下来,我们不能总是去回顾说、据说当初还有怎样怎样的招式、技法,可惜现在失传了……就像中国传统建筑和家具制作中使用的榫卯结构,蕴含了能工巧匠几千年的智慧和经验,可现在我们几乎失传了,却被日本传承了下来,据说做得还比我们好,这该多可惜!

查氏海派花棍这个非遗项目在朝阳中学开展这几年来,可以说是一个不断无心插柳的过程。当初起步的时候真的没有想到会这么受欢迎。回过头来再看,这个项目的优点还是很多的,它的器材制作成本不是很高,现在我们也和厂家合作,进行批量生产,一套也不过几十块钱。此外,作为一门技艺,它有不断学习、挑战、创新的空间。我们学生也在练习中创新了很多东西,有些同学尝试着两个人打,一个人用左手,一个人用右手,两人共同控制同一根花棍，还取了个名字叫"二人同心"；还有两个人面对面或者几个人围成一圈，你抛过来我接住；有的学生还可以边打花棍边跳鬼步舞，或者是跳长绳的同时打花棍……可见，创新的空间是无限的，孩子们在锻炼、游戏中能碰撞出很多智慧的火花。打花棍需要整个身体的协调配合，对孩子的左右脑均衡发展也大有益处，既开发智力，又强身健体，还愉悦身心，孩子们在学习之余可以借此锻炼身体，获得放松。总的来说，我觉得这事有意义，也会坚持做下去，让"花棍花开"，盛开在更多的地方。

查天培与王隶

（采访及整理：徐嘉）

一针一线绣出时代风采

讲述人：陈健
时间：2021年1月8日
地点：上海市静安区海防路223弄16号底楼鸿翔女装加工车间

陈健，1959年7月出生于上海，上海市非物质文化遗产"鸿翔女装制作工艺"市级传承人。曾为歌唱家朱逢博定制晚礼服，并与其师应信根合作完成上海照相馆第一件婚纱礼服。陈健先生继承鸿翔女装高级定制的手工缝制技术，以擅长裁剪缝制特殊体型的服装在业界闻名。

与鸿翔二三事

我是上海本地人,从小就了解到上海滩女装业里,鸿翔是头块牌子。当年我能够有幸进入鸿翔,全属机缘巧合。那时,学校毕业后都由国家分派工作,因为我住在静安区,所以工作安排也在静安区。如此想来,从 1977 年进入单位到现在退休再被返聘,我已经在鸿翔工作整整 44 个年头了。

刚到单位那会儿,财务室正好有个老师傅退休,领导有意安排我去,但考虑过后我还是主动要求到制作间去学习手艺。上海有句老话:"荒年不饿手艺人",当时想法很单纯,只觉得学了手艺,别人是抢不走的。哪怕今后就业形势不好,也有一门技术活在身。进了单位,公司会给每个学徒指定一个师父,我的师父是应信根先生,拜师后,就要开始度过长达三年的学徒期。学手艺并不是一蹴而就的,都是一步步积累得来,先从基本功做起,这样才能学出真本事。第一年我们主要练习"捺布头",师父给徒弟发一个顶针,顶针戴在用力穿针的那根手指上,再拿一块做衣服用的布料,学习针的走势。同时,手上还不能出汗,否则会影响面料的质量和做工的进度。

那时候,我们旁边常常放一块湿布,手出汗了就擦一擦再继续缝针。每天从早到晚 8 小时,就坐在椅子上不停地练,是很枯燥的一件事。一开始没基础,把握不好拿针用力的姿势,顶针总会扎在手上,磨了一个又一个水泡,弄出点点血花。但我当时想,自己既然主动学了,就一定要达到要求,所以还是咬牙坚持下来。那时候社会普遍比较封闭,娱乐活动不多,每天上班我就跟着师父一起，学着他的动作慢慢练，到最后顶针在手上就变得很听话了。当时练到什么程度呢，就是做梦都能梦见自己在穿针引线。其实最可贵的还是能坚持下去，熬过来，现在再看看，手上的泡都已经消失了，但学到的技术却永远驻留在我的手心里。

为期一年的手工做好了之后，要学习衣服的结构，了解剪裁、熨烫的步骤，这些都是做衣服必须具备的手艺。熨烫上面的功夫各式各样，比如一块料子有直面、横面和斜面之分。像鸿翔的传统技艺"镶、嵌、滚、宕"，就需要用到斜面料。同时料子的丝绺①也极为重要，做衣服一定要看丝绺，丝绺不整齐，衣服肯定平衡不了。像这样不间断地学习与稳固基础缝纫手艺，我很幸运地成功度过了三年的学徒生涯，而这一切都少不了师父的帮助和严厉的教导。

我的师父就如同我的父亲。当时他家住南京理发店楼上，就在鸿翔门店的马路对面。记忆中，师父是个很敬业的人，他每天早早地就到公司，下班后也总是留到最后。师父对我要求很严格，哪个步骤没做好，就要求我不断重做，以至于有时候回家躺在床上也要反复思考，研究其中的窍门。那时候我们徒弟之间会互相攀比自己制作的产品，谁都不想丢自己师父的面子。在这种良性的竞争下，我的技艺逐步提高，我也开始慢慢跟着师父学习各种复杂的软货技艺。

由于鸿翔是女装品牌，可制作的服装和接触的面料相较于男装都更多，而不同的师傅也有其不同的专长。比如我的师父应信

---

① 服装行业术语，主要指布料或纤维的走向。

根先生尤其擅长软货，即制作丝绒类、真丝类的礼服，我师父那时就已经蛮有名了。当时，静安区有一家上海照相馆作为婚纱试点，要推出婚纱照的拍摄。他们专门找设计师设计了一款婚纱，并出费来鸿翔制作。因为我那时技艺还不成熟，不太会做成衣，所以师父就带着我一起完成这件婚纱的缝制工作。那时耳边总有师父的催促声："小陈，把面料搞一下。这里不对，要拆掉重新搞……"大概过了两个星期，我们终于把上海照相馆第一件婚纱完成了，在当时可谓广受好评。这件事对我来说意义非凡，我到现在还记得亲眼看到自己参与制作的衣服被展示出来，心中是满满的激动和骄傲。

学会软货技艺等基础后，就可以练习独有的手艺了。像我就尤其擅长剪裁适合特殊体型的服装。因为到鸿翔来定制衣服的客人大多数都上了年纪，体型不像年轻人能保持这么好。这就和平时做的衣服不尽相同。比如说背有点驼的客人，衣长就要在原本的基础上加长。这种情况下，定制特殊服装的客人一般都是老客户，因为他在外面很难买到合身的衣服，每次只要想做衣服就会来鸿翔。而我们做的衣服既贴身又能遮盖体型上的缺陷，自然就收获了一大批回头客，口碑就这样渐渐做出来了。

也有很多七八十岁的老人来鸿翔定做精良的礼服。现在的子女家庭条件都很好，要给老人做寿，老人一般就会说："做寿可以，帮我先到鸿翔做件衣服去。"另外，年纪大的人和年轻人穿着习惯也有很大的区别。所以，鸿翔定做衣服的准则是：不论年龄和体型，通过多次试身，给客人调整到最佳状态。衣服做好了，口碑传播开来，人家就知道这件衣服是鸿翔做的。

于变迁中历久弥新

鸿翔的发展并非完全一帆风顺,也曾经历过不小的风险与波折。众所周知,门店的位置对店铺的发展至关重要。当时我们鸿翔的门店地址位于南京西路863号,是当时整个服装行业里面最大的店面。像我们上海人常说的有"九间门面",一楼是店铺,二楼、三楼全是制作的工厂。直到2007年,区政府提出"黄金地段,要有黄金的收益",而鸿翔因无法创收高昂利润,无奈只能搬迁至陕西北路。

地段的改变对销量也有一定的影响,不仅客人减少,学徒也不像以前那样争先恐后地来鸿翔实习。现在是快节奏、高效率的社会,实习生都希望毕业后能赚够足以开销的钱,因此三年学徒期的低工资和低福利自然无法留住胸怀抱负的学徒们。

除了店铺的迁移,改革开放后,服饰类型多种多样,服饰品牌转型也对鸿翔的发展造成了一定的压力。20世纪80年代那会儿,我们店铺前可以说是人山人海,做衣服都需要排队。每天早晨还没到开店时间,门口已经有长长的队伍了。但由于产量有限,每天限量定制,而定制的东西也并非如流水线生产,可以做到定量化、目标化,因此当时普遍以发牌等号的形式来安排客流。

鸿翔女装商标

那时衣服完全做不过来，每天晚上都要加班，每周只休息一天。特别到冬天，因为大衣订单增多，手工相对复杂，制作时间长，那就一定要利用休息天完成。同时，领导也鼓励大家加班，公司星期六下午3点下班，一下班就给每人发一件衣服，然后大家一起加班做到晚上八九点或者十点，第二天星期天再来做，在下班之前做好，就可以多拿5块钱。当时一个月工资只有36块，所以光是加班费已经是一笔很好的收入了。

20世纪80年代可以说是鸿翔的一个高峰。后来到90年代，由于国家发展经济的需要，开始提倡中外合作，还有跟香港公司合作。但由于招商偏好不一，大量国外时尚品牌进驻，鸿翔逐渐不受重视。刚开始还能勉强维持开销。我记得1993年、1994年的时候，流行过圣诞节。以前我们都不知道什么是圣诞节，但每到这个节日就有很多人来做大衣，我们去送货的人回来说："根本没法关门，不断有人进来做衣服。"后来才知道，原来是圣诞节，年轻小姑娘都想在舞会跳舞的时候穿上漂亮的新大衣，所以这个节日之前来做衣服的人特别多。

可惜渐渐地，鸿翔就开始走下坡路了，店面全变成柜台租给别的店铺，我们搬到海防路，工厂也迁到这里。那会儿正逢外资涌入，不断有品牌商店开设出来。不仅环境比我们好，楼面装饰也更漂亮，逐渐把客户一点点吸引过去。订单减少，销量上不去，公司利润不断下降，无奈只能裁员，要求我们下岗。因此，像鸿翔这样的老字号品牌的发展好坏，与领导重视与否有很大关系。那时候我们领了下岗工资只能从单位回家了。直到1999年，鸿翔开始自己监管公司，急需大量员工，于是打电话让大家重新回来上班。于是，我们又再次回到熟悉的地方，重新出发。那时候都以为下岗就回不去了,谁曾想还有峰回路转的一天,所以我当时就下定决心,要重振店面,把鸿翔这块牌子打出名号。

调整店面主要就是服装的创新。我当时就和设计师一起探讨,因为我们对老鸿翔比较了解,知道什么款式的衣服吸引客人,什么样的面料做出来造型好看。另一方面,还要注意不能引入太过时尚、年轻化的元素。鸿翔服务的客人相对年龄偏大,因此还是要迎合我们主要的消费群体。否则做得过于时尚,花了人力、物力,最后没能吸引年轻人,老顾客也不喜欢,就是白忙活一场。

所以有时候要给设计师信息,设计首先面向40岁至50岁的中年女性群体,再慢慢淘汰单一老套的款式,这样就在原来色彩简单、款式单一的基础上,增添更有设计感的丝绸类礼服和旗袍。我们也通过这种方式把传承下来的制作技艺运用到设计的新款当中,让鸿翔金字招牌的制作技艺能够传承下去。

传承中的工匠精神

鸿翔女装是以女装手工制作技艺申请的非物质文化遗产,而其中最独特的便是"全手工定制"。定制最好的特点就是既合身,又不会撞衫,而且有特定的意义。鸿翔现在仍停留在全手工定制,可操作的机器只有缝纫机,其他都是人工裁剪、缝制。鸿翔的成衣定制和工厂流水线套版制作大为不同,区别就在于试样。

试样即为来定制衣服的客人确定款式和面料,谈好价格后,依据其想要的款式量身。袖子长短、衣服尺寸和面料都需和客人确认。然后手工扎毛样,让客人试穿,如有不合适的地方,再做好标记，重新拆掉修正，修正好再做成真正的服装。因此，一般顾客会来店三次。第一次过来以"定"为主，选择试样、场合、款式、面料。第二次则来店里"试"身，根据选定要求，进行手工扎样。扎样前所有需求都可以调整，一旦确定后，就不再改动。最后才是"制作"成衣，客人第三次来就是拿成品，一件"精准、合体"的服装制作完成。

很多老客人最享受的便是整个试身过程。试身是重中之重，定制衣服都需要试身。比如一些很薄的料子，机器走过后，会破坏原有的面料，留下一个个小孔。而全手工定做，就不会在衣服上沾有痕迹。鸿翔是实打实手工定制，所有都是师傅画粉裁剪。像我这些年熟练了之后，就能做到直接裁剪。一般来说，其他工厂制衣肯定需要打个纸样再拆，所以徒手裁剪这个本事绝无仅有。而正像以前老一辈师傅们所坚持的那样，我们也将这门技艺传承至今。

全手工定制中的手工纳样

此外，鸿翔还首创"立体裁剪"技艺。有时，制作礼服需要进行褶皱的设计，但将布料直接放在平面上裁剪难以展现其应有的效果，所以只能把布料先放在人台上，用针别好，再剪出基本纹路。还有些衣服的部位，由于不知道它宕下来以后的效果，只能在人台上面给它进行基本定型，再取下剪裁，进行制作。因此，通过立体裁剪做成的衣服有"天衣无缝"的美称，能达到久穿不走样的效果。

其实做衣服和读书是类似的道理，都要求勤学苦练，将匠人精神贯彻到每一件衣服之中。虽然制作的过程稍显枯燥乏味，需要反复修改，不断调整，但是当客人拿到衣服，临走之前很真诚地对我说"谢谢陈健师傅"的时候，是我最开心的一刻。自己的技艺和付出能够得到客人的认可，比什么都珍贵。还有许多客人来店内定制婚纱，婚礼结束后会特地带着喜糖来送给制作婚纱的师傅，像这样一种客人与我们之间互相回馈的感情就是鸿翔得以维系的纽带。

能够被选为非遗传承人，我是非常自豪的。同时，我也很快就意识到自己的责任所在。鸿翔的技艺就如大树的年轮般一代一代传递下来，而我也面临着将这份宝贵的非物质文化遗产传承下去的职责。我师父已经过世了，我也到了退休年龄，新一代的传承人却陷入青黄不接的现状。我现在最着急的就是鸿翔后继无人，每天都想着能多一些年轻人过来，把我的手艺学过去。我也很乐意教他们，是时候将这个接力棒传递到新一代手中了。

绣针落于何方

鸿翔从创办到现在已经历时弥久,还记得 2017 年的时候,市、区里面都有领导来店里参观。因为在老一辈人的心目当中,鸿翔还是很有名气的。一些对服装品质有要求的客人或者准备结婚、出国留学、公派的客人想定制几件质量上乘的衣服,还是会来鸿翔的。以前衣裳没有太多款式,像西服、礼服或者大衣都是统一的老式版型,但现在快销品牌层出不穷,衣服的造型也千变万化,这对于鸿翔来说是一股很大的冲击。

我们所面向的主要消费群体是中老年人群,他们对于衣服的需求度普遍不高,对衣服更看重质量,而年轻人则相对偏好款式和时尚度。两者差异导致我们主流消费群体的购买力下降。虽然我们目前也在积极宣传,但有限的资金始终不能让鸿翔走出既定的客户市场,走向更年轻化的市场。

现在学徒越来越少也是一大问题。我们公司正在不断招人,通过网上投递简历、亲朋的介绍都能够进入鸿翔实习。前几年还有一些人来问我:"你们这里还招人吗?"现在我已经很少回答这样的问题了,愿意学习手工艺的人微乎其微。首先,要沉得下心来,现代社会的人都习惯了快节奏,耐不住寂寞,有多少人能真正静下来学上几年呢?

其实新人手艺好不好、以前做不做相关的工作都无所谓,你哪怕是一张白纸也没关系,就像我们做学徒的时候,真的就是从零开始。最关键的是你有心且准备在鸿翔长期做。如果有这份心,那白纸反而更好一些,因为以前学过,换成新的教法,到时候又回到原来的既定模式上去了。像我们熨烫衣服，每个部位都是很讲究的。一件衣服要做好的话，裁剪固然重要，但是熨烫更重要。年轻人进这个行业，并不需要多么高超的技巧，但至少要喜欢，喜欢了，才能把事情做好。就像以前师父和我说，他晚上回家睡觉都在想，"我做的这个地方怎么不好，我怎么样才能把它做到完美"。

我们领导对招收学徒也非常重视，只要有人愿意长时间做、能够长时间做的，都会找好的师父教导，这对学徒自身肯定也有好处。因为产品出来的质量不一样，即便受众的人群稍微少一点，但你眼界变广了，能做的衣服款式也相对更多。比如说做羽绒服的师傅，如果单单只做羽绒服，突然被要求做西装，做羊绒大衣，那他是做不出来的。

陈健先生在缝制样衣

我希望有多一点的年轻人能够喜欢这个行业，能够积极参与进来，我们也有事情可以做，把鸿翔的技艺多传授下去。一个企业的辉煌，跟历史的特定条件有很大的关系。我们那时候学校每年固定安排一批学生进单位。学的人多了，氛围也好，大家都要比谁做得出色。那时候无论是品种还是款式选择都多种多样，老师傅又肯教，慢慢就会涌现很多学生，这样企业才会蒸蒸日上。如果衣服做好做坏一个样的话，到时候大家都做不出效果。但当时那种高峰是无法复制的，现在因为快消时尚和网店购物是主流，手工定制反而变成小众群体。比如说婚庆、年会需要定制，可能仅仅集中在某几个款式、面料。这样对于新学徒来说，不可能所有的料子都能让他去练习和制作，那这样他学习的面相对就窄一些。

  鸿翔的当务之急是要宣传，文字也好，视频也好，让更多的年轻人知道我们。其实每个老品牌的技艺传承都是问题，底下无人能传承，即便有人很感兴趣，但他也要考虑日常的开销和生计，能不能维持自己的生活。像现在普遍的推广费用，对我们这些老品牌来说压力很大，所以我们想也不敢想。我希望社会各界能够多多重视非遗的传承，我们鸿翔也积极配合，共同推广和宣传，让更多的人了解我们这个品牌，尤其是年轻一代，如果他们没有人学习这些珍贵的技艺，那品牌就很难继续发展下去。

  对于鸿翔，我有很多期许，面对当前传承人稀缺的问题，我也时有遗憾。因此，我诚恳希望能够借助社会各界的力量，让更多的人能够了解鸿翔，走进鸿翔。一代代的技艺交接传递的不仅是百工精神，更是时代的风采。新竹高于旧竹枝，全凭老干为扶持，愿祖国的人才能再引领鸿翔未来数百年。

（采访及整理：钱玥莹）

西洋外表下的"中国心"

讲述人:陈凤平
时间:2021年1月26日
地点:上海市虹口区纪念路400号上海凯司令食品股份有限公司

陈凤平,生于江苏高邮,1986年进入上海凯司令食品股份有限公司工作,现为上海市非物质文化遗产"凯司令蛋糕制作技艺"市级传承人,公司技术总监。从子承父业到个人出师,从基础学徒到"中国烹饪大师",他在继承传统蛋糕制作技艺的基础上,融入中国画意境,中西合璧,推陈出新。同时,作为复合型人才,注重技术文件编写,他先后参编了多部烘焙西点教材,并成立了陈凤平技能大师工作室,言传身教,培养后续人才。身为"凯司令人",他始终铭记自己的责任与使命,30多年来皆以"凯司令"的成就为荣,激发个人热情,局部带动整体,在传承非遗的路上,他始终用手摸索前行,用心凝聚作品。

我从小一直听到这么一种说法：人啊，就像根弹簧，只有绷得越紧，后续才能够弹得越高。小的时候当然是不以为然的，但现在快要退休了，回想一下我的前半生，才慢慢琢磨出这句话的道理。现在我是"凯司令蛋糕制作技艺"第三代传承人，但如果前期没有我不断地紧绷、不断地向上，可能此刻我也只是个普通的工人。

凯司令食品厂13位元老，前排右一为陈凤平的父亲

缘起血脉之间，艺承师徒之志

我出生在江苏高邮，从小在乡间田野里长大，上过学，种过地，什么粗活累活都干过。我的父亲并没有陪伴我的少年时光，他早在20世纪30年代就到上海滩谋生，是凯司令工场间里的

13个工人之一。现在"凯司令"是老字号,名气很响亮了,所以我父亲听起来就像是个元老级人物。但在我小的时候,其实并没有这种身份意义上的概念,只是觉得父亲在上海工作,有一种地理位置上的优越感,还有每年回家探亲带回的西点面包,是其他同龄伙伴们所不能享受的短暂口福。所以,国家"顶替政策"出台的时候,点燃了我离开农村到大上海工作的希望。顶替政策的意思是,如果你在工厂工作,那么你到了退休年龄,一个子女可以到你所在企业顶替你的工作。当时,我的好多同学因父母提前办理了退休手续,纷纷进入工厂上班。但由于上海管控得很严格,父亲必须要到60岁足岁,我才能顶替。正巧当时父亲受聘到安徽淮南食品厂作为技术指导,我跟随父亲到那里锻炼了四年,一直到1986年才正式进入上海凯司令工作。

尽管等待的时间格外漫长,在安徽的生活也格外艰苦,只能当"临时工",收入是最低的。但"来大上海"这个目标始终是我生活与工作的指明灯。工作之余,我更多的时间是在宿舍里练字裱花,在枯燥中咬牙坚持,希望自己有一天可以"鲤鱼跳龙门"。

前面谈到了我的父亲,撇去亲人关系,其实在我心里,他是我职业生涯中第一个贵人,因为没有他的提携和鞭策,我不可能进入凯司令,也不可能有在安徽工作期间磨砺心性及基本功。父亲是一个很聪明的人,但可惜的是,像旧社会绝大多数人一样,他没有文化,也屡次因此吃亏,因而在培养我的时候,父亲总是有意识地为我补上他曾有的漏洞。心理学上有个很时髦的词,叫"投射",我的父亲或许也是把潜意识里自己缺乏的一部分投射在了我身上。但我很感谢这份投射,它促使我临摹绘画、练字,有了一定的审美能力,也提高了自己的文化素养。在那个没有电脑的年代,想要找到一幅值得临摹的画是多么难的事!我永远记得,在安徽的前两年,除了干活,在父亲的影响下,我到处收集香烟纸、茶叶罐等我认为上面的图案今后可以在蛋糕上裱制的东西。工作剩下的奶油往往被我父亲带回宿舍,供我练习。比较特殊的是,我不是在纸上用笔作画,而是用奶油裱挤出一幅幅"浮雕",我的基本功就是这么日复一日练出来的。

现在的年轻人可能无法理解当时的情境,毕竟,长时间盯着一个小平面是一件费眼且枯燥的事。但我那时,这么一做,便是一个夜晚,甚至会有痴迷至凌晨的情况。一个作品,就是要完美呈现才有味道,我不舍得半途而废,所以在我正式成为西点师后,也一直保持着这个习惯。那时候没有什么更多的娱乐,蛋糕上的裱画好像就是令我沉醉的一个小天地。我不是什么天才,只能厚积薄发,以此往父亲他们的方向靠拢。

1986年是我与凯司令"情缘"的起点,那时候单位地址在上海石门二路老工厂,单位里的老师傅很多,等级划分也比较森严。尽管我已经有了一定的基本功,仍是从最基础的学徒做起,打蛋糕胚、裱饼干、做西点……零零碎碎的小活我都做过。那时候星期四是厂休,因为我住在宿舍,吃饭要到单位去,有一次有顾客急要一个蛋糕,师傅们都休息,因为我有一定的蛋糕制作基础,领导就让我去帮忙做一下,结果第一次上手成品也像模像样,后来就被调去蛋糕间做蛋糕了。

但对我影响最大、让我开始有了自我提升意识的,还是因为一次比赛。当时的静安区财贸系统每年都要举办青工比赛,进单位的第二年,一位准备参加比赛的同事因为家中有急事无法参

凯司令茂名路老工厂

加,便把机会给了我,领导说"让我锻炼着试试"。我进单位只有一年多,虽说是"试试",我内心的压力仍是很大,毕竟是来之不易的机会,又有沉甸甸的期许压在肩头,很害怕自己出洋相。但谁也没想到,我这个工龄不长的"新人"和"老人"竞技,一试试出个第二名,单位立马觉得我"有点崭露头角的天赋",我也对自己更加有信心了。这个第二名让我打破了以前简单模仿的学习模式,也让我真正喜欢上了蛋糕样式的创新。

这一年可以看作是我职业生涯的转折点,从此以后每年的比

获奖蛋糕

赛我都会积极报名参加，相当于自我锻炼，也是一次次的自我挑战。1990年静安、卢湾、长宁三区财贸联合举办青工技术比武，我和同事包揽了一二三等奖。1996年，我得到了全国裱花大赛金奖的个人最好成绩。有成功，也有失败。1998年，上海饮食烹饪行业协会及国际厨师长协会举办"第一届上海烹饪艺术大赛"，我参加了制作三层婚礼蛋糕的比赛，这是我第一次与国外厨师同台竞技。赛前，边兴华大师提供了从别人那里借来的新加坡比赛照片，让我开阔眼界。我自己设计，请工程部师傅帮忙，制作了S形三层蛋糕支架，可以将蛋糕错层呈现，改变了传统宝塔式造型。蛋糕使用中国元素"心心相印"为主题，整整忙了一个通宵，因为时间仓促，也因为首次使用白帽糖膏裱制，对其性能掌握不够，看起来表面已经干透，坚硬牢固，其实当中并未完全干透。在作品运抵比赛现场的途中，最核心的"双心"竟然倒塌，只好临时应变，用玫瑰花来填补，整体效果也大打折扣，与奖项无缘。后来作品因为造型比较新颖，照片还是被当时的一家期刊刊登。这次比赛也使我看到了自己与国外技艺的差距。每参加一次比赛就是逼迫我重新构思，自我否定，推陈出新，也可以在交流中取长补短。当我换一种视角看待自己的工作后，我对"蛋糕制作"的理解不同了，也有了一点点成长的味道。

我现在是"凯司令蛋糕制作技艺非遗项目"的第三代传承人，在这里，不得不提起我人生中第二位贵人——我的师父，边兴华大师。她是凯司令蛋糕制作技艺的第二代传人，和其他师傅不同的是，她文化基础很好，不仅技艺超群，而且能说会写，刻苦且乐于拓展眼界。我能够走到今天，其实是她给我提供了很多

陈凤平设计出的蛋糕

平台和机会。只要有展示等活动,她总是拉着我当助手,白天正常上班,下班后一干就是一个通宵,第二天继续上班。那时,年纪轻,也没有感到特别吃力,何况师父这么大年纪了,比我辛苦得多。就这样一次一次给边老师做助手,我学到了很多人平时学不到的东西,我由衷地感谢边兴华老师。我想,在每一个"凯司令人"心中乃至整个西点行业中,边兴华大师都是无可替代的,她不仅在企业内对每一个员工都热心指教,还把所学的知识编写成册,成为行业职业技能培训教材,推动了行业发展。凯司令很多师傅都是很优秀的,手上都有自己的一技之长,但他们在社会上没有知名度,就是缺乏一个展示自己的平台,而且干的时间长了,也就只专注于埋头苦干。我们有时候开玩笑说,边老师就是"凯司令"的门面,现在流行的说法是"C位",提到凯司令人们就会想到边兴华,同样提起边兴华人们自然就会想到凯司令。她的这种精神也感染了我,我现在也会像她一样,努力给自己的学生提供各种学习交流的平台,我也会去授课,让更多人真正了解"凯司令"这个品牌。

百年风云历史,品质笑傲"江湖"

谈到"凯司令"这个品牌,我想要细致地叙说一番它的历史故事与现代发展。1928年,林康民、邓宝山两位中国商人在南京西路(原静安寺路)与茂名路(原慕尔名路)交界处开了"凯司令西餐社"。

为什么叫"凯司令"呢?有两种说法。现在比较公认的说法是为了纪念北伐战争凯旋,以此起名。也有人说老板当时得到威海路上兵营一位将军帮助,才在南京路上能有一家自己的门面。不论是何种说辞,"凯司令"三个字都含有统领争雄西餐业的意思,用上海话读来也十分洋气。

凯司令西餐社

后来凯司令由八位股东共同经营,由于技术缺乏,生意一般。他们挖来了原本在德国人开设的飞达西餐馆制作蛋糕的华人技师凌庆祥。凌庆祥制作蛋糕技艺一流,来到凯司令后,他又把自己的两个儿子一同带了进来。两人各有一技之长——大儿子凌鹤鸣,原来是做五金工的,就是十分吃香的"外国铜匠",可以帮助制作各种模具和精细裱花嘴;二儿子凌一鸣本是在英文出版社做排版的,一手漂亮的英文字飘逸潇洒,令人赞叹不已。这三人就是我们今天说的凯司令蛋糕制作技艺的第一代师傅,大名鼎鼎的"凌氏父子"。

凌氏父子制作的凯司令
特色蛋糕——白帽蛋糕

凌氏父子加盟以后,对原来蛋糕制作技艺大胆创新,他们认为西洋蛋糕在中国发展,一定要形成自己的特色,适应中国人的需求。于是,他们采用具有民族特色的"松鹤延年""龙凤呈祥"等吉祥图案,配以寿桃及花卉制作各类喜庆蛋糕,并首创了立体裱字技艺,各种花卉和动物造型栩栩如生,呼之欲出。凯司令蛋糕以其独特的风格在沪上西餐界异军突起,吸引了各界人士争相购买。

新中国成立后，为了适应市场发展的需要，凯司令于1956年公私合营，在石门二路50号专门成立了工厂。说是"工厂"，其实更像是家庭作坊式的"工场"（石门二路50号的建筑原名"卡德大楼"，建于1932年，七层公寓，原为英租界高级警官寓所，也曾为新成公安分局办公地）。工厂底下是蛋糕加工的场地，上面是居民的住宅，我说个数字你们可能都难以置信，当时凯司令只有13名员工！一直到1958年才正式招收了第一批员工，前面提到的边兴华大师就是这时候从新城区饮食学校招来的。在这段时间里，凯司令生意兴隆，虽然员工少，但他们还是不断创新。为了让蛋糕胚更加松软细腻，解决当时国内尚未有低筋粉的问题，他们将玉米淀粉掺入面粉中，降低面粉的筋度，再用多层夹芯，使蛋糕更趋软糯，香味可口。现在沪上驰名的栗子蛋糕也是当时发明出来的，外形饱满，口感细腻，香味浓郁，松软细腻，至今是很多人童年的记忆，也一直是老克勒[①]们推崇的经典。很多老上海人钟爱的凯司令的"白脱奶油蛋糕"，也是这段时间里他们改进的成果。

得益于这些大师们的努力与创造，才使得"凯司令"的名号在20世纪五六十年代真正被打响，甚至可以说是家喻户晓。当时上海流行的一句话："吃月饼到杏花楼，吃蛋糕到凯司令"。计划经济时期，因为凯司令的火热，外汇进口、专供涉外宾馆使用的奶油也专门给凯司令一定份额。最火的时候，买凯司令蛋糕

[①] "老克勒"中的"克勒"是外来语，是"collar"职员的意思音译过来的，所以就有了老克勒一词的由来。旧上海的老克勒，他们是最先受到西方文化冲击的一群人，也最先吸收结合西方文化的，那时的他们土洋结合，形成了一定时期的海派文化。

凯司令招牌——栗子蛋糕

得用侨汇券,工厂职工过年自定蛋糕也不能超过两个。

20世纪六七十年代,凯司令曾改名为凯歌食品厂,奶油蛋糕作为小资代表不允许出现,只能为工农兵制作蛋白蛋糕——就是用蛋清打发以后做的蛋糕,价格低廉、裱花粗犷、款式单调。其他大批量生产的就是糖果,这不是凯司令的特色,是特定历史时期的产物。曾经无限风光的凌氏父子,凌庆祥、凌一鸣相继去世,凌鹤鸣也改行去搞机械维修(当时称为技术革新)了,许多模具、资料、制作技艺都消失殆尽。

改革开放后西点业逐步复兴,凯歌又恢复为凯司令。为了恢复凯司令蛋糕制作的技艺,同时也为了表彰凌鹤鸣大师在西点、蛋糕制作方面突出的贡献,市、区饮食公司领导特意为他举办了从事西点生涯50周年庆贺活动,上海电视台等多家新闻单位也做了报道。凌鹤鸣大师在历史洪流中看到了"传承"的重要性,便将边兴华收为关门弟子,希望凯司令能在保留传统的基础上重振雄风。

第一代第二代传承人凌鹤鸣、边兴华师徒

随着改革开放,港台企业相继进驻上海,市场竞争更为激烈,凯司令也面临着新的难题。

凯司令的斜对面开了一家"香特莉"。香特莉在香港的原名是圣安娜,是很有名的一个饼行,开张后的剪彩甚至邀请来了周润发和叶倩文,真的一下子名声大噪。上海人感觉新奇,而且有明星带来效应,就争相去买香特莉尝鲜,凯司令生意受到很大影响。无奈之下,我们只能对对手多加研究:香特莉的优势就是先进。首先是设备先进,比如小西点切块,我们还在用手工切,人家已经机械化了,比我们端正,而且大小一致;还有用料也很新颖,蛋糕上面装饰的那种进口樱桃,很大个儿,我们都没看到过,更别说顾客了。一段时间的观察,我们也发现了他们的一些不足,比如蛋糕的式样变化很少,小西点切块虽然切出来很整齐,但是口感没有我们的松软,而且它市场价格偏高,就容易造成只有一段时间的尝鲜期。我们在保持传统特色白脱奶油蛋糕的基础上，增加了鲜奶油、植脂奶油系列，推出了雀巢咖啡、香橙等多种口味蛋糕，这些产品都是在边兴华大师带领下改进的。

中西合璧出击，平台塑造才俊

边兴华大师是我的恩师。1988年，在德国法兰克福烹饪大赛上，她以西式原料"杏仁糖团"制作的具有中国民族特色的寿桃等作品，获得个人金牌。同时，为了使"凯司令"的技艺代代相传，她整理编写了《海派西点》一书，得到了当时上海市饮食行业协会和上海市技师协会新亚工作委员会的充分肯定。1997年，在市劳动局主导举办的"名师带徒"活动中，边兴华大师看中了我吃苦耐劳、爱岗敬业的精神品质，便主动提出来收我为徒弟。也是从那时起，我们"凯司令"蛋糕制作技艺的传承谱系开始有了第三代的雏形。

边兴华大师设计的蛋糕

2007年，凯司令蛋糕制作技艺被正式列入首批上海市非物质文化遗产保护名录，杨蕾蕾老师和我正式成为了这个项目的传承人。杨蕾蕾老师比我的师父晚两年进单位，作为凯司令的"老人"，同样具有过人的本事。拍摄申遗资料片时，我师父因为身体原因，没有留下她的身影，这对于我来说一直是一件憾事。申遗成功对我们来说，其实既是一个挑战，也是一个契机。"非遗"的名号是很好听的，但是也容易让大众产生刻板印象。很多不了解我们行业的人也会说："哎，怎么西点这种西洋玩意也可以评上我们市级的非遗？"所以，怎么让顾客真正了解我们，我们的产品怎样让大家心服口服，也需要大家一起共同努力。

边兴华著作

我刚介绍过，其实在20世纪五六十年代，凯司令蛋糕在上海已经是响当当的了，但进入新时代以后，市场变化的速度快，外来品牌也逐渐增多，大街小巷的新式西点店似乎逐渐成为主流。特别是年轻人，更加追求潮流，凯司令对于他们来说会不会是陈旧的、过时的？我们这些传承人也一直在思考这个问题，并且试图突破自己。

西洋外表下的"中国心"

陈凤平的作品——杏仁膏寿桃

当然，也要感谢政府的支持，为我们创造了一个良好的环境。以此为契机，公司把目光从"生产"转向了"培养"，还专门投入资金成立工作室，让我去负责学员带教工作。每年在非遗项目上，我需要带教五名学生。2015年起静安区文化局（即现文旅局）还专门为我们提供专项资助，2017年起市文广局（即现市文旅局）也给予一定的补贴，让我们的传承工作得以更好地开展。现在，我有两个学生已经是区级传承人了，工作室也被市人保局批准为"陈凤平上海市技能大师工作室"。

我一直强调，平台很重要，我自己的成功离不开师父们的培养，更离不开凯司令这个平台。所以对徒弟，我也会尽可能地为他们提供平台。我的徒弟里，柏玉红通过比赛破格晋级，已经是高级技师。年轻一点的陈梦在学校里参加星光杯比赛拿了金奖，成为高级工，我把她吸收进单位，两年一到我就立马催她去报考技师。去年受疫情影响，整个职业技能鉴定工作延迟，陈梦正好卡上了时间点，符合报考高级技师的条件，她自己也很努力、很争气，今年已经获得了高级技师证书。如果缺少平台他们就会缺少很多机会，我每年都会给我的学生制定不同的计划，考虑到传承工作的延续性，我的学生实际是"梯队式"的，40岁、30岁、20岁都要有，才能预防青黄不接的问题。

传统奠定基调，传承开启未来

我认为凯司令蛋糕制作技艺能够申遗成功，除了多年的企业文化沉淀外，跟蛋糕本身的口感也息息相关。上海人到现在对凯司令的蛋糕念念不忘，就是怀念第一口那个绵密厚重的奶油味。

凯司令蛋糕，首先是蛋糕胚制作的工艺与众不同。必须正确地掌握鸡蛋的打发程度，拌入面粉时要求动作规范，用力适度，烘烤时要根据糕坯大小准确掌握时间、温度，最后做出来的糕胚内质细腻，状如海绵，富有弹性，才算过关。冷却后的糕胚要去皮留芯，剖为3—4片，中间奶油均匀夹心，这样口感才能滋润。

其次我们奶油膏制作也是独特的。首先要烧煮糖水，要求烧到115℃左右，以前都是将手快速伸到滚开的糖液中，拉丝看浓度，现在我们可以用温度计测试了。把鸡蛋打发了以后冲入糖水，再加入打发的奶油，继续搅拌，使糖、油、蛋充分融合。凯司令奶油膏之所以入口即化，口感肥糯，就是因为加了鸡蛋，蛋黄是天然的乳化剂。我做学徒的时候，市场上很多家店都是直接用糖粉和奶油搅和，但我们一直坚持这种繁琐的手工制作方式。

而且，始终采用乳脂含量在八成以上的新西兰纯天然奶油。为什么？因为不同产地的纯天然奶油各有特点，美国奶油颜色偏白，香醇度稍差；澳大利亚奶油膻味相对重些；而奶香醇正的新西兰奶油最合上海人口味，它入口即化，不会有市面上人造奶油那种嚼蜡的口感。

当然了，裱制工艺一招一式也很讲究。开始传统的就是三种边，一种直边，一种横边，还有一种就是绞丝边。凯司令的"玫瑰花"裱制是比较有名的，裱花的时候，师父说要"3445"，即当中花心3瓣，然后4瓣、4瓣，最后外围是5瓣，这些规矩都是必须遵守的，不能随意改变。还有用杏仁膏手工捏塑康乃馨，首先要将杏仁膏擀薄，然后再用刮刀将边缘刮至半透明状，一圈一圈呈波浪形捏制，花形才能逼真。现在随着国际交流增多，我们的眼界更开阔，各式各样的裱边方法也都学来了。韩式裱花比较流行，我们也对此进行了一定的研究，学了很多新的方式，借助市场上新的工具，和自己的传统方法相结合，创制了许多新的花卉。

奶油裱花蛋糕获奖证书

中华老字号牌匾

　　凯司令还有一个特色技艺，就是在蛋糕上裱字。现在市场上，为了省时间，大部分都是用巧克力牌等放在上面装饰。即使裱字，一般厂家都是裱草体，凯司令要求字体端正。裱字还要求必须两层，底下是用一种本色奶油的打底，上面用红色的再写一遍，立体感很强。当年，制作蛋糕有很多帮别，比如"哈尔滨"蛋糕是俄式的，裱花比较粗犷；"老大昌"蛋糕是法式的，裱花粗犷和精细结合起来；"凯司令"蛋糕是德式的，裱花以精细为主。

　　我必须要承认的是，虽然大家都知道凯司令蛋糕很精致、很好吃，但大部分年轻人都选择做吃的那一方，而非做的那一方。我想，这是所有传统行业目前都面临的一个问题，年轻人更愿意选择一些轻松的、收入高的工作，像这种需要长时间枯燥练习、积累打磨的工作，几乎没有什么人可以坚持得下来。还有，传统观念问题，国外可以根据自己的喜好选择做白领和蓝领，蓝领的收入、地位也很高；但在国内，成绩比较好的学生都选择进大学深造，只有少数才会选择就读技校，从事技能型的工作。"传承人"这个称呼对大部分学徒来说都十分遥远，大多数进入凯司令的员工都只能说是工人,有点成就的被尊称为师傅,与管理人员还是有一定的差距。况且,凯司令虽是老牌海派西点,但很多工艺都靠手工完成,工作节奏又快,现在的年轻人都不大愿意做这种工作,很可惜,有的好不容易培养到了高级工也改行了。我在做西式面点行业评价考评的过程中发现,大部分来考试的上海人,都是业余兴趣爱好,或者是为了拿张证,可以开个小店,舒舒服服经营自己的小日子,能够真正留在我们这个行业的比例很低。如果招外地员工,就要面临不同的问题——上海生活成本太高,留不住人。

凯司令蛋糕制作技艺不只是手艺,也不只是赚钱手段,它是有历史沉淀的,是几代人不断传承、不断创新的结晶。

我也快要到退休的年纪了,但当我想到要离开凯司令这个大家庭,我还是不舍得。这就好像是你的一生都在为一件事情执着努力,可突然有一股力量把这件事情抽走了。但我后来仔细思考了一番,退休以后可以放下烦琐的工作,静下心来,做自己想做的事,把自己多年的学习心得加以总结,让更多年轻人了解我们,喜欢上我们,也是我自己一个小小的心愿。

朋友聚会的时候,到了我们这个年纪,很多人就会伤春悲秋,后悔这后悔那,仿佛有一肚子的苦水要倾诉。但我从来没有这样的感觉,所以常常被人羡慕。我觉得凯司令和我的不解之缘从我刚念完书就开始了,因此我始终保持着一个主动向上的心态,便不会觉得工作是负担,反倒是在做蛋糕里发现了更多的乐趣。

近年来,技能人才的待遇不断提高,像我这样的手艺人,能够和高层次技术人才一样,享受国务院特殊津贴,是我做梦也没有想到的。我的一些学生也先后获得首席技师、技术能手、工匠等荣誉称号,对他们来说也是一种激励。我相信有我们一代又一代人的热爱与坚守,凯司令蛋糕制作技艺一定能够传承下去,发扬光大。

"非遗"牌匾

"精雕细刻"

(采访及整理:丁芷钰)

永不落幕的记忆：王家沙本帮点心

讲述人：虞仁瑛
时间：2021年1月8日
地点：上海市常德路319号2楼

虞仁瑛，江苏常州人，1962年9月出生于上海，上海市非物质文化遗产"王家沙本帮点心制作技艺"市级传承人。自1981年10月进入王家沙学习本帮点心制作技艺，从事"王家沙本帮点心制作技艺"工作已达39年。热爱烹饪事业，长期坚持在生产第一线。2002年，外派到香港任王家沙点心总监。2004年获香港第二届"食神争霸"赛点心组金奖。领衔制作的蟹粉汤团、蟹粉小笼、八宝饭在2007年分别获得上海市"点心大王"殊誉。2009年，获得"新中国60年上海餐饮行业技术精英"的最高荣誉。

结缘王家沙

我 1962 年出生在上海,是家里的老小。小时候我从没想过未来会做什么,也没有想到过自己会去王家沙工作,最终还能成为非遗项目的传承人。但自我出生,"王家沙"三个字就一直陪伴在我左右。我与王家沙的缘分,其实来源于我的父亲。

在我父亲那个年代,家里面一般都很穷困,孩子需要早早地出去工作赚钱养活自己,父亲十七八岁就去闯上海滩了。他的第一份工作,是在王家沙做学徒,后来就一直留在那里,他可以算是王家沙元老级的人。因为父亲在王家沙工作,街坊邻里都认识他、喜欢他,那个时候王家沙是一块相当响亮的点心招牌。邻居看到我时,总会喊我:"侬就是王家沙大厨家的女儿啊?"小时候的我,虽然不太懂,但是心里对这样的称呼很自豪,我想我与王家沙的缘分也就是那个时候结下的。

1981 年,19 岁的我正式进入王家沙开始做学徒。能够进入王家沙工作其实是比较幸运的,那时的王家沙实行顶替制度,家中子女有一个可以接父母的班,在父母退休后顶替他们的位置继续工作。我们家有五个孩子,三个姐姐都已经有各自的工作,哥哥当时在苏州医学院读书,只有年纪最小的我刚刚高中毕业,还没有后续的安排和规划,属于待业青年。所以我父亲思来想去,觉得还是我比较适合去顶替。然后他来问我愿不愿意去,那时我其实对这份工作的具体情况都不了解,但是依然蛮兴奋的,几乎一口答应下来,我说我要去。

那个时候年纪小,没什么想法,对这个职业也没什么概念。

只有一个念头一直在我脑子里,就是不能给我父亲坍台①。父亲一辈子都在王家沙兢兢业业,恪尽职守,口碑非常好。我想我也要负起责任来,既然做一行,就要努力做好它。父亲也蛮信任我的,他没有什么过多的嘱咐,也几乎什么都没帮我准备,只给我买了一个闹钟。他跟我讲:"做我们这行很辛苦的,你要做好思想准备哦。"后来我正式进入行业才了解到,做餐饮嘛,都要起早班的。我当时跟姐姐住在四川北路,每天早上要坐21路公交车去上班,早上5点的早班,我4点半肯定要从家里出发。我那个时候年纪轻,肯定是贪睡的,这么早根本醒不过来,父亲买的闹钟就派上了用场。

在王家沙的那些日子

1981年,我正式进入王家沙,跟着第二代传承人蔡立新师父开始当一名学徒,学习各种点心制作技艺。那个时候做学徒,规矩是非常严格的,一开始我们连案板都不能上,得从洗碗、搞卫生做起,学技艺反倒是先放在第二位。其实大家都知道我是虞大厨的女儿,但是也没有受到任何优待,和大家都一样,规规矩矩从头做起,从简单的做起。

做了一段基础工作后,我才开始慢慢接触点心制作,先从最基础的和馅开始学起,然后再到王家沙的四大名旦:虾仁馄饨、

---

① 上海话"丢脸"。

豆沙酥饼、两面黄、鸡肉生煎。那时人心不浮躁，即使一开始接触不到案板，轮流在做洗碗、洒扫的活，我也没有心生不满，反而一直勤勤恳恳地做着应该做的事情。但是一有机会让我学做点心，我就立马冲到前面，非常积极地去学。一旦有机会，哪怕只是简单的和馅工作我做得都很开心，觉得师父是认可我，才让我上案板。所以没过多久他们就提拔我，觉得我做事情很积极，脏活苦活累活都不怕也不嫌弃，跟师父学习也很虚心，配合也很默契，我就这样当上了小组长。

有了机会我当然是越干越有劲，觉得被认可。单位里面也是蛮重视我的，想要好好培养我，这个时候就迎来了一个比较重要的考证书机会。我们行业有职业资格证书，分初级、中级、高级。我属于非常积极的，单位里面每次有考证的机会，我都非常踊跃地去报名。那个时候店里面没几个人意识到考证的重要性，或者干脆觉得没必要，不想花心思去做这件事情。但是我觉得这是一个很好的机会，是一个能够检验阶段学习和工作的机会，所以我每次都为自己争取，然后每次都花心思准备，想着一定要一次考过，不仅要一次考过，而且要以优秀的成绩考过。在这样积极的心态下，我自然就一级一级顺利地考出来了，一直考到高级。而后来，这个高级证书成了促进我人生路上重大转折点的因素之一。

心有重担，毅然"上阵"

在2002年底的时候，我的人生发生了一个重大的转折，我可能要被外派到香港。

2002年的时候,香港专门做上海点心的店是相当少的,所以就有香港的老板看到了商机,想要在香港开一家专门做上海名点的点心店。当时在香港有一个做法拉利生意的老板,叫洪斌,他专门跑到上海来考察,试吃上海点心,对比了很多家以后,觉得我们王家沙的点心相当有特色、味道也好,符合他的标准。他就到我们老板那里去谈合作,一拍即合,接下来就是要选派去香港的技师。

当时被派去香港有一个硬性条件,得有高级证书,这个条件一下子就刷掉了很多人。而我之前一直都很积极地考证,资格证书这一关我顺理成章地就过了。所以说,工作的时候一定要积极,有什么机会一定要抓住,不要嫌麻烦,因为你不知道什么时候就能派上用场。通过了有证这第一关后,集团和我的领导、经理又反复商量,一致觉得我的技术过硬,而且在团队合作、为人处世各方面都蛮好,最终决定选择我。

决定是我后,领导也来征求我的意见。当时的情况真的是很艰难的,我唯一的女儿那时才11岁,小学快毕业,刚刚要上初中,我非常舍不得,想到要外派去香港,肯定要错失女儿最关键的成长时期。但转念又想到,大家对我都那么信任,这次的外派任务是百里挑一,而且是个锻炼自己、开阔视野的好机会。况且,家里人听说我要被外派,心里都觉得是一件非常光荣的事情,都很支持我去做。我就咬牙下定决心去香港,把上海点心带到香港去传承、发扬光大。现在回想起来,一方面觉得当初的决定肯定没错,现在的自己受益良多;另一方面也觉得,自己还是放弃了一些比较珍贵的东西。

14年的香港"旅程"

我们在香港的第一家王家沙开在黄浦新天地的蔡澜美食坊。团队一共是5个人，1个冷菜师傅、1个炒菜师傅、3个点心师傅。当时店一开，生意火爆得不行，谁都没有想到。去之前我们一直怕香港人吃不惯口味比较重的上海点心，因为香港食客的口味是偏清淡的，没想到他们对上海点心的接受度其实是非常高的，我们的各大名点卖得都相当好。

虞仁瑛在香港王家沙前的合照

当时觉得最好玩的是香港的食客都不会吃小笼，刚出锅的小笼，里面的一包汤水非常非常烫，香港的食客不知道该怎么吃，一口放到嘴巴里面，那肯定是要被烫坏的。但他们一边被烫坏了猛喝凉水，一边还要坚持吃。后来我们专门在每张桌子上都贴上吃小笼的步骤，提醒客人里面有汤水，情况就好多了。这件事情给我们挺大的鼓励，香港的食客对王家沙出品的点心十分认可，哪怕被烫到了还想继续吃。但也给了我们提了醒，要考虑到香港食客和内地食客的差异性，适当地做出调整，提供更加贴心的服务。

困难肯定是有的，当时最大的两个问题就是供不应求和人手不够。我们确实没有想到生意会那么好，所以刚到那里几乎每天的备货都不足，而且有些东西在内地的价格是很低的，但在香港价格就翻倍地上涨，食品原材料就成了一个很大的问题。但是我们从来没有想过要降低标准，王家沙最重要的精神就是要确保食材的品质，这也是我们长盛不衰的秘诀。像做点心所用到的红豆，都是从海门的基地购买，用大红袍人工炒制的。我们必须要确保食材的货真价实，这是王家沙的原则。所以店里后来就商量决定要空运食材，从内地将一些需要大量使用的食材运到香港，以此来保证我们原材料的品质和供给量。

人手不足也是个蛮严重的问题。刚开始开店的时候，几个大师傅也都有带徒弟过去，但是面对高强度的工作，徒弟没有那么快适应节奏。而且到了后面生意越来越好，人手越发不够，大家的精力体力都吃不消，我们就考虑在当地招人。这就出现了另外一个问题，在香港一下子招不到合适的人。因为香港之前是没有卖上海小吃的，大家对这个工作都没有基础，需要从头学起。所以那个时候蛮辛苦的，一边要做好手头上的工作，竭尽全力为香港食客提供高品质的上海点心；一边还要培养新的点心师傅，一点一点从头教起。在港期间，我毫无保留，手把手地传授操作要领。一方面，我利用休息时间积极地备课，为香港的青年学徒们上理论培训课；另一方面，我会定期到6家分店，在岗位实践中带教培训，每个月进行单项技能训练，每年组织开展技能比武活动。就这样，我2002年到香港，2016年正式回内地，在香港的

14年里，我为香港培养了一大批点心技术人才。这样既工作又教学，肯定是劳累的，但是我心里的宗旨就是既要保证王家沙为香港食客提供的产品品质，又要使王家沙的点心技艺传承后继有人。

那个时候人在异乡，通信技术又没有现在这么发达，非常想念家人，我只能和家人打电话，想他们了就翻看他们寄过来的照片。一开始去的那几年，女儿成长得飞快，而我几乎只能从照片上见证她的成长。家里人也不太方便飞过来看我，大多数都是我飞回去，一家人团聚一下。一般情况下是三四个月回去一趟，一年也就回去个三四次。因为那时人手实在不够，而且我又是主力，肯定不能长时间地离开店铺，在生意最忙的周五到周日我是肯定不能走的。每次我都赶在周一一早飞回去，周四晚上之前肯定要飞回来，只有短短三天的时间能够和家人团聚，而且大部分的时间女儿都在上学，只有晚上回到家才能真正地团聚。每次回去一趟，在这么短短的三天时间，能够看到女儿和亲人们我都觉得很满足。从忙碌的香港短暂地飞回上海，在自己的小家里面待上几天，再回去的时候感觉斗志满满、又有活力了。

非遗之荣誉，传承之艰难

当初在香港，我接到电话，说我可能要被评为王家沙本帮点心制作技艺的非遗传承人。一开始我都有点懵，在我的印象里非遗都是一些很高大上的东西，而我自己就是一个尽力把好吃的上海点心做给大家吃的那么一个普通人，所以我当时一下子就很有

虞仁瑛与徒弟的合照、教学场景

压力。但是我的领导跟我讲,本帮点心制作其实是一件非常重要、不可缺少的工作和技艺,是需要得到传承和发扬的。我对经典本帮点心制作的功底和基础是非常纯熟的,而且我在上海和香港都工作了蛮长时间,有了不少点心制作的心得体会。所以我也就开始转变我的心态,认为这是一种荣誉,同时也是一种责任。传承人身份既肯定了我的技术,同时也提醒我一定要将本帮点心的制作技艺传承下去,要让地道的本帮点心永远地被喜欢它的食客所享用到。

当下,网红小吃店层出不穷,这个现象对我们传统的本帮点心店肯定是有一定的影响和冲击的。但我认为这种影响是双面的:一方面,网红店越来越多,肯定对我们的生存和发展有一定的挑战;但另一方面,它们也激发了我们的危机感。我们一定肯定要坚持自己的品质,留住老顾客。比如说,每到过年的时候,大家就会想起来到我们王家沙买八宝饭、汤团,我们要坚持把原有的经典产品保留住,并且发扬光大。

与此同时,我们还要跟上节奏。网红店能够火起来,肯定有它的原因,我们还是要虚心向人家学习,取长补短。我认为重点在于要不断创新。创新不仅仅是产品口味上的创新，更是宣传、售卖途径的创新。我们的研发部门一直在对市面上热卖的美食进行研究，也在不断地尝试着去融合中西口味。我们之前就针对鲜肉月饼冷后吃口较油的问题，对榨菜鲜肉月饼等提出技术创新的想法。我带领周永清、熊仲杰、张林等人首先改良了制作工艺，用电饼铛烤烙和烘箱烘制的方法替代原来油煎的方法，制作出的产品吃口是不油腻了，但却出现了开裂现象，影响了产品的颜值。于是我又会同王芳、蒋兰等人研制面皮制作，调整了配方比例；同时会同吴兴将馅料中的榨菜更换成了更为优质的斜桥榨菜拌入馅料中提鲜。这样既解决了吃口问题，又不影响产品的颜值，同时增加了月饼的口感，平衡了色、香、味与消费者日益注重的健康饮食之间的关系，使这款榨菜鲜肉月饼更加健康、美味，得到广大食客交口称赞。

在宣传包装和售卖途径上，我们也一直研究，看怎样才能给到顾客最好的感官体验，怎样能够吸引到顾客。像我们现在就根据四季推出了"春""夏""秋""冬"系列的产品。在售卖途径上，我们也是一改以前传统的门店线下售卖，推出了线上订购，当然也是因为这次疫情，网上的销售额也是非常好的。

但是现在本帮点心制作技艺的传承和王家沙门店的运营都碰到一个问题，就是越来越少的人愿意坚持做这一行，人员的流动性实在是太大了，导致这个技术的传承现在处于一个青黄不接的状态。我们那一代人工作，其实更多的是使命感推动着我们坚持下去，所以我们的动力会更强。一旦入了一行，不会轻易想着要放弃的，总归想我要把它做做好、做出个名堂来，那个时候我们会更纯粹一点。而现在的人找工作比较看中工资回报，当然这个肯定是没有错的，毕竟每个人都要挣钱养家。做学徒其实各方面都是蛮艰苦的，需要你静下心来去钻研、去学习。当薪资、条件各方面达不到他内心标准的时候，他可能就会离开，而这种情况其实是蛮常见的。另外一个就是，上海本地的年轻人都不太愿意做这一行，可能觉得做餐饮实在太苦了。而从外省市来的学徒们可能会出于很多原因，学成之后就会离开上海，比如生活成本过高、回乡成家等，这样人员的稳定性就更弱了。所以很少的人能够坚持从学徒做起，留在这一行。我们王家沙现在也在调整员工待遇，条件允许的情况下，每年都会上调工资待遇，也会解决住房、保险等问题，争取加强学徒和务工人员的稳定性。

想要促进传承，我认为很重要的一点就是要传播它。如果现在的年轻人根本就不知道有本帮点心制作的技艺，那他们又怎么会对这个产生兴趣、怎么会来学习呢？我们要从根源上去解决传承难的这个问题，要把我们好的、有魅力的那一面积极地展示给大家，要让大家都知道还有这么一个非遗技艺。只有让人家感受到了其中的魅力，他们才会爱上这个技艺，才会主动、沉浸地去学习，本帮点心制作技艺才能一代一代地传承下去。

（采访及整理：蔡逸敏）

几经沧桑绿杨邨,砥砺创新守初心

讲述人:李兴福
时间:2021年1月12日
地点:浦东新区芳芯路210弄52号

李兴福,1936年出生于上海浦东川沙,国家级烹饪大师,上海市非物质文化遗产"绿杨邨川扬菜点制作技艺"市级传承人。13岁起投身餐饮业,1948年进上海顺兴菜馆学习川菜。先后拜川菜大师何其麟的大徒弟钱道源、何其麟兄弟兼徒弟何其坤为师,是何派川菜第三代传人。1956年被派调至南京西路绿杨邨酒家工作,曾任绿杨邨酒家厨师长、总经理及香港绿杨邨行政董事、总厨。他深得川菜真传,善于融会贯通,特别醉心于味的研究、火的调节,几十年来一直致力于川扬菜点的创新研究。

年幼结缘川扬菜，矢志不渝七十年

我 1936 年出生在上海浦东，1948 年进入上海顺兴菜馆，这样算来我 13 岁起就投身于餐饮业了。我出身普通农家，家中贫寒，所以从小我就立志发奋图强，不懈求进。最开始我从顺兴菜馆到上海五马路（即广东路）浙江路口的正兴菜馆当学徒，后面又拜钱道源先生为师。

上海的川菜是在开埠几十年后才慢慢形成的，最初在 1918 年以前上海只有四五家小型川菜馆。当时都在广西路、浙江路和三马路（即汉口路）交界一带，都只是路边店和饭摊，最多是单开间简陋的店面。卖的菜肴也都是小煸小炒，菜品数量七八个品种，菜味也仅以麻辣咸鲜为主。

到了 1920—1936 年间，川菜开始发展，相继开出了蜀腴、绿杨邨①等大店铺。这个时期的川菜在川菜大厨何其麟的带领下开始了改革，推出了何派川菜。

1937 年后，又出现了四川饭店、小锦江等，这时上海的川菜发展得如日中天，大大小小的川菜馆有上百家，占了上海餐饮业的半边天。

到 20 世纪三四十年代，上海是很兴吃川菜的。抗战胜利后，迁川的各个单位复员返回原来居住地，他们中又有很多同志都吃惯了四川菜，就把在四川养成的喜欢吃辣的习惯带回了上海。这样算来，川帮菜系打入上海已有近百年历史，如今川菜名师可分

---

① 一说绿杨村。

四派①，即：何其麟何派、廖海澄廖派、颜任麟颜派、响春华响派。川菜大师钱道源是何派第一代高徒，机缘巧合之下我有幸拜钱道源为师，后经师父引荐又跟着何其麟兄弟兼徒弟何其坤学艺，细推下来我就是何派川菜第三代传人。

上海川菜虽分四派，但是只有何派川菜在上海站住了脚跟。何派是高档的川菜，是独枝一秀、天然性的产品，要求的是原料要高档，容器要高档，上菜也要规范。并且何派川菜与传统川菜有所区别，以轻麻轻辣、注重味浓、突出鲜香为主，非常适合各派沪人的口味。

我师父何其坤以前主要在上海一家大型川菜馆"蜀腴"掌勺。他根据上海人的口味，对传统川菜进行改良，在鲜香咸酸甜五味基础上，调和出七滋八味②。改良后的菜品以轻麻微辣、注重口味出名。而口味只是何其坤烹饪技艺中的冰山一角。他还特别注重刀工，在技法上有块、片、条、段、丝、丁、圆球、剞花③，使成菜不但入味，形态也丰富多样、引人入胜，令川菜的"百菜百味，一菜一格"登峰造极。他又考虑到上海地处湿热带、气候宜人、海岸线长、物产丰富、山珍海味应有尽有，便根据货源特点，因地制宜地推出"北菜川烹、南菜川味"的制作方法，做到口味是浓淡有致，该浓则浓、该淡则淡、浓中有淡、

---

① 分派是四川烹饪界的说法，上海不讲派讲帮，如本帮、苏帮等。
② 七滋：麻、辣、咸、酸、甜、香、酥；八味：轻麻、微辣、椒麻、鱼香、家常、怪味、红油、蒜泥。
③ 剞花：又称剞刀、剞花刀，有雕之意。剞花是采用几种切和片的技法，将原料表面划上深而不透的横竖各种刀纹。经过烹调后，可使原料卷曲成各种形状，使原料易熟，并保持菜肴的鲜、嫩、脆，使调味品汁液易于挂在原料周围。

淡中有浓、浓而不腻、淡而不薄。比如他在烹制鱼翅、海参等高档原料时，采用干烧烹调技法，以微火慢烧、收汁亮油，成菜后色泽红亮、味香醇厚，汲取南菜之长又区别于南菜味偏清淡的做法，自成一格。

一时间蜀腴何其坤师傅成为沪派川菜的领军人物，蜀腴的川菜风靡上海滩。我也在他的言传身教下，对"何派川菜"渐渐有了比较全面的了解和认识。

我至今也还记得那段求师学艺的艰苦岁月。我以前常干些打杂的活儿，师父在烧菜的时候，我就在旁边给他擦盆子、擦锅。但可别小看打杂的活，干餐饮业的也就是从杂活里边磨炼心智、学会踏实，师父对我要求可是很高的。有时师父去休息或者抽烟的时候，我就会说："让我去烧啊？"他往往会回答："这个菜你肯定烧不来。"那个时候我还蛮不服气的，心里头又想确实学得不行，所以就都是偷偷学。比如客人要个干烧鱼，我就盯着厨房里的钟，对着钟看我师父什么时候把鱼放下去，又什么时候把鱼拿出来，偷偷学习如何掌握时间。但现在仔细一想，火眼金睛如我师父怎么会看不出来呢？只不过是看我勤奋苦学、踏实认真，天资也称得上聪慧所以更愿意细致磨炼我罢了。

就这样在两位师父的指点栽培和自己钻研下，我终于不负所望算是基本掌握了"炸熘爆炒"等基本的烹饪原理，并对川菜的烹饪之道有了较为深刻的理解。

川菜菜肴最大特点是注重调味，所用调味品不但复杂多样、富有特色，而且经巧妙调和后，变化万千。同时川菜是非常讲究"味引"的。比如做一道陈皮菜，就是以陈皮为引。如果是烧别的菜，不一定还是陈皮，也不一定调味这么多。若是想烧虾，做陈皮虾，辣椒就不能放了，还是陈皮为引，以陈皮这个"味"当调料来支配这个菜。若是想烧牛蛙这些腥气重的东西，就要味道浓一些。川菜24个味引，每个味引的菜各有不同，有的味引菜量要多一点，有的菜量要少一点，其中滋味变化万千。

我的烹调就是以"味"闻名的，非常注重味的调和。我曾经在上课时跟学生们讲过，画家用红、绿、黄三种原色调配出富有感染力的多种色彩，绘制出绚丽多姿的美妙图画；作曲家用"哆、来、咪、发、索、拉、西"七个音符组合成动人心弦的各种旋律，演奏出荡气回肠的激情乐曲；而我们川菜厨师就是要用咸、甜、酸、辣、麻、苦、香七个基本味，配制成千变万化的滋味，给人以味觉上美的享受。而何派川菜的"味"风格朴实而又清新，既有浓厚的川菜乡土气息，又有何派的五味调和七滋八味，做工精细而色彩丰富，不失高贵典雅之风，也就能做宫厨、官厨、家厨、馆厨、路边厨等各路阶层的菜肴，其中包含的技艺极其精湛。

我作为何派川菜第三代传承人，几十年来坚持刻意求精，这般锲而不舍的努力才能使川菜在我的手里得到继承发扬，而且有所开拓、有所创新。我谨遵川菜"以味动人"的终极目标，反复磨炼创新，在绿杨邨任职以来，把川菜八大滋味复合出酸辣、麻辣、鱼（腴）香、怪味、家常、蒜泥、椒麻、怪味、红油等20多个味型，各种味型有原味、清鲜、辛辣、醇浓、鲜香等20多种分类。我能跟随原料改味，按照不同季节换味，调得准、配得妙，致使绿杨邨总店及所有分店以"一菜一格，百菜百味"的特色而名闻上海滩，遐迩海内外。

我最开始学的就只是川菜，但是当时上海的川菜馆都要带一点"扬"字的。一是因为川菜和扬点本就是成套的,二是因为"川扬联姻"这一历史佳话,也就是相传三国鼎立时期,刘备称帝蜀(四川)国,他喜欢吃川菜,而他夫人孙尚香是扬州人,喜欢吃扬州菜,因此川扬菜肴结合也是古已有之。而最初绿杨邨的老师傅也都是很正宗的扬州人,但绿杨邨的老板看到蜀腴川菜馆开得挺好之后,就想办法去聘四川师傅。结果从蜀腴川菜馆请了烧菜师傅来,就变成了川扬联合,在扬帮菜里面也就有了很多四川人,我也因此学习了许多扬菜的技艺。

川菜里有"三朵花"的说法,扬菜里也有"三头"一说。川菜"三朵花"分别是鱼香、家常和干烧,这是川菜中最具灵魂、最具特色的东西。用这种方法烹调的菜肴,也最容易吊起食客的胃口。其中鱼香味型以四川民间独特的烹鱼调味方法而得名,其特点是咸甜酸辣兼备,葱姜蒜香浓郁,广泛用于热菜,也可用于冷菜。第二种家常味型取"居家常有"之意,其特点咸鲜微辣,或回味略甜,或回味略有醋香,广泛运用于热菜。最后一朵花干烧则是一种烹制方法,将汤汁全部渗入原料内部或黏附在原料上,属于烧的一类。而扬州"三头"是根据史料而来的红扒猪头、拆烩大鱼头和狮子头,是源远流长的经典菜肴,个中滋味也是精致淡雅,使人着迷。

川菜注重调味,而扬菜讲究原汁原味,擅长调汤,精于造型。川扬两者交融、互补、升华,最终成就了如今生生不息、源远流长的川扬菜点。

当然烧菜也不止有时间、火候、调味等方面的要求,烧菜烧得好不是简单的事情,也是需要花脑筋去研究的。这也是为什么我经常到四川省的各个地方去亲寻、亲尝,再自己研究、创新。

比如说川菜里的灯影牛肉,我在当了7年学徒之后才开始做这道功夫菜。我不仅是单纯地做菜,也是在研究这道菜,探索新的可能。当时我到四川去尝、去学这道菜,先要知道这道传统菜在四川本身的味道,然后才能有根据地改革。不然就不叫研究创新,就只是瞎改。现在有很多都是瞎改,都自称什么创新菜,根本的东西全然不管。这样做就真的是本末倒置,就真的会让很多传统手艺、菜式失传,什么都剩不下。

我自己觉得,做创新菜是需要学习传统的东西,对它有足够的了解才可以做的一件事。"中国厨艺博大精深,深入钻研学无止境。"我虽只有读两年夜校的文化功底,但是我肯下功夫,也有毅力去刻苦学习呀。我自己订阅购买了不少《中国烹饪》《四川名菜谱》等专业性理论性较强的书籍,甚至还有有关中医、食疗的图书杂志;我的宿舍桌上及床头也经常堆放着图书或杂志。我惯常是用"啃骨头"的精神学知识的。哪怕在批判"白专"的年代,我也想方设法去四川成都、重庆、山东青岛、福建三明、湖北武汉等地考察学习,遍访名师。像我以前出去旅游,其实也都不是去玩,而是花了大量时间在当地的餐馆学习烹饪烧菜。

我曾经随京剧团走遍大半个中国,主要去了三个地方,其中北京去了一年多,四川成都去了三个月。在京剧团里的工作也无非就是给京剧团、演员烧大锅菜。休息日的时候,我就自己学习研究,每个休息日我都会托人让我去饭店学习一下,但不是说照搬饭店师傅的做法,主要还是想学习他们的技法,尝尝经典菜本来的味道,才有底气自己加以融合创新。我还在这个阶段省吃俭用,自费去成都、重庆等地探寻川菜的源头,拜访很多一流的烹调师傅，向他们虚心求教，以求提高自己的研究和造诣。

20世纪70年代，绿杨邨是上海24家特色菜店之一，名头很响。但是当时我和我的徒弟都被借出去了，掌勺的师傅手艺不大像样，可以说名不副实。当初商业局发现这个情况就不大满意，所以在1976年我就从京剧团又被调回上海，但是我的徒弟们回来得还是比较晚的。

我自己很多菜都是在40岁之后才研究出来的，而且每隔一段时间都会总结自己所学，不断推出创新菜肴。例如1998年的甲鱼宴，2001年的竹荪松茸菌菇宴，2003年的扬州三头宴，2004年的鸭子菜、全鸭宴和极品蟹宴，2005年的百鸡宴和绿杨无刺刀鱼宴，2007年率领绿杨邨团队推出的传统老克勒探秘菜肴系列等，都是我不断努力创新的证明。平均每一年就会推出一整套精致宴席，而每一个宴席又包含30余个菜肴品种。就这样，我不断挖掘提炼传统菜的精华，再对它加以创新，把新元素融入其中，以此把传统工艺开发出新的技术。我们绿杨邨川扬菜就是在传统的基础上继往开来、精益求精、发扬光大。

历史名店绿杨邨，兢兢业业造名声

人称"天厨妙味"的绿杨邨酒家，原由沪上一位扬州籍书生弃文开办，创始于1936年，坐落在繁华的南京路上，店名出典源于清代诗人王渔洋诗句"绿杨城郭是扬州"。1940年起先聘烹饪特级大厨林万云主勺，后邀何派川菜大师钱道源掌勺，逐步发展成沪上首家集川扬风味于一家的特色酒家。

我1952年还在白克路顺兴菜馆当厨师助理，而后1956年的春节就由上海市新城区饮食公司派调到南京西路绿杨邨酒家厨房部，任工会小组组长，从此开始在绿杨邨当厨师。我在绿杨邨掌勺以来，重心在保持继承川、扬传统菜肴，也要追求发展，创新了不少看家传统菜，有"一品豆腐""干烧明虾""生爆鳝背""宫保虾仁""火鸡干丝""陈皮牛肉""紫龙脱袍""干烧鳜鱼""干煸鱿鱼丝""香酥鸭""回锅肉夹饼""丁香草母鸡"等，深受食客们的喜爱。我做的"干烧鳜鱼"是极其好的，鳜鱼烹调完仍是一整条，不破不散、不焦不枯、金黄锃亮，鱼身外不溢芡汁，鱼肉却鲜嫩入味，待肉吃完，盆不见卤，口感是咸鲜微辣中泛醋香。这就叫"不烧不着芡，亮油不亮汁"。而另一道"干煸鱿鱼丝"也是备受喜爱，要煸炒到鱼丝跳动，成菜色泽金黄，上桌香气四溢，美味绝妙。不少老吃客都不吝称赞："嘴巴没有味道，就会想到老法师李兴福，进绿杨邨常会给我们带来新的味觉冲击。"

　　到了20世纪80年代初，我们绿杨邨酒家在上海创建了首家食疗餐厅，其菜肴既讲究色香味，又讲究保健养生；既遵循中医饮食有节、五味调和，又符合现代营养科学的平衡膳食的原则。当时想到做食疗餐厅主要是因为改革开放之后人民的生活水平都提高了，也就想着要养生保健。我们是上海第一家搞食疗的酒家，大家自然新奇，生意也就好起来了。

　　绿杨邨也是第一家接待外宾的涉外单位，整个大上海只有我们一家先搞。那个时候我们国家不让用美元，进海关的时候把美元都换成外汇券，也就是1 000美元兑换得6 000外汇券。当时外国友人都是欧洲国家来的，30元一位，10个人300元，收的也都是外汇券,我收了之后把账记好去兑换。你别看现在说起来一个人只要30块,在当时可不得了,那个时候一般人一个月工资也只有30块。

1996年时我曾被公派去香港,与当地的新鸿基、八佰伴联合创建上海绿杨邨香港分店。为什么绿杨邨在上海发展得好好的,还要去香港开个分店呢?其实内里也是有个奇妙故事的。

当时香港企业家郭炳湘,也就是"新鸿基地产"创办人的儿子到上海来,机缘巧合就到绿杨邨来吃饭。郭炳湘尝过绿杨邨的川扬菜就说:"你们菜烧得这么好,为什么不去香港开一家店?"这真的是极高的评价。他还说要给我们开店的房子,没想到这句玩笑话居然在之后变成现实。当时郭炳湘在上海考察,几番考虑之后最终还是决定给绿杨邨在香港发展提供场地支持。

于是绿杨邨这边也派代表去香港考察,房子场地什么的都安排好了。房子装修完那段时间,他们董事局的主席又让我们去考察了几次,考察以后就开始谈意向了。我们经理就说让我去香港这个店,当时我推托说我身体不大好,但是经理跟我说老板那边定下来要我去,我也就推不掉了。

其实我那个时候已经不在绿杨邨掌勺了,而是在陕西路的另一家中外合资酒店——金麒麟大酒店做总经理。但是我当时还是绿杨邨酒家的技术顾问,而且没有绿杨邨也就没有我的发展,所以我最后还是去了。

去香港前领导说定了5个人跟我一起去,我又推荐了两个人。因为去香港开店起步要做好几样工作,人太少肯定忙不过来。说起来,当时我们去香港也是很波折的,因为1996年香港还没有回归,起初是工作签证签不了,我就只能弄一个商务签证,结果只我一个人签成了。

当时快要过年了,他们老板很着急,就来上海叫我一起吃饭,我说我身体不行。他们董事局说你烧菜烧不动,哪怕只坐在那里也要去,因为他们的广告已经做出去了。就这样,我就只能在年初三他们开门前一天去,还是我一个人孤零零地去。

我压力真的很大,去了之后就马不停蹄地给他们试菜。一一试过我就觉得不行,我还是得亲自烧菜给他们尝尝,再跟他们讲一讲才行。大年初四,总算是开张了,我拜托香港那边的曹师傅和我一起烧菜给客人,就这么开始工作了。

我在香港烹调菜肴时最讲究的是因地制宜。所谓南菜川味、北菜川烹,就是北方的菜用南方的烧法,南方的口味则是用川味的烧法。南方的菜都偏淡,我就用川菜的味道夹在里面。我根据港人口味采用北菜川烹、南菜川味的方法制作菜肴。首先推出的是看家菜"回锅肉夹饼",滋味浓厚,像吃北京烤鸭般食用;"原笼粉蒸牛肉",牛肉细嫩,酸甜略有泡椒辣味;"锅贴金腿",原底板采用肥肉,但港人不吃肥肉便采用面包烹制,用咸吐司作为底板烹制后外酥脆内嫩鲜香;还有"虾须牛肉""油酱毛蟹""丁香草鸡"等普通原料菜。做得最出色的菜要属回锅肉,单这一个菜品就卖了300多万份。

我当时也爱就地取材,香港海鲜多,原料也很好。港人喜爱石斑鱼,却只会清蒸;喜爱鱼翅,却只会煲汤;喜爱龙虾,却只会用黄油炒。这些高级的原料应该改变烹饪方法才能有滋有味,我就配上我拿手的烹调法加以创新改进,制作出的"干烧石斑""干烧大龙虾",微辣咸鲜带点甜,突出鲜香;还有"干烧排翅""清炒虾仁"等高档原料菜。有一次我烧了条3斤多重的石斑鱼,"干烧"得锅底起"衣",妙香四溢。谁知服务员端出厨房不过5分钟,竟又端了回来。我以为客人嫌味道不好,不由莫名惊讶,仔细一看,哈哈!盆内剩的是连头的鱼龙骨,那整齐龙骨被剔清了鱼肉,光洁的像只木头梳。可见香港的客人也觉得这种全新烹调法做出来的新菜式滋味妙极!

这样一来,香港的绿杨邨不可谓不火爆,进店的香港客纷纷夸赞"上海菜好吃"。他们可能万万想不到最普通的猪肉、牛肉、鸡肉会被我这样一个上海厨师烹调得那么美味,令人大快朵颐。当时我还多了个美称哩!港人都叫我"烹调魔术师"。由此就奠定了绿杨邨香港分店在当地餐饮界中的地位,店周围聚集了一批香港美食家,回头客川流不息。光临的有政界要人、香港马王、赌王、娱乐圈名流,诸如当时的布政司司长、影视歌星梅艳芳、歌坛巨星张学友等。尤其是张学友先生可是座上常客呢!

上海的领导出差到香港,一般都先到绿杨邨来,因为品牌本

李兴福先生与张学友的合影,
上写"太好吃!"

家在上海,总是亲切的。香港绿杨邨分店的生意特别好,我又是主厨,领导吃完就会拉我出去和我说话,夸奖道:"你们这个生意、烧的菜怎么都这么好啊!"

有一次领导又到香港来,他说:"你们这个经理怎么搞的?人都批下来了,5个人去香港,怎么最后就李师傅一个人去香港,这样人吃得消的啊?"一语中的,那个时候我身体是真的已经有点吃不消了。每天都是从早上11点烧到下午2点,又从下午2点多开始烧到晚上9点,工作量很大,人也非常劳累。所以我其实已经准备回上海,当时老板一直不同意我走,但我知道我的身体实在撑不住。

在香港的两年,我过得不算好,在香港的生活花销属实很高。那是1995年的时候,老板和我定的合同,当时还不给我拿外汇,让我拿上海工资,合同上写工资是25 000元,但是一扣掉40%的税、管理费、房租什么的,25 000元就变成15 000元。我在香港的出行地铁费,往返要25元一天;我每周一个电话给家里,100元却只能打8分钟。而且老板最初在香港的投资我已经帮他拿回来了,是480万元,拟投资才300多万元,已经足够了。我仔细想了又想,香港是实在待不下去了。

我认为,开饭店要生意好是有一些门道的。

就以绿杨邨做例子来说,我在任行政总厨和总经理的时候可是制定了好多规矩呢。简单总结下来,第一是要讲究环境。无论是客人用餐环境还是厨房烧菜环境都务必要干净,最好能两三年就重新装修一下。这样讲究卫生,客人用餐舒服,吃饭也放心、安心,厨师烧菜也舒服。

第二是要保证菜的质量,菜的味道要正,原料要真,色香味样样都要好。狠抓每一道菜品的质量,让顾客到我们饭店来吃饭会觉得物有所值,有了一批又一批回头客还愁生意做不上去?总之要认真烹制出色、香、味、型、皿都美妙的佳肴,让客人高兴而来,满意而归;要保证吃得卫生,吃得健康,吃得有营养。

我严谨、踏实的工作作风在行业里是出了名的,没办法,我就是天生认真,做一天就要认真一天。寻觅货源也好,迎送客人也好,哪怕是征询意见、介绍菜点、临灶掌勺,我都更愿意亲自来,不该管的我都管了,常惹得有些人嘲我神经搭错,但是做餐饮业就是得要处处用心、用力、用情才对。

说个玩笑话,我除了支部书记没有做过,哪个岗位我都做过。哪一家店赚不到钱,我只要去,三个月一定赚钱,如果不赚钱我工资都可以不要的。别人因此叫我"救火队员"。我退休之后,其实好多地方都请我去,不过我年纪大了,精力大不如前,所以也就一一婉拒了。

我前面说我以前在陕西路上的金麒麟大酒店当总经理。1994年的时候,上海整个餐饮行业市场都不景气,饭店开得快也关得快。金麒麟大酒店也开得不好,入不敷出,已经快要倒闭了。后来金麒麟由绿杨邨总公司振旗重组,任命我去当总经理。我当时主要抓了三件事:一是抓牢川扬特色,要在民间小吃、家常菜肴、传统名菜、创新药膳方面下功夫;二是以薄利多销为经营宗旨,菜点要考究、质量讲上乘、价格定位低,物美价廉才能吸引回头客;三是优质服务靠"星级",我尤其强调服务必须主动、热情、周到。我这个"三抓"出了效益,当月金麒麟的营业额比以往翻了一番,3个月后又再翻了一番,8个月下来,月营业额50多万元。金麒麟酒店总算是起死回生,知名度也日益提高,这也成了沪上饮食界的一段佳话。

再有一个例子就是我从香港回上海的时候，上海绿杨邨的生意很不好，也可以说是一塌糊涂。而后就把我的名片印了 2 万份，放在外面。一天结束之后，让三个人跑腿去楼下垃圾桶里找我的名片，结果一张都没找到，老板自然很开心。为什么呢？名片没有被丢进垃圾桶就代表着被客人收了，就可以笃定客人们都要来吃的，之后生意一定是好的。

我还记得我在宝山区时，别人开了一家很大的店请我去。这家店在请我之前已经请过 7 个师傅了，但客人是吃不到这些师傅烧的菜的，都是店里厨师按照师傅的演示随便烧的，所以生意一直不好。因为是别人介绍我去的，我不好推辞，也就去了。500 个座位的饭店就只带了 3 个人去。我是 12 月 10 日过去的，到次年 1 月 5 日，我问会计上个月我们赚了多少钱，他喜滋滋地就跟我说："李师傅啊，不瞒你说，我们赚了，不亏本还赚了可多。"那个老板开心得不行，说他们有工资发了，之前都要去银行贷款。后来我做了 4 个月就不做了，路太远了。

川扬菜点薪火相传，传承事业方兴未艾

说起传承，其实我是有很多想法的。

最初申报市级非遗传承人，必须要拍资料片，电视台也就派人给我拍。来拍的时候，绿杨邨当时都卖快餐了，情况并不算好，除了一个外卖窗口，也没有什么可拍的内容。所以看了这个资料片之后，我就提意见，我给来的两个同志都提意见说："你

拍了没有用的呀,店都没有了,连个门面都没有。"我这么说的时候其实心里是很难受的,我是很不想看到绿杨邨变成这样。这件事不仅仅对我来说很难过,对于一直来吃的那群老食客们也是一件很伤心的事。

绿杨邨那时候就只写了块牌子,是电影里面用的那种牌子,看起来和假的一样。我后面一提意见,区里考虑到绿杨邨是名店,总归是要有一个门面、一个店的。最后去租了一个小地方来开店,就这样有了店面,又再补拍了一个镜头。

有时候我就会觉得很心慌,绿杨邨的店铺、门面都可以说没就没,但是我的菜谱不能也这样说没就没。

比如说这个"大师宴",里面这道双边刀鱼是非常难的,这个菜现在上海没人做得了。要先把刀鱼的皮尽可能完整取下,这一步就很考验刀工了;然后剔除鱼皮和鱼身上的刺,保留两条带鱼头鱼尾的完整的鱼中骨。要知道一条刀鱼差不多有 1 400 多根刺,里面的刺全部都是手工剔掉的,一个人需要好几个小时才能完工。而且为了不让剔鱼刺的手温过高破坏刀鱼的新鲜,剔刺的时候还要备一盆冰块时不时将手放上去降温。放盘的时候,将所有鱼肉放在两条中骨上,再绷上鱼皮,出锅后看上去是两条完整的刀鱼。这种考验功力的高级难度菜现在真的没人会做,没人愿意研究了。

还有灯影牛肉这一道菜,薄如纸片的牛肉片,鲜艳红亮,夹持照光,光线居然能透映出来,肉片入口化渣,味集咸、甜、麻、辣、酥、香、鲜于一体,实乃上海滩罕见的佳肴,脍炙人口之极。这个菜非常难烧,首先要精选黄牛后腿腱子肉,去浮皮、边角后快刀批切成极薄的片,再行腌、晾、烘、炸、炒数道工序,道道工序要求精工细作,其工序之多、之繁杂,才真是功夫菜。尤其要注意清淡不等于淡而无味,灯影牛肉就是一道清薄爽口的浓味菜,顾客食后大多会赞"胃口大开"。其中妙处在于炸时需将油烧熟后再降至三成热,用小火将牛肉片慢炸至酥透;炒时要烹黄酒,加辣椒粉、花椒粉、五香粉、白砂糖、酒酿卤、味精和红油,起锅前再淋上芝麻油。千锤百炼才能成就这一番极具匠心的美味佳肴。著名电影表演艺术家赵丹(1915—1980)晚年病危时,胃口不好,却念念不忘40年代抗战期间,在四川重庆吃过的"灯影牛肉",但是这个菜在上海可以说已经绝版了、看不到了,甚至现在在四川都看不到正宗的了。

  再有一个叫虾须牛肉,牛肉丝切得齐整纤细,外观色泽红亮,入口鲜香耐嚼,与灯影牛肉一样都是极费工夫的菜。我曾经让我徒弟沈振贤拿这个菜在全国比赛上拿金牌,结果他只拿了银牌,回来都不敢见我。后来一个上海的评委和我打招呼,说评委年纪轻,不知道是虾还是牛,只晓得味道还蛮好的,已经看不懂这道菜了,就没有给满分。

  而且现在很多人不懂川菜,就说川菜有什么好吃的,每道菜都一样,都是一大勺辣油、一大把辣椒。又说川菜到上海都是来骗人的。他们就只看到上海人吃川菜,辣了就涮开水,觉得这个不是在吃菜,是在胡闹。这是真没有理解到上海川菜的真谛,也是对上海川菜彻彻底底的误解。

  虽然说绿杨邨现在外卖的生意不错,但是以前有很多食客打电话给我说,现在去绿杨邨吃丁香鸡、吃陈皮牛肉都吃不到了。我当时就去问我的徒弟,为什么不卖了?他跟我说是因为现在烧得不行,都是外地师傅,烧不出这菜的味道。确实很多川菜都在上海滩失踪了，连绿杨邨现在都不卖了，那么上海其他饭店就更不会了。

还有一些菜本来是何派川菜的传承，但是现在因为动物保护，很多菜都不能用了。比如鱼翅，我以前写了 30 多种鱼翅的烧法，本是想着发表公开的，也都不能刊登出来了。我只能写鱼肚，有时候一个鱼肚我也要烧 30 多种菜。为保护大自然，有一些菜品的消失是值得的。但其他的菜还是应该传承下去。

我对年轻人也是很有期待的。我还年轻的时候教学生，能够言传身教手把手地教，也不保守，有问必答。当时也教出来很多好学生，现有 5 个学生都担任了大饭店厨师长，徒子徒孙足迹更是遍至海内外，而且也都很有本事，不少是国家级技师。现在连我的第五代徒孙也分别在各个岗位上担任着重要的角色。说到这里我倒想夸自己一句桃李满天下了，哈哈。

我现在已经 80 多岁，教学生这件事是心有余而力不足，已经不能亲自教授技艺了，但我还是希望年轻人们能够踏踏实实学习技术，愿意动脑筋去深入研究才行。

当时我要从香港回来，经理开干部会议说："你们都注意一点，老头子要回来了，不要被他骂。"也不是我真的爱凶人呀，只是有的时候上面师父指挥得很好，说是要抓质量，但是到了下面徒弟确实落实得就不大好，还是要好好学习、磨炼的。

年轻学徒都得先扎实功底，烧菜这个东西要肚子里面有货，各方面的知识都应认真学习，才可以真正掌握这门技术。而且只学祖师爷留下来的东西肯定是不够的，因为现在时代不同了。就像习近平总书记说的，要不忘初心，牢记使命，随着时代的发展而发展才行。

我最近在理东西,整理以前的照片、菜谱、证书之类的,也在搜集、整理、汇总川扬菜点的源头、发展、传承技艺的相关资料,这些陪了我一辈子的东西我都整理得好好的。我还写了很多沪派川菜的资料,又请人帮我改了很多错别字,希望能够留下一些记录传承下去。我只是个烧菜的,但我也蛮知足的,钱挣少一点没有关系,我也弄了这么多东西,这些东西都是实实在在的,证明了我以前的荣誉。我现在对于我的厨师生涯没什么不满意的,唯一的念想就是想出本好点的书,我想以文字图片方式编制一本关于川扬菜点的手工技艺及体现绿杨邨传统历史文化的川扬菜肴书籍。每一道好菜都是由"匠心"铸造,它们背后都有故事,都该被记录传承下去。

李兴福先生所获部分证书、奖状

我还想写一点我和绿杨邨的故事,因为我对绿杨邨是真的有很特殊、很深的感情。我从年轻的时候进入绿杨邨一直干到退休,绿杨邨是鼎鼎大名的全国特级餐厅,体量这么大,名气这么响,尤其是绿杨邨接待外宾那一块。而且我的女婿和女儿都是做点心的，也都是在绿杨邨学的。所以我始终还是想写一点东西，想把绿杨邨的历史写上去。绿杨邨不仅传承了"中华老字号"的匠心工艺和深厚底蕴，更扛起了城市记忆的重任，为消费者贡献着经典如旧的享受，更在时代变迁中焕发出新的活力，也是远在异乡的文人对家乡味道的一种回味与发扬。我想这其中的千万种内涵意蕴也是需要留下痕迹恒久流传下去的。

(采访及整理：唐沁雨)

立丰的"温度"

讲述人：尹正伟
时间：2021年1月25日
地点：上海市静安区文化馆

尹正伟，出生于上海。自1997年7月进入上海立丰，工作至今，现任上海立丰食品有限公司松江分公司厂长，为上海市非物质文化遗产"干肉制品加工技艺"市级传承人。先后参与牛肉干传统技艺恢复；肉松工艺改进；禽类产品研发、工艺定型及投产；在任立丰质量技术部经理时，进一步从理论上验证实践工作经历。长期工作在生产一线，先后辅助成立一个牛肉干生产基地、一个猪肉产品生产基地，并投产运行。使立丰干肉制品制作技艺基本得到复原，且已在生产现场100%得到执行。在传承干肉制品制作技艺的同时，还积极搜集、整理、保护了一批上海本帮干肉制品制作技艺的相关历史文献、资料等，并主导建立了企业档案室，妥善保存和传承文字记载。

百年立丰，时光之味

　　立丰起初也被称作公成南货店。19世纪时，创始人陈光发因为广州战乱而辗转来到上海，同时也把广东的一些小吃一并带了过来，开始在马路上摆摊。他主要是烧牛肉的，口味偏广式，比较清淡。不像现在的牛肉，需要重糖重色。我虽没有考证过，但曾听说陈光发的牛肉是蒸出来的。当时他的牛肉卖得不好，这让他感到非常奇怪，于是就到处取经，想知道别人是怎么做的。后来他发现原来是各地方喜好的口味不同——当时上海滩以徽菜和鲁菜为主，口味比较重。

　　所以陈光发开始慢慢改进，把牛肉干做得像红烧的一样，但也只是多下了点盐和大料而已。直到他的侄子陈炳尧接手，才开始把烧牛肉和上海本帮菜结合起来，增加了浓油赤酱的特色，与上海红烧肉的做法越来越接近。当然，每种做法都有自己的独特之处，陈炳尧也结合了一些牛肉自身的特性，进行技艺上的加工要求，比如水煮时间、煸炒程度等。他为了锁住牛肉的香气、水分，会增加油炸、煸炒之类的工艺，在起锅前，他要求不停地炒，直到整个炒干，以此来收干汤汁。

　　除了牛肉干，陈炳尧还卖些其他粤式的食品，如烤鸭、叉烧、方肉、香肠，于是就成立了公成南货店。一直到一九五几年的时候，由于公私合营的缘故，公成南货店就和旁边的商家合并成为立丰，那时也叫"上海立丰广东土特产食品商店"。商店以零售为主，建在静安公园旁边，同时在常德路一条小弄堂里建了一个小工厂。这种生产及售卖形式在那时叫做"前店后厂"，在小小的厂里炒牛肉干，炒完拿到前面店里卖，不过量很少，一天才一两百公斤。这就是百年立丰的起点。

小时候，我家住在曹家渡，离静安寺只有两站路，经常到那里去玩。立丰最早的门店就开在静安公园旁边，也就是现在的静安寺对面。由于计划经济年代物质不像现在这么丰富，店铺的经营范围有规定的，要吃牛肉干，就只有到立丰。上学期间，我常常从庙弄的后门窜到前门，一路到立丰去。从小到大，立丰一直伴随着我成长。

直到1996年的时候，地铁2号线要在静安公园旁边建一个地铁口，立丰被迫动迁。试想一个做了几十年零售的铺子，突然没了门面，相当于没了出路，这是何等手足无措的境况！

当时的立丰毅然决然地喊出口号：立丰的牌子不能倒，立丰的队伍不能散，立丰的员工一个都不能下岗。为了寻找新的出路，立丰不得不咬牙走上痛苦的转型之途。在这种背景下，销售部成立了，立丰由以前的坐商转变为行商，自己走出去，开始做批发。

24载"立丰"路

1997年7月的时候，我开始在立丰工作，至今大概有24年。所以我的工作履历很简单，只有一条——上海立丰食品有限公司。那年，我在贵州路的一个商业职业技术学校学习经营管理，恰巧遇到立丰成立新部门，又是对口的专业，于是和几个同学一道被招了进去。进入立丰以后，随着工作的深入和业务的拓展,我越发感到以前学的东西还不够,便去参加成人夜大,花了3年时间读了大专,又花3年时间读了本科,这一切都是利用晚上的业余时间进行的。我的人生发展轨迹都在立丰,从学校毕业到踏入社会,立丰是我的第一步和每一步。

我进入立丰后并不是立刻从事食品生产加工。我几乎在所有部门都工作过,先是在门店零售,再到仓库、票务、行政办公室、质保、生产。出于专业的缘故,我到工厂后自然参与了一些后勤的管理工作,包括帮助厂长做一些文案整理、报告编写的工作。

2000年起,立丰早早地开始申请ISO 9000质量认证体系。当时需要编写很多文件,我被抽调过去做这项工作,其中很大一部分工作是现场生产,包括工艺、流程、配方、行为规范、卫生制度等,这就是我从理论上接触到食品生产加工的最初来源。为了将工艺流程的关键参数记录下来,我请教一些老师傅,牛肉干的炒制过程是怎样的,在时间、温度上又有怎样的讲究。在过去,做牛肉干都是凭经验,这个人说烘5个小时,那个人说烘4.5个小时,都很正常,但是现在要把它们梳理出来,汇编整理进行统一。在生产现场制作各种各样的生产记录,使每个动作都留下痕迹,通过ISO 9000把所有流程规范化,所有的过程、环节都被监控起来。

一直到2007年,立丰成立了质量保证部,我因为过去编写质量文件,被调去做第一任经理。从此以后,我的角色就转换了,以前是在理论上编写文件,现在要进入实际操作,拿着我的文件到现场去比对、监控、管理。有时候是工人没有按照文件做,有时候则是文件偏离了实际操作,因此理论和实际在互相调整,不断磨合。这是我在立丰的第二个阶段,当时仅仅是被动地去接触食品生产工艺。

第三个阶段是从 2011 年开始。那时候我在厂里做到厂长,在上一个阶段的基础上开始实际地去操作牛肉干的生产加工,然后再回过头来审视自己以前编的文件。来来回回之间,我对牛肉干的生产工艺逐步熟悉起来。

行走在新旧之间

1. 创美食新意

现在立丰在上海一共有 30 多家直营专卖店,设在食品商店、商场里面的专柜大概有五六十家,总共加起来有 100 多家。目前立丰的产品全渠道销售,无论是线上线下,还是商超便利店,都可以看见立丰的身影。老品牌正在通过自己的努力,积极主动地切入现代消费的各个领域。特别是近年来的自媒体、直播带货、微商等,立丰均有涉足,并取得了一定的成绩,积累了宝贵的经验。

2020 年,突如其来的疫情打乱了立丰的经营节奏,我们及时调整方向,迅速做出应对,把主力产品的营销由线下门店转为线上售卖,并结合直播带货等方式来弥补实体门店的经营损失。因调整得当,整个 2020 年,立丰的线上销售同比增长了 400%,特别是一些与百姓生活息息相关的辅餐食品,如香肠、腌腊产品等,销量猛增。在挑战面前,我们硬是杀出一条血路,更重要的是,我们找到了一条适时营销的新路,明白了消费习惯的改变将会决定市场销售的方向和方式。

　　明年，我们准备把香肠单品在线上做到一个亿的体量，这一方面要靠我们自己努力，另一方面，立丰转制以后的体制机制跟以前不一样了。外方的加入带来了新的管理思路和经营理念，他们对市场的敏锐度也和我们不同，这点让我很有感触。

　　现在我们面临的最大困难是如何提高年轻人的认可度。为了达到效果，近些年，立丰也一直在尝试不同模式的宣传和销售。我作为非遗传承人，也参加过新型的销售推广渠道，比如说线上带货，包括消保委、国潮、旅游节目组织的活动。事实上，售货的过程同时也是介绍商品工艺技艺的过程，介绍一个企业的文化、品牌历史的过程，这是一件一举多得的事情。

　　立丰作为一个老品牌始终坚持薄利多销，坚持下社区，提供便民服务。在疫情之前，我们每个礼拜都要到一些老小区设摊售卖东西，那些阿姨、妈妈们看到我们感觉非常亲切，说"立丰来了嘛"。除此以外，老牌子还要主动去接触一些新鲜事物，比如说现在的自媒体、微商、微博、网络直播，包括参加一些时尚秀。大约两年前，立丰跟西班牙一家做火腿的公司合作。那家公司是做生吃火腿的，立丰跟它合作以后也去参加了一些时尚秀，效果很好。其实，老品牌、民族品牌去参加时尚秀产生的混搭的冲击力还是比较强的，对门店生意的增长效果堪称立竿见影。我们也请李佳琦做过直播带货，130 克一袋的牛肉干，在 4 分 20 秒内直接售出 3 000 袋，网络的力量可见一斑。然而，这些方法就好比打强心针，一针下去好上两三个钟头，持续性却堪忧。近一个礼拜的销售额会特别高，曲线往上，到下个礼拜就持续下跌，平稳之后又恢复到原来的水平。因此，这些措施还是需要组合起来，不能单打独斗。老字号的推广和企业的自我宣传，必须有一整套完善的系统来推进，不能够东一榔头西一棒槌，否则只会造成资源浪费。

有时候我们这些老一辈人总觉得找不到年轻人想要的点，不知道哪个地方做错了，或者做对了，可见未来我们两代人之间的沟通、互动仍旧是必须注意的重点。企业虽然有可承受的试错成本，但是不会无限制地试下去。单靠我们的力量显然是低效的，但多去了解年轻人的想法，听取年轻人的合理建议却能节省很多试错成本。

2. 守老上海情怀

如今，越来越多的老上海品牌选择把工厂设在外地。和他们不同的是，我们立丰在外地增设生产基地的同时，依旧坚持在上海保留自己的生产基地。虽然在这里的人工、房租、能耗等各种成本都很高，可立丰有自己不可退缩的原则——我们是立丰品牌，也是上海品牌，是中华老字号！如果立丰把所有产品全部拿到外地去生产，那我们还能叫立丰吗？

我们的工厂从2005年搬到松江九亭，到今年已经是十几年了，正是到期的时候。出于房租的考量，外方要求我们搬到外地去，但后来我们还是没有放弃，做他们的思想工作。有些老的消费者买到东西之后一定会看，这个产品是不是在上海生产的。打眼一瞧，这不是上海产的呀，上海产的有没有？从这个意义上来说，坚持将部分生产留在上海，首先是出于这样一种情怀——上海的品牌在上海没有生产基地，无论如何是说不过去的。第二则是，我们的品牌重心要留在上海。厂房到期以后，我们把旁边的楼也租下来，以此扩大生产面积。除此以外，我们计划把产品的研发中心也放在上海，之后还有增加培训中心的规划，把外地的人员定期招到上海来进行统一的封闭培训。在确保质量的前提下，我们才能放心地将上海的老牌子放到各地去。

不仅如此，在产品的实际生产中，立丰也坚守着过去的老方法，继承传统风味。比如说，我们的鸭胗干都是按以前的方子，用陶缸来腌制。现在由于卫生和清洗的缘故，好多地方的鸭胗干都是用不锈钢容器来腌，我们也曾试图采纳过，可腌出来的味道就是不一样。最终，我们还是选择用大陶缸腌制——上面压块压好，腌制时间也有讲究。立丰的鸭胗干和别家最大的区别就是有弹性，其中的门道在于用陶缸腌制 6 天，像是咸肉一样腌透了，由于盐的关系，肉质会变得紧实。此外，还讲究要整只鸭胗一起腌。有些品牌会先把鸭胗切开，以达到缩短腌制时间的目的，可两种方法做出的成品会有不同的口感：腌制 3 天的鸭胗是酥烂的，不紧实的。这就是立丰一直坚持使用陶缸的原因。但对于食品安全来说，陶缸容易滋生细菌，又不好清洗。为了解决这个问题，我们专门制定了一个陶缸的清洗操作规范：每天工作完以后怎么洗缸，正面、侧面、里面的清洗步骤分别有什么要点，水洗的温度，洗完以后缸如何摆放，都有详细的明文规定，以保证食品安全和卫生。

炒制之温，传承之情

这个时代总有一种说法：东西做出来没有灵魂、没有感情，年轻人也说要有温度、有人文关怀。那怎么样才叫"有温度"

呢？其实立丰的每一粒牛肉干都是有温度、有感情的。

我们每一锅牛肉干炒制的时间都不一样。当时我编写文件，规定要炒90分钟，老师傅就骂我："懂也不懂的！哪里可能都用90分钟啦？"他说，每头牛都是不一样的；今天烧的煤和明天烧的煤也都是不一样的，那么能够烧到的温度也就不一样；今天下雨，明天出太阳，环境温度也会不一样；今天炒的师傅心情好一点，明天跟老婆吵架了，心情不好，这炒出来的牛肉干也就不太一样，甚至就不那么好吃了。因此，当顾客吃到立丰牛肉干的时候，实际上每一粒牛肉干都是有温度、有故事在其中的。

打个比方，我们烘房里面有温度计挂着，假如说都要求55℃烘5个小时，其实这是做不到绝对的。碰到黄梅天，就得多烘些时间；碰到秋天干燥的时候，就得少烘一点时间。除此以外，烘还跟前一道工序炒也有关系。炒的人炒的时间短一点，汤汁没有充分收干，还湿漉漉的，那么烘的时间就要长一点；炒的人今天心情好了，多炒一会儿，炒得黏糊糊的，水分都没了，那就很难烘了，要全部摊平了晒。烘房的师傅肯定知道炒锅上的师傅今天心情好不好，他一看牛肉，心里马上就明白了：哎哟，这一锅炒出来摊都没法摊，这小子啊，昨天家里面肯定有很开心的事情啦。所以说，这种包含生活气息的人情也是传统技艺的一部分。

我们其实完全可以用设备代替人工，用蒸汽代替明火来炒，可一旦进行这样的替代，非遗的精髓就没有了，立丰的原则、坚持也就丧失了。牛肉干炒制，都是用的地锅，像以前农村里那样，专门有个人蹲在后面烧煤，那不是自动的，而是包含了"人"的因素。我在前面炒，他在后面烧火，炒的时候我会叫：

"哎哟,火小一点啊。"那么他就把火烧小一点;在收汤之前的15—20分钟里,师傅要不停地炒,否则就会糊掉。用蒸汽炒,就是滚筒的过程,牛肉干丢进去,蒸汽一通,它就在里面滚啊滚啊,这完全是机械式的。我们也尝试用蒸汽炒过一些东西,但炒出来的质量比起人工还是差了点,所以还是恢复到传统的技艺上。现在食品安全抓得很紧,要求自动化程度要高,人接触的因素要少,毕竟接触越多,不确定因素就越多,隐患也就越大。有没有洗手、穿戴好工作服、戴好口罩、剪好指甲,各种琐碎的要求都得面面俱到,全部是机器就没这个问题。但是非遗又不能全部自动化,必须坚持一些手工的东西。我们还是要确保自己的产品有非遗的元素存在,有传统的技艺坚持。机器做的东西哪里能有感情、有灵魂呢?

我刚进立丰工作的时候,纯粹是为了生活需求,想端稳这个饭碗,一直做到退休。后来慢慢地,我就发自内心地为能在立丰工作而自豪。2000年到2010年是立丰最辉煌的时期,得了非常多的奖项。但是2010年往后,立丰开始慢慢走下坡路,产品周期到了,老的体制机制也在约束企业的发展。外部环境变化后,我们没有及时做出调整,还好外部的困难、挑战反而激励我们负重前行。我开始领会到,对于维护好立丰的形象、品牌,我是有责任的。虽然自己一个人的力量肯定是杯水车薪,但把份内的本职工作做好,就是对立丰最大的贡献和承诺。现在我觉得这个担子更重了,"第五代传承人"是企业给我的荣誉,我要感谢,更要珍惜,做到名副其实。

进行非遗传承的工作一直是有困难的,但如今协会、区里、市里都在关心我们,支持立丰传统技艺的传承与发展。非物质文化遗产的坚守与发扬,需要双方共同推进。虽然政府部门的资源也是有限的,但在市场经济的背景下,依旧对非遗企业提供了很多政策上的支持,不仅是税收上,其他的一些绿色通道也都为我们打开。

政府对立丰的重视、支持和关心,也同样令我们感动。作为企业来说,做好自己的事情,做好经营,把内功练好。立丰已经做了80多年,我们想一直做下去,将立丰做成百年品牌。非遗传承,说起来很简单,但动手去做却很难。寻找传承人是一个摆在我们面前的严峻问题。

做食品这个行当,关键是要喜欢这个行业。现在年轻人进入我们立丰,来来回回的也很多。其中一些可能觉得这个行当不适合他们,一些觉得没有发展前景,另一些觉得跟同学比起来有点掉面子,毕竟是门槛比较低的传统企业。这就是为什么说一定要对从事的方向有兴趣。

我是第五代传人,下面的第六代——1988年生的唐斌,已经在培养了,这个小伙子也是个上海人。他原来是炒肉松的,以前做过厨师,所以对立丰的传承技艺蛮感兴趣。立丰的福建肉松都是他负责在炒,作为车间主任,他对炒制这块一直都在进行钻研。

我们的兴趣也是体现在日常生活中的。有这样一种人,他回去从来不烧饭,一说到烧菜,碰也不要碰,当然也绝对不可能去炒牛肉干。有时候我们自己炒菜也要动脑筋——今天怎么炒出来的菜这么老?怎么做出来味道不对呢?很多的热爱与契机都体现在生活中,而生活中有很多好的习惯就跟头脑风暴一样,也会转化成工作中的动力。因此,对工作来说,纯粹是兴趣不行,一点都没兴趣也不行。能找到唐斌来接第六代,我觉得也是来之不易的缘分。

我们现在都是一脉单传,说到哪代断了,就断了。唐斌虽然是我的传承人,但其实也会有自己的考虑和想法,也有突然要半途而废的时候,我能做的是尽力去留住他。但在唐斌以后的第七代传承人怎么办?去培养谁?这些问题都是迫在眉睫需要考虑的。以前的传统技艺是师父带徒弟,现在这样的大环境随着时代的洪流消逝了,让年轻人去做学徒,显然不现实。在全新的境遇下,老字号企业在坚持传统的同时,也要思考怎么变通,达到两者兼具、新旧交融的效果。这是一门新的功课。技术上的难题很好克服,人的问题是比较难的。

如今,立丰的厂里外来务工人员占比较大,我们对他们也是一视同仁,积极培养。我们的管理条线、业务条线、党务条线,只要有意愿进入的,全都敞开大门欢迎。在切实的培养过程中,首先还是要注重思想的转变、目光的长远。毕竟我们是一个团队,大家要三观统一以后才好开展工作,再传授技能、技艺。但这第一步是很困难的——大家都是二三十岁的人,从小的生活习惯、环境都不一样,要一下子把别人的三观扭转过来自然是不现实的,只能尽量磨合,以图找到恰到好处的相处模式。

对我们来说,第一选择还是想把这个技艺传给上海本地人,毕竟这也是上海的非物质文化遗产,但现在一线的员工基本上全是外地人。在上海,哪怕做点心,听起来也比炒牛肉干更多出几分高雅。选择这样一份工作,不仅要面临社会上对于"成功"的价值评判,也要面对来自家人的不理解,这些就是我们担心的问题。因此,唐斌的到来也确实是个缘分,他进来以后能够符合我们的要求,关键是自己也愿意去接触传统技艺,我觉得还是很难能可贵的。

  我在立丰工作,家里人谈不上什么鼓励或者陪伴。但是做非遗的传承工作也谈不上孤独,因为这些事情哪怕不是非遗,我们也要做,并且一直主动在做,理所应当地在做。政府关怀非遗,把这一块单独拎出来,要浓墨重彩地加一笔,对我们来说是把普通的、日常的工作拿出来进行包装,进行强化宣传。若说有什么不同,那就是在政府指导下,我们做得更加规范、更加标准,把一些以前忽视的东西保留下来,发挥主观能动性,做到更好地持续传承。

  我们在努力地改变自己,更希望能够得到大众的回应。希望青年一代发自内心地爱护这些老品牌就像做工作一样,有没有兴趣,做出来的结果是完全不一样的;有没有感情,呈现出的效果也不会一样。每一次把我们立丰的故事、把我自己的故事讲给别人听,我都对立丰品牌的感情更深一层。这就是灵魂,这就是温度呀!

(采访及整理:唐倩薇)

石氏伤科——百年传承医者仁心

讲述人：周承扬
时间：2021 年 1 月 5 日
地点：上海市静安区闸北中心医院

周承扬，出生于上海，主任医师，上海市非物质文化遗产"石氏伤科"市级传承人。1978 年 8 月—1983 年 7 月就读上海中医药大学医疗专业，1983 年 8 月—1992 年 12 月于曙光医院石氏伤科工作，1992 年 12 月—1996 年 10 月在日本留学，1997 年 10 月至今于静安区闸北中心医院石氏伤科工作。1983—1992 年间跟随曙光医院骨伤科石印玉教授全面学习石氏伤科理论、用药特点及骨折伤筋的手法整复技术。1997 年以后，学习总结石纯农先生伤科临床经验，收集整理石纯农先生医案医话及各种图片物件资料做好传承工作。保持石氏伤科临床诊疗特色及三色敷药调制和应用。在不断挖掘和传承的基础上拓展治疗手段，对缓解伤科各类慢性疼痛、颅脑损伤的治疗等方面进行了深入的研究和探索。

从拳打脚踢到救死扶伤

什么是伤科？伤科是治疗皮肉、筋骨、气血、经络和脏腑的损伤与疾病的学科，属于中医的范畴。再笼统地讲，伤科顾名思义就是专门治疗跌打损伤、骨折伤筋、颈肩腰腿痛。伤科在西医就是骨科。石氏伤科的先人们擅长治疗的就是内外损伤、骨折、伤筋这类疾病。以前我们的病人以跌打损伤、骨折伤筋为主，但是现在一旦骨折，病人多是去骨科开刀或者上石膏了。会到伤科来的病人多是以软组织的慢性损伤为主，比如玩手机玩出腱鞘炎，旅游多了膝关节痛，等等，因此现在伤科治疗的病种和以前发生了很大变化。在伤科诊室里患有劳损性疾病的病人非常多，要占80%以上，也就是俗称的现代病。

伤科的起源与古人的生产实践经验紧密相关，石氏伤科也不例外。石氏伤科的创始人石兰亭，清朝道光年间人，是个武术高手。因为他会武术，开了个"石记镖局"护送从太湖到山东这条路线上的客商和货物。在古时护送往来货物人员的官方组织是驿站，而镖局可以说是古代的私人物流公司，需要保护客商和货物免受土匪强盗的骚扰，因此开镖局的都是一些武功好又有一定社会影响力的人，石兰亭先生在当地也颇有威望。

随着时代发展，镖局逐渐没落了，这里面有几方面的原因。很重要的一点是洋枪洋炮进入了中国，跟洋枪洋炮比起来刀剑显得无足轻重，"刀枪不入"的时代已经过去。另外，火车的发明使交通运输业更加发达，运输时间大大缩短，货物的危险程度骤减，不再需要那么多人护送，这个行业的很多人因此逐渐失业。

武术失去了闯世称雄的作用,逐渐变为强身健体的工具。此外,据记载,太平天国运动失败后,武林高手也在朝廷清算的行列中。当时镖局有两类人,一类是习武出身,一类是退役军人,虽然石兰亭老先生没有参加过太平天国运动,但习武之人也被认定为社会的不安定因素,在清算的行列里,这迫使石兰亭先生这样的人必须赶快离开镖局另谋生路。于是,习武出身的石兰亭先生不得不解散镖局,一心一意研究起岐黄之术。

当时石兰亭先生弃武从医从原籍江苏无锡举家迁至上海南市区新新街,以多年积累的治疗跌打损伤的经验和祖传疗伤秘方——三色敷药挂牌行医。其儿子石晓山21岁时,便继承了医馆接替父亲。石晓山虽然武功高强,但是随着医馆业务繁忙起来,他练武和传授武功的机会变少,相反给他几个儿子传授医药知识的时间增多了。石晓山有三个孩子:石颂平、石筱山、石幼山,石氏伤科逐步形成医学理论体系就是从第三代石筱山开始的。

20世纪三四十年代起上海主要有八家祖传的伤科,属于不同的流派,俗称"伤科八大家"。现在大家比较熟悉有石氏、魏氏、施氏和陆氏。魏(指薪)氏伤科主要在瑞金医院伤科,施(维智)氏伤科在香山医院(原卢湾区中心医院),陆(运响)氏伤科在静安区中心医院伤科。其他还有王(子平)氏伤科、楚(秀峰)氏伤科、闵-殷氏伤科、佟(忠义)氏伤科。石仰山先生是全国中医界伤科国医大师,他所在的医院是黄浦区中心医院,他几年前去世了,他的很多弟子学生都在继续传承他的事业。此外还有曙光医院的石印玉教授,可以说也是我们业界的领军人物,他培养了很多弟子,我以前也在那工作过,他对我的影响非常大。

结 缘 伤 科

1978年我是应届高考考入上海中医药大学（当时叫上海中医学院）的，当时我身边的邻居长辈都很激动，全都祝贺我进入了医学院。记得有一位住在楼下的老教授送了我一本自己珍藏的中药词典，告诉我医生是一个非常崇高的职业，每治好一个病人受益的至少是两个人，甚至是拯救了一个家庭，救死扶伤的医生不仅是一种职业更是一种信仰。这些话在我的心里留下了深刻的印象，在艰苦的5年学习中激励我不断进步，努力成为一个好医生。当时我们一个班级有120人，小课在课堂上，大课在饭厅里上。大课是整个班再加上其他专业一起，人数非常多，上课环境和条件也很艰苦。不仅仅是条件的艰苦，中医学习本身就有很多困难，一开始感觉枯燥而乏味。中医讲究阴阳、气血、经络，这既是医学知识又带着哲学观念，比较虚幻和抽象，可以意会难以言传。我们不仅要背还要理解这些知识，一开始对我们刚刚从中学毕业的学生来说往往是一头雾水，背诵汤头歌诀更不是一件容易的事情。1983年7月，经过5年的学习，我从医学院毕业。记得当时毕业可以有两个选择，一个是留校当老师，一个是到附属医院当临床医生。我们有曙光班、龙华班，哪个班的学生毕业后就到哪个医院去工作，我是曙光班的，我选择去附属曙光医院当了医生。当时大家都希望到大内科去工作，我没有那么强烈的想法就没有争取，最后我选择去了伤科，这也有一定原因，一是我喜欢动手操作，二是毕业实习阶段我对伤科有良好印象和兴趣。

我们毕业实习有一年的时间，所有的科目都要轮转一遍。记得我伤科实习在卢湾区中心医院，在那里我是第一次学会调制伤科膏药，当时我跟着施维智老先生看门诊抄方子。门诊就在淮海路妇女用品商店的楼上，当时没有什么专家门诊。治疗颅脑损伤是施氏伤科的特色，所以脑震荡后遗症的病人蛮多的，我每天跟着他抄方，施维智老先生的病人很多，中午会看得很晚。有次闲下来的时候我们聊天，他就跟我说："你以后可以选择做伤科，伤科很好的。"我想伤科一定是由针推伤专业（针灸推拿伤科合称）的同学来，我是医疗专业的肯定是在内科。所以我说："做伤科也轮不到我来啊。"老先生说："我更希望从医疗专业里招收伤科医生。干伤科除了需要体力要好，中医辨证施治的基础也要更扎实。"当时老先生和蔼亲切的面容到现在我都还清楚地记得。每天晚上我都会跟着其他医生看急诊，骨折复位、上夹板、上石膏样样都参与，很有成就感，有时不是我的班也会去干上几小时。现在想想那是一段多么珍贵的记忆啊。

毕业后我到了曙光医院的石氏伤科，那里可以说是我伤科执业生涯启蒙的地方。在那里，一切都是从头学起，我刚刚工作跟着前辈学，什么都想去尝试，特别是骨折脱位的整复特别来劲。我在科室里面是小字辈，前面有大哥大姐挡着根本不用怕什么，只要放手去做就好了，不懂马上去问，也没有人来过多地批评，遇到问题就去翻书增进记忆和理解。我也比较喜欢动手，打石膏不仅要会打还要打得好看，学习怎么样打得既合规又漂亮确实花了不少的功夫。那时候的病例也多，晚上值班的时候只有我一个人，必须学会独当一面，在这种医疗环境中，我很快成长起来。同时期我还到瑞金医院魏氏伤科学习，慢慢掌握了许多魏氏伤科的特色诊疗技术尤其是魏氏手法。那时候根本没想过以后要传承石氏伤科,但是冥冥之中八大伤科我密切接触了三个。

在早期的职业生涯中也有许多值得记忆的经验和教训。我们有一个惯例,当天所有的 X 光片在第二天早晨交班的时候都要过一遍,以便及时发现问题及早纠正。有次我急诊当班,有一个小腿骨折的病人,这是一种带扭转力的骨折,我只看见了一处骨折忽略了另一处。后来检查 X 光片的时候,石印玉老师发现并及时提醒了我,原来小腿有两根骨头:一根粗的胫骨、一根细的腓骨,而扭转产生的骨折不会在一个平面上,胫骨断在下端,腓骨必定断在上端,而我把腓骨骨折遗漏了。

有一例患者从高处跳下直接导致跟腱断裂,但是这是闭合性的,只能感觉到痛看不出来有损伤,他来到急诊时我就没及时看出来。后来石老师教我如何快速诊断闭合性的跟腱断裂:捏小腿肌肉,根据脚踝活动幅度来判断跟腱断裂程度。

还有一次值班,一个老人从楼梯上摔下来,来看病的时间还是清醒的,说是腰痛,但不到 10 分钟就昏迷了,原来是摔伤的时候也摔到了头,在过来的途中颅内出血了。石老师说对有外伤的病人要先检查头再看腰部。所以直到现在我看摔倒的病人都会下意识地摸摸患者的头,先问他头有没有受伤,有没有糊里糊涂想睡觉的感觉。我从石老师那里学到了很多,石老师的经验、治学态度、知识面都让人非常敬仰。他很贴近年轻人的思维,很容易跟年轻人亲近起来,学生们可以跟他聊很久。我现在带学生也会注意跟他们说一些细节上的东西。

斗转星移，重回伤科

1992年我决定东渡日本留学，在那里除了学习语言之外，我大多时间都是在诊所工作。那也是我第一次接触日本汉方及推拿指压技术。学习指压技术十分艰苦，刚开始练习了没几天手连筷子也拿不动了，这些手法从理论到操作都与中医推拿有很多的差异，但为了迎合日本患者的需求，我入乡随俗坚持了一两个月才慢慢适应，掌握了这门技术，也让我推拿的指力增强不少。在诊所我也不忘展示一下中医的特色，譬如用针灸、电针、灸法、烧艾条、隔姜灸等治疗腰腿痛和膝关节病，大家都是第一次体验很有新鲜感，很受欢迎。在诊所工作很辛苦，经常一干就是一下午不能休息。虽然日本的患者很尊重医生，很少会有医疗以外的事件纠缠，但我还是经常累得直不起腰。经过多年的工作，我明白了耐心服务的重要性，养成了认真、忍耐的工作态度。在日本这几年，我的身心都得到了充足的锻炼，不仅学习到手法与汉方医学，还锻炼了意志和精神。

我在曙光待了整整10年，1983年8月1日开始工作，1992年12月份离开，在外面待了一段时间后又回到了老本行。随着年岁渐长，心志也逐渐沉淀下来，没有那么浮躁了。回国后，我再次选择回到医院，从事中医临床工作。于1997年10月进入闸北中心医院中医伤科工作。当时正值旧房改造时期，医院周边的居民搬迁很多，但是他们仍然从很远的新住处赶来看病配石氏膏药，因为他们信任我们医院，相信我们膏药的疗效。这对我的触动很大，让我对我们伤科的膏药有了很大的信心。

在医院工作的这些年里，我作为伤科的学科带头人带领大家从临床到科研，全方位地扩大石氏伤科的影响力。从增设伤科病房开始，加强治疗方法和手段，提高服务质量等来提升内涵，传承了石氏伤科学术理念，整理总结了石纯农先生的治伤特色，一路走来获得了诸多荣誉和成绩。这之中当然也有很多的困难与阻碍，有外部因素也有内部因素，但我们都克服了过来。申请非物质文化遗产和传承人是无意为之，而这些无意为之的前期准备最后转化成了巨大的财富，为我们科室的发展建设提供了莫大的帮助。此外，国家对中医的重视与资助也让我们学科发展得更加顺利。

目前伤科有6位医生，科室里面不但有石氏伤科的传承人，还有魏氏伤科的传承人。每个流派都有自己的强项和特色，这样多学科的交融和借鉴取长补短对我们这些后学者来说非常受用。我的手法里魏氏伤科的元素更多一些，我曾先后两次到魏氏伤科进修学习，李国衡教授查房的场景我还历历在目呢。他晚年身体不好仍坚持一周一次的查房，依然演示推拿手法，如果有点悟性的话会很受用的。现在想想那都是非常珍贵的机遇与回忆。现在老先生已经不在了，年轻人再也不可能有这样的福分，享受一位老先生那样细心的带教。每一个学科和专业都是这样，有一个好的老师带教，传承的路要少很多艰辛。几十年后你回想起来会觉得弥足珍贵。

一位无闻医者的坚守

石氏伤科在沪上有广泛的知名度，而且分布的医院也很广，在闸北地区老一辈人的心目中记忆可能会深刻一些。闸北中心医院的石氏伤科和三色敷药在闸北地区有着一定的影响力,这就必须要提到石纯农先生了。石纯农是石晓山的长孙,就是长子石颂平的儿子。据伤科界的前辈们介绍,石颂平的伤科和外科技术都非常好,但很可惜英年早逝没能全部传承下来。石颂平去世后,作为长孙石纯农先生为继承祖传衣钵,初中毕业后就在秦氏私塾专修古文两年。1933年考入丁氏创办的上海中医专门学校。1938年7月毕业,随即拜叔父石筱山、石幼山先生为师,长期协助襄诊,学习祖传伤科。1942年起每天独自在浙江北路94号(天潼路口)的老庆余堂中药店(后改为强华中药店)坐堂半天,下午仍回至叔父诊所襄理诊务。后独立门户,自行开业19年。石纯农先生还曾任上海铁路中心医院(现第十人民医院)伤科顾问,每周去一次。闸北地区以前都是劳动人民居住的地方,厂矿企业的工人受伤的概率也高,石纯农先生坐诊治好了很多病人,人们都是慕名而来。久而久之,石氏伤科和三色敷药在闸北地区有了一定的知名度。

石纯农在带教

石纯农

1960年,石纯农先生开始在闸北中心医院伤科工作。在这之前他是私人开业的。1960年公私合营，大多数人响应共产党的号召，支持国家医疗卫生事业建设。当时医院伤科刚成立，缺少医生和技术，是石纯农先生毫无保留地将石氏伤科的学术理论、技术、用药特色以及其个人的伤科临床经验全都带到医院，传授给年轻一代，其中影响力最大的就是三色敷药，沿用至今。先生从事中医伤科凡60余年，为传承和弘扬石氏伤科疗法做了大量的工作，其个人对伤科用药、手法及针灸有很深的造诣，积累了丰富的临床经验，自成特色。

石纯农先生的一大特色是善用针灸。先生在临症中针对急慢性颈肩腰腿痛，把针灸作为一种主要的治疗手段，且老先生的针法与众不同。老先生取穴多在病痛的周边循经取穴。进针后，缓慢推送直刺进入，至患者麻沉酸重得气①为度。拔针时手法徐缓，出针后按压3—5秒以封穴，不留针。而后上下推按数次（一般3—5次）以松解筋络。针后，多结合石氏三色三黄膏外敷。往往是从问病后开始扎针，写完病史记录后拔针，快进快出一气呵成。

石纯农先生曾当选为中华医学研究会理事会理事；新中国成立后任上海市卫生工作者协会会员、中华医学会上海分会会员；1956年10月加入中国农工民主党，曾担任历届闸北区第二、三、四、五届政协委员和第六、第七届政协常委；曾被聘为"上海市退（离）休高级医疗专家会诊部"会诊专家。1983年任闸北区科技协会第二届理事会理事；1985年11月，荣获上海市卫生局授予的"从事中医工作五十年，为继承发扬祖国医学

---

① 中医术语，语出《素问·离合真邪论》，又称"针感"。

做出贡献"奖;著论文数篇,编著《石氏伤科临床经验》一书;2000年,向闸北区政协提交的"呼吁创办中医医院以培养高精尖中医人才"提案,被评为"改革开放以来区政协优秀提案荣誉奖"。1986年4月,石纯农先生光荣退休。

我来到闸北中心医院之后才慢慢了解到老先生的家世,看了他个人的经历以及退休后写过的自传,我觉得应该为石氏伤科、为石纯农先生做点工作。10多年来,我收集整理相关资料包括文字物品以及他的一些医案,挖掘总结一些东西,建立起一个闸北石氏伤科陈列室,还编辑出版了《石纯农伤科医案医话选》。现在闸北石氏伤科也是一种无形资产,一个人们认可的品牌。通过我们的努力,现在行业内人员也都认可石纯农先生的影响力以及我们所做的工作。

石纯农编著《石氏伤科临床经验》

周承扬等主编《石纯农伤科医案医话选》

在传承中发展的非遗

2007年以前,大家对"非物质文化遗产"的概念还比较陌生,我平日里埋头工作也缺少总结和宣传,多亏在当时闸北区文化馆的周国成书记的帮助下,我们才完成了相关视频拍摄和材料整理并成功申报,我院石氏伤科和石仰山国医大师所在的黄浦区中心医院的石氏伤科同时被列入第一届上海市非物质文化遗产名录。获得上海文广局颁发的上海市非物质文化遗产名录的牌匾,对我们医院和学科来说是很大的荣誉,为今后的发展奠定了基础。匾牌拿在手里是沉甸甸的,同样这一份传承的责任也是沉重的。

非遗牌匾

周承扬传承人证书

这十多年来,我们先后获得上海市中医临床重点学科建设项目,这是十分不容易的事情。还获得多个上海市"中医三年行动计划"建设项目,我被命名为上海市非物质文化遗产项目——石氏伤科疗法代表性传承人,并获得多项区局级的课题。我通过石纯农先生的家人、学生、以前的同事等的帮助,获得到了许多先生的手记、处方、实物之类的物品,并建立了陈列室,还主编出版了《石纯农伤科医案医话选》一书。我是第一轮上海市中医师带徒的指导老师；2020年9月被列入上海市基层名老医传承工作室建设项目，这为日后石氏伤科的传承奠定了基础。

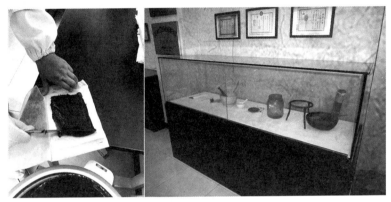

三色敷药制作　　　　　石纯农先生生前使用的器具

近几年，我们在传承的基础上也有所发展。毕竟时代在发展，一成不变是不行的，不与时俱进，很多传统的方法年轻人不容易接受。所以我们也注重学习、引进更多的中医治疗方法，来满足临床治疗的需求。

在传统的治疗中，我们一般会让病人拍个片子然后贴张膏药，虽然膏药的效果不错但是见效慢，治疗手段还是比较单一，满足不了更多人群的需求。于是我们进行摸索研究，学习引进了其他行之有效的治疗手段。我曾去学习浮针治疗技术。与我们往常见到的针灸不同，浮针是横着刺入皮下的，胶布固定，三四个小时后患者可以自行拔除。浮针这一治疗方法见效很快，很符合现代人们的就诊心理和要求，尤其是对快速缓解疼痛，患者的满意度是很高的。去年七八月份的时候，有一个年轻人在活动中突发膝关节疼痛不能动弹（可能是半月板交锁），他是被扶着进诊室的，于是在经过病人的同意后我就尝试了浮针这一治疗手段。一开始病人半信半疑，但是针刺1—2分钟后，他脸上痛苦的表情消失了，尝试动弹了两下，居然疼痛明显缓解并可以直立行走了。被浮针治好的病例有很多。5年前，我们病房收治了一个病人，他突然毫无理由的腰痛，痛到直不起身子，一用浮针疼痛立马减轻，人也能站起来了，经过几次浮针治疗后他就痊愈了。最近他因为其他部位疼痛突然想起我来，又来找我看病。

　　除了浮针，我还曾去学习了小针刀疗法。有一个病人令我印象非常深刻，他是个出租车司机，因为肘关节痛来找我治疗，他告诉我之前为治疗肘关节疼痛已经花了许多钱。我给他做了两次小针刀，他的所有疼痛和不适全都消失了；没想到的是经小针刀治疗后，他的白癜风也缓解了许多，这完全是意外之喜让我非常惊讶，为此他还给我送来了锦旗。

　　三色敷药是石氏伤科特色外用药，它由21味中药组成，据石纯农先生说，其中紫荆皮和黄金子是主药，研粉单独包装分别是紫色和黄色，加上其他中药的粉末呈现三种颜色，故命名为"三色敷药"。我们现在还在用传统方法制作三色敷药，用饴糖调制再在棉纸上涂抹。而紫荆巴布膏是新的剂型，是以前在石仰山先生主持下根据三色敷药开发的新剂型，优势是方便携带、保存时间长。传统的三色敷药现做现用，但不利于保存。但还是有许多人青睐这种传统剂型，特别是中老年人。我们一直没有把这个技术丢掉，这是历代医生传承下来的。还有一些石氏伤科的外用药限于制作过程不够环保，只能暂时舍弃。但是这些外用药的配方我们都保留着，希望以后有更好的技术能够将它们无污染地制作出来。

我们伤科要发展必须要依托整个中医学科的发展，但是现在中医发展有很多问题有待解决。中医缺乏宣传，许多人对中医不了解甚至不信任。现在来我们医院中医科看病的多是中老年人，年轻人很少。现今是一个快节奏的社会，当代人都追求高效快速的生活，在这种情况下，很少有人愿意花时间坐在那里让医生细细号脉，于是起效慢、方法传统的中医就丧失了优势，人们更青睐于短平快的西医治疗。因此中医的未来除了中医药现代化的改良之外，让更多的年轻一代学习中医，接受中医药的治疗，也是十分关键的，如果年轻人不接受中医，那么中医的未来是十分渺茫的。此外，中药饮片的质量也是制约中医发展的一个重大问题。我们现在所用的中药饮片疗效是否确切、种植环境存不存在污染、能否杜绝造假，这些都是问题。饮片讲究地道药材，产地不同它的疗效差别很大。另外土地的肥力也是个问题，一块土壤也许只够种三年的药材，第四年种出来的药材质量就会有所下降，采购员就需要换一个地方采购。因此有人说，中药的质量与现代化直接影响着中医的发展。

我们现在常用现代医学药理分析来解释中药，比如说山药有健脾的功能，我们就分析称山药含有淀粉酶、多酚氧化酶等物质能够促进肠胃蠕动与胃粘膜的保护。但是中医还讲究配伍，山药和大枣配伍后的药理是不是会改变，是不是 $1+1=2$ 的功效？这都是需要深入思考研究的问题。同时中药的用量也有讲究，同一味药针对不同的病人会用不同的量。中医更多的是经验医学，有许多现代医学解释不通的地方。但这并不代表中医是迷信的、不科学的。中医是老祖宗经过几千年的经验积累不断传承改进而形成的一门学科，现代科学无法解释的部分不代表未来无法解释，用"迷信"两字概括太过草率了。就像以西方的视角看中国，中国是没有哲学的，但是拥有老庄思想的我们真的没有哲学吗？中医和西医可以说是两种不同的学科，以西医的视角看中医、否定中医是极其不妥当的。

所幸现在国家也注意到了发展中医的重要性，加大了各方面的资金投入，这是一个非常好的现象。国家对中国传统文化的提倡无形中给年轻人做出了导向，为中医、为我们石氏伤科的发展提供了一个良好的环境。

最后推荐一个缓解颈椎病、颈背部疼痛的小方法：在普通枕头的下方放一个类似用毛巾卷起来的圆柱形物体，粗细（高低）因人而异，平卧时可以正好抵住颈部。睡下的时候就把头搁在枕头上，脖颈由这个圆柱抵着，头部呈微微后仰姿势，使颈部的肌肉放松，慢慢恢复颈椎的弧度，每天睡前使用。这个圆柱物可以做成套袋，按上拉链，里面灌入黄豆，根据脖颈的舒适度来增减黄豆的数量、调整粗细和软硬度。也可把装着黄豆的袋子放在微波炉里转一下（不能太烫），黄豆受热以后放在颈椎下面，很舒服，可以试试。

（采访及整理：刘庄婉婷）

"一氏两花"的沪上传承与传奇

讲述人：陆念祖
时间：2021年1月27日
地点：上海市静安区中心医院陆念祖工作室

陆念祖，1945年生于上海，祖籍宁波，原上海市静安区中心医院中医科主任，上海市非物质文化遗产"陆氏伤科疗法"市级传承人。出身于岐黄世家，幼奉庭训，又受业于上海中医学院医疗系，后分配至四川、江苏、上海行医逾50载。尤善用银质针灸治疗今之常见慢性关节炎和脊柱相关疾病。立足于经络学说，推崇分经辩症、气血为要，治疗上"以针代刀，外重筋骨，内合肝肾"。

"一氏两花",花开繁盛

陆氏伤科在清朝顺治年间就开始了,我们的第一代老祖宗陆士逵既不是上海人,也不是浙江宁波人,而是河南开封人。因为战乱他到浙江宁波避难,开始学医——这是他的历史。这一段历史以后,陆氏伤科代代传承,一直延续下去,传到第六代——我的外祖父陆银华。

陆银华

今天,我们陆氏伤科和上海其他系统的伤科不一样。为什么不一样呢?我们陆氏伤科招牌很大,是"一氏两花"。一支在上海静安区,另一支主要在浙江宁波海曙区,这就要从我的外祖父说起。以前的陆氏伤科传男不传女,可我外祖父生的六个孩子里,前三个都是女儿,没有儿子。他想,后代没人接不行,于是打破陈规,让两个女儿,也就是我的妈妈陆云响和二姨陆云英跟着自己学习。1937年,他带着我的妈妈和爸爸陆清帆来上海开诊所，直到他们已经可以独立坐诊了，我外祖父又生了三个儿子，这三个儿子后来都在宁波从医，传承祖业——"一氏两花"就这么开始了。1948 年，我外祖父独自回到宁波工作，直到新中国成立，由于他曾担任国民党时期的江东镇镇长而被判死刑，入狱劳动改造，是宁波市全体码头工人集体向人民政府请命才保住了他的性命。服刑期间，他也服务群众，还多次受邀到上海治病。

我爸爸妈妈 1937 年到上海以后一开始开私人诊所，到现在为止 80 多年了。后来我爸爸到上海四明医院工作，也就是现在黄浦区的曙光医院。"四明"这个名字就取自宁波的四明山，因为这所医院最初就是原宁波府属的奉化、慈溪等地在沪商人创设的。新中国成立以后，他于 1953 年进入国立同济大学附属医院，我的母亲则在联合诊所和惠旅医院工作。1958 年，我的父亲去世了，我的母亲前往静安区第二联合诊所工作。一年后她又来到了新城区中心医院。1960 年，上海区域规划变动：新城区、江宁区被撤销，这块土地上重建了静安区。于是，新城区中心医院与第一劳工医院合并命名为上海市静安区中心医院，同时，国立同济大学附属医院并入了静安区，由第二军医大学在现在的凤阳路建设了长征医院，现在说长征医院的前身就是原本的国立同济医院。以前上海不大，现在上海的青浦、嘉定，以前都属于江苏省。以前"宁要浦西一张床，不要浦东一套房"，因为浦东、徐家汇现在的繁荣都是改革开放后发展起来的。以前并不是整个上海都很热闹的，"十里洋场"之称虽然很有名，但是也只是集中在静安寺一带罢了。直到近年，上海的区域划分还在变动，2016 年，静安、闸北两区"撤二建一"合成了今天静安区的大境域。

　　伤科以前叫跌打科，很早就有。我们的祖先要治打架受伤的人，脑子跌伤了、脑血肿、昏迷了、颅内损伤了，不像现在有西医外科、神经外科，那时候没多少看脑子的，只有我们中医用传统理念进行辨证施治。特别是我们陆氏伤科，作为传统医学，有其独特的技艺，对颅脑损伤有很多秘密的处方。像脑震荡患者吃了我们的中药就苏醒了，也不吐了。还有很多是经验方，就是我们陆氏伤科的老祖宗经过实践研究出来的几味药，效果很不错。举个例子吧，在气胸损伤、肋骨骨折时，有的病人很痛，咳嗽也痛，穿刺也痛，西医没办法，但中医对于气滞血瘀有自己的疗法，吃半个月中药就不痛了。

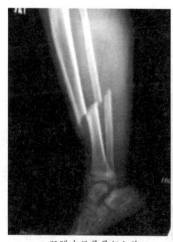
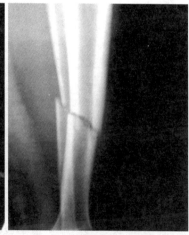

胫腓中段骨骨折初诊　　　　　胫腓中段骨骨折复后

　　对于骨折一类的外伤，比如胫腓骨骨折，西医一般选择开刀装钢板固定，经历困难的治疗过程。中医用手法进行功能性复位,用夹板、敷膏药、固定,让骨头长好了,这样病人就不需要开刀了,也不需要装钢板。以前我们这里有夹板、松布、敷药,应有尽有。这就是我们陆氏的特色。但现在这些特色在上海的这一支已经没有了,因为现在病人骨折就找骨科开刀,不到我们这儿来治了。但是在宁波却相反,一天一两百个病人到伤科来救治。其实这样好得更快,第一是不用开刀,第二这样只花两三千元,而开个刀要好几万元。现在的上海伤科,包括龙华医院也好,曙光医院也好,几乎接不到骨折的病人了,包括我们陆氏伤科,过去还医治手腕骨折,现在都没有了。

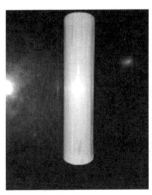 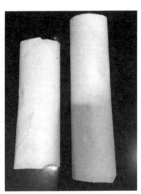

医用竹筒　　　　　　制作完成的夹板

对于内伤的治疗,我们根据中医的辨证论治,望闻问切,用中医的方剂和我们祖传的方子进行治疗。我们治神经系统疾病的方子很有名——琥珀镇静汤。可是现在这一类的病人很少,在我刚来静安区中心医院任职时还看过几个这类病人,现在病人都是到神经外科,依靠睡眠和神经药物解决了。我们上海的伤科越来越少,陆氏伤科的大特色之所以还能保留,还得归因于"一氏两花",在宁波治疗外伤、内伤的病人很多,大家感兴趣可以去宁波看看。

谆谆教诲,医者仁心

陆氏伤科是祖传的,我的父母有六个孩子,我和我妹妹学医。我从小就想当一个医生,因为我真的很喜欢。小时候,我父母接触的病人情况比现在的严重得多,我的妈妈看骨结核病人,骨头会烂掉,有个伤洞洞眼,流出来很臭的脓。我妈妈不辞辛劳地给他换药,把里面死的骨头取掉,让伤口长好,把病治好。我觉得我妈妈很了不起,就开始去学习医学,立志也做医生。

我们医生家庭的好处是,吃饭的时候爸爸妈妈就会跟我们讲,今天遇到了什么样的病人,我怎么给他治疗,这个病人就好了。我就很感兴趣,这个病是这么治疗的。我爸爸开刀以后,他会说今天他去看一个结肠癌,这个很复杂它怎么转移了,他怎么开把病清扫了、治好了,刀应该怎么进去,下一步怎么下刀。那么我要学医这个思想有了,经验也学会了。这个经验不只是上课,也要有环境的熏陶、长时间的积累。

这样的环境一直影响着我,直到我今天带徒弟也是这个理念:要思考总结。今天看这个病,这个关节痛不能动,为什么你打一针就没效果,我打一针就有效果呢?学生也要思考:为什么老师打有效,我打没效?为什么他这个方向打能进去,我那个方向打就进不去呢?这就是当学生的秘诀。我们在有名的大夫手下磕头拜师以后,依然讲"笨鸟先飞要看用功",看完道理以后回家就是翻书,再回来看老师怎么做,就提高了。所以我时常给学生说:"看我打针时你拍个照,回家以后你看一遍我打的流程,针进去多少,手弯了多少,不会的再来问我,这样你就学会了。"我想,带学生就是要临床慢慢地教、学,才能让他们学会这些东西。

我从小也是这样习得妈妈的"家传"的。我先学贴膏药,再学煎药,再学复位。当时我妈妈已经发明了名针治疗腰椎病,她给我讲,怎么打针、怎么进针、入什么穴位,我再精练技艺,自己不断练习,就学会了。

1960年的时候有一个政策,可以让自己的小孩参加名老中医带徒班,我妈妈却认为这样文化基础学不好,还是要我去中医学院进行正规的学习。我妈妈说:"你要是考进了中医学院我养你,要是不考进我就不养你。"因为我爸爸妈妈都是浙江宁波的医生,中医大学很多老师都是我爸爸妈妈的同事和朋友,所以我考进中医学院以后,身处在一个很好的中医环境里。我记得很清楚,我跟我妈妈看一个17岁的小孩,他因为从窗户翻出来导致脑外伤失明,各地医院都说不能恢复了,但是这个病人我妈妈看好了。他吃了大概一个半月的中药,眼睛复明了,到上海曙光医院检查完全恢复正常。那时我就觉得,中医对治疗脑部的疾病还是很有办法的。所以我到医院工作以后,首先看中风后遗症、脑梗,甚至被纽约曼哈顿的友人邀请给一位中风患者治疗。这位患者渐渐痊愈了,到什么程度呢?她能够打麻将了,能够自己走路了,生活能够自理了。一个月的时间她能恢复到这样,她家人都很高兴,就说:"医生你很伟大。"这个给我很深的印象。

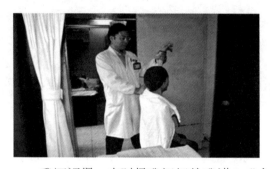

陆氏伤科轻度肩周炎治疗

我还记得,有时候我妈妈给我讲:"今天有个病人来看病,他得了肩周炎,手举不起来。我叫他爬墙,在不经意的时候推一下,他痛得不得了,第二天他来跟我讲,好了。"我就记住了,痛一下就好了,但是我也自己思考,"推"是有风险的,可能带来很大的疼痛,也可能脱位。于是,我在我妈妈的基础上继续自己的研究,最开始让病人躺在床上,趁他不注意的时候,推一下他的关节,就这几秒钟的时间,就能复位了。再后来,我想能不能让病人痛得更少一点呢?那时候我就去看无痛人流、无痛胃镜,我想,我们关节复位也可以打麻药,两分钟的工夫病人就睡着了,我们再掰一下受伤的关节,他也感觉不到疼痛了。这样同时保证了行医的安全、精准和快速,又不会导致脱位的误伤,那我为何不这样呢?在麻醉下的无痛松节疗法,这就是中西结合了。通过我和妈妈不断地探究、实践、思考,这个现代的医学方法就被提炼了出来。直至今日,国际医学杂志《柳叶刀》都承认这个办法是最好的。西医现在也用上了我们的办法来治疗关节炎。现在全上海乃至全国都介绍这个方法,简单地讲就是"掰一下",但大部分医者仍未得到我们的精髓——"掰一下"也是要看角度的,而怎么拿捏角度、用多大的力度,还要根据自己的实践，再进一步地提高。这也是我在带着我的徒弟们学习、上课时不断给予他们的规诫。

我来到静安区中心医院时，这里没有康复科，于是我建立了康复专业。这里腰腿痛、患肩周炎的病人多，患中风病的也不是治一两个月就能治好的，也可能三个月，也可能六个月，所以，设立康复专业很重要。我在1983年到静安区中心医院进修时就跟着我妈妈，帮她整理、总结，今天我又回到了伤科，回到我妈妈工作的地方，倍感亲切。

我的妈妈文化程度不高，我帮她整理文化资料、写出来，这样我们出了三本书。后来我写了很多文章和书，就是这么过来的。除了为了职业需求而写文章，我也希望把陆氏伤科的东西记录下来，传承下去。我那时候在上海市杂志上发表就可以了，现在要到国际杂志上发表，对医生的学术要求越来越高了。我们中医科，一年要写一到两篇论文、三篇SCI文章。所以我们中医科招募的许多博士生、研究生，除了看病、弥补实践经验的不足，还要努力做学术：开会、做PPT、将已有的文献资料进行整理写出文章。而我们现在上海好多老中医，他的文化程度并不高，行医技术主要依靠经验积累。当今社会对医生的要求标准提高了，在人们不知道的地方，医生更加辛苦了。

2013年，我的太太过世了，我心情不好，后来发现我肺部有个结节，将近半年多以后去查，结果查出来是肺癌。开完刀以后，不到三个月我又上班。那个时候我还是中医科主任，我也和院长提起过想放弃做中医科主任的念头，一个礼拜可以来两个半天坐门诊。院长坚持对我说："你要给我培养学生、培养人才，否则你走了以后陆氏伤科就垮掉了。"于是，我一直带着学生看病、讲理论,到现在已经有第十代学生了。现在,我每个礼拜开两个半天门诊,夏天 6 月到 9 月是全天门诊。全天门诊一天要看 140 多个病人,从早上 7 点开始门诊,看到下午 1 点多吃饭,吃完饭下午再上班。我的病人不少,我也毫不推脱,我要把我的工作做下去。一方面人们的生活水平提高了,只要身体恢复得快、效果好,他们愿意花钱看专家门诊;更重要的是,因为我年龄大了,再过几年,我可能做不动了,但是现在病人相信我,我就会去做的。

陆念祖工作室

四海潮生,兼纳百川

现在,中医发展得并不快。首先,西医的蓬勃发展对中医的冲击是很大的。很多人认为中医的治疗时间比较长,为了快速痊愈就去找西医而放弃中医。遇见西医不能根治的病,病人才会看中医。比如胃病，吃了西医药没好，于是到中医这儿开方子调理，一调理就是一两个月。这都是现代医学现状造成的偏见，实际上，中医也能看急诊。西医引进中国只有两百多年的历史，而中国有五千年文化，之前数千年病人都是找中医看急诊。以前我们国家的传染病，像麻疹和水痘，都是吃中药的。我们医院的董氏儿科，也可以治疗小孩消化不良和不吃饭的毛病。所以不是说中医不能看急诊，而是病人都认为西医更方便，就不找中医。现在有种说法，调理身体找中医，真正看病找西医。这是片面的看法。我治疗中风后遗症，还有治疗脑外伤的一套祖传的方子，用在脑血栓病人的身上，也能治好。

  其实，相比西医，中医有自己的特色。关于我外祖父，我有一件印象很深的事情。他当时一个月要来一次上海，住在"大世界"旁边的一家宾馆。他来给福建的病人看病，诊断后开个药外敷，病就好了。但现在中医的相关知识越来越少，尤其是针灸和推拿。推拿很讲究手法，我们陆氏伤科就有自己的手法。这一套手法和外面的理疗馆不一样，我们是按照穴位来做，推拿之后过5—10分钟，病人就会觉得效果很明显。但从我这一代开始这些手法都用不上了，1999年，我到静安区中心医院工作，治疗的却都是一些小毛病。我在中医科当主任，这里的中医科规模越来越萎缩。老中医过世了，新中医又培养不出来。我就一边做主任，一边发展我们陆氏伤科。因为我妈妈传授的技术，加上我自己的努力，所以陆氏伤科的发展相对来说快一点。20世纪90年代的时候，还有电视台为陆氏伤科拍了一部纪录片，就是记录我从早上出门到晚上回家一天的生活。中医要时刻变通，进行改革，提高技艺。同时，大众也要破除对中西医关系的偏见，我们中医才能发展起来。

  中医发展慢和收费标准也有一定的关系。帮一个骨折病人复好位，收30块钱，去西医那里开刀就要几千元甚至上万元。病人去看西医，西医说不用开刀，病人才会来找我们。所以到上海所有中医院伤骨科去看，大部分都是肩腰腿痛的病人。西医治不了肩周炎，我们打个麻醉，把病人肩膀掰开，很简单，一下就好了。我们治疗腰椎间盘突出、腰痛、坐骨神经痛这样的疾病。骨关节炎、膝关节炎，蹲不下去，发肿了，不能上下楼梯，或者踢足球把脚腕扭了，我们现在就主要看这些小病。所以说中医的这个收费标准不合适，太低了，中医科自然发展缓慢了。

  就中医伤科自身的原因来说，现在好多中医伤科都变味了，没有处理好中西医的关系，反而失去了中医的特色和优势。比如有些医院的伤科，病人进去竟然也是开刀。而我们这里的病人都是推拿，我们已经在科研里对狗、猫、猴子进行实验，总结出了一套针对肩腰腿痛的治疗手段。但科研实验也有其片面性，我们医院收的研究生，擅长写论文、做实验和搞科研，却不善于看病。对于中医来说，辨证就是要看病。中医能够发展，主要就是从看病中总结出来的技术经验。如果把看病都交给西医，那还要中医干什么？如果中医没能守住自己的特色，没有突出的手段，把病人都交给西医骨科，中医伤科就没有存在的必要了。西医没有的我们要有，西医治不好的我们能治，发扬中医的特色，才能使中医技术保留下来。

  对于中西医的关系，毛主席讲过一句话："中医好，西医好，中西医结合更好。"首先，中西医在医学理念、辩证方法上都不同。中医里说"心脑并治"，"心"就是现在说的脑，"心病"就是脑病，也就是神经系统的毛病。以前的中医辨证是没有脑的，只有肝、心、脾、肺、肾。心神焦虑，西医就说是焦虑症、失眠和精神紧张，中医则把它归为"心"的毛病。中医的辨症是望、闻、问、切，西医是视、触、叩、听。

其次，西医有西医的长处，我们不能否认。病人脑袋上长个细胞瘤，中医可能不灵，但西医开刀可以治；病人发阑尾炎，西医开刀也比较安全。但中医的特色在于——西医开完刀任务就完成了，但中医不是，它要根治。比如我们举个骨折病人的例子来讲，西医开刀了以后就完成任务了，但有的骨折病人开完刀以后有地方肿了痛了，找西医不行，就去找中医。我们用外用药敷了，再吃几副中药，肿就退了，也不痛了。

既然中医有中医的特色，西医有西医的特色，那么各自保留自己的特色，发挥自己的特色，相对来说效果更好。我上大学的时候刚好面临中医教学改革，我们是先学西医再学中医，这样中医的理论反而接受得更快。所以即使说中医学西医知识，也不是把西医的东西同化成中医的东西，而是学习西医的方法，同时自我保留。

中医发展现状比较缓慢，也要考虑到教育环境的问题。现在很多中医讲数据化，这是犯了中医的大忌。现在好多大学都增设专业，每年扩招学生，有的中医药大学还增加开设了计算机之类的无关专业。当然学校办学也有他们的考虑。尽管我重心不是搞教学的，但我认为如今中国中医学院要走什么路线它们自己仍不够清楚，培养的方向也很模糊。中医药大学的学生上学时要学的东西太多了，什么都学遍，出来面对专业知识反而什么都不懂。

我离校已经50多年了，过去考大学很难，我家乡一年只有两个人能考上大学。"三年自然灾害"的时候,工作不好找,学校招的人也更少。我们当年一个年级只招了120个学生,都是定向培养生。要是有人想从其他专业转行半路做医生,是很难的。我孙子今年考大学,也想学医。我对他说,学医很苦。读书十年,新人收入却是很少的。中医需要年龄的积淀来增长经历,寻求更多的升值空间,西医也是如此。做医生的标准和要求比很多职业都要高,研究生出来可以当主治医生,没有博士学位成为不了副主任医师。所以我告诫我的孙子,学生时期书一定要读好,把基础打牢,踏实提高自己。

陆念祖医生带学生出诊　　　　　　　陆念祖医生带学生出诊

我们医院现在收的医生都是中医学院毕业的,而且主要是上海中医药大学。上海各个医院招人的学历要求都是研究生以上,没有研究生的学历甚至连社区卫生中心都进不去。因为一般看来,学历高的,理论基础自然好。但学历高也不能代表他适合做医生,还要由我们这些年长的医生来培养,把我们的经验无私地传授给他们。以前我们在宁波都是磕头拜师。现在院长要求我们带谁就带谁。包括现在戏曲界,都是要坐在这拜师的,终生拜师,才能教他东西,现在没有这些了。

我工作的时候,国家要求到农村去。于是我在1968年大学毕业以后,就被分到了四川一个中央企业下的水泥厂,我在水泥厂的职工医院里打基础。职工医院没有科室,医生什么病都要看,不分西医、中医,也不分妇科、小儿科或眼科之类的,我们必须刻苦钻研医术。那时候还规定,整个医院全部新医生都要实习两年,还要去放射科看片子。在放射科学习三个月或半年以后,片子就都能看懂。调回上海之后,我发现上海的学生一毕业进医院就是干专科。所以现在的医生的专业性越来越强,但广度不够。我最近看了一部电视剧,叫《了不起的儿科医生》,里面有个案例,就是一个小孩总是呕吐,医生最开始想到的是消化系统的毛病,结果最后发现可能是脑挫伤引起的呕吐,不能压迫,而医生无法精准地判断出来,这就可见现在医生的知识范围越来越窄了。上海的医学生经过三年规培,大学生毕业以后马上要到某一家医院,比如龙华医院,三年内按月发放一些生活费,在那里做三年的实习生拿到研究生学位,毕业了,再由工作医院分科。或者像我们医院,学生分到上海搞伤科,就永远是伤科了,这辈子都是伤科。

杏林飘香,绵延不绝

中医未来的发展,是很好的。现在国家对中医传统理论更加重视。以前中医走进死胡同,是因为外用药被禁掉了。我们陆氏伤科也有很多自己的外用药,到现在只保留了两个。但现在中医形势改变了，还是很有发展前途的。

但具体还要看中医学院如何培养学生，往哪个方向发展。如果发展目标是以医院为目的，或者以病人为目的，那中医以后还是有前途的。但如果培养的学生只会搞研究做实验，却不会看病，那是不行的。中医就是以经验为主，因此中医的前途还要看我们这些老中医。我们医院80岁的老中医，每个礼拜仍然要看两天半的门诊。我们老一代的中医人，在勤恳看病的同时，也要认真带学生，让下一代人再发展下去，这样中医就会有光明的前途。

社会各界也给了我们很多支持。静安区文化馆对我们非常支持。每年举办文化和自然遗产日活动的时候，我们都参加。我们陆氏伤科现在是上海非遗，还准备申请全国非遗，怎么申请呢？我们"一氏两花"——浙江省、上海市的两个非遗向国家文化部联合申报，拍电视剧、拍纪录片。陆氏伤科是一家，不能分开。同时，文化馆每年都会来考核，会问我们有什么困难、需要什么支持，去年还给了传承人经费资助。现在静安区文化馆的助力工作，是搞得不错的。

说到海派文化与我们陆氏伤科，关系是很复杂密切的。海派文化是个很大的概念。江浙沪，两省一市，这些地区都受海派文化影响。海派文化不仅仅指上海文化，它是浙江、江苏，长江以南、太湖流域这些地方的文化。包括我们陆氏伤科，以前都是从无锡、常州这些地方出来的。所以说海派文化包含了医学文化，它培养了一大批的医学专家。在20世纪20年代的时候，蒋介石要西医取缔中医。那个时候有一批老中医就紧急地、毫无保留地、无私地把自己多年的经验写出来，才成就了海派中医。包括现在，有好多传承下来的上海或者全国的中医非遗文化，包括妇科、伤科和内科等，这些都是海派文化的一部分。

所以我们要把自己的医学做好，整个海派文化的内容就更丰富了，就发展起来了。当然首先我们中医得争气，把自己的工作做好，把病人看好。不然没有病人，自己也觉得惭愧得不行。

另外，我们也希望得到社会各界的支持，在政策、舆论、财政、人才培养等各方面多支持我们。学医的人很苦，却是公共卫生和人类健康最直接有力的推动者。这是我作为一名医生最想对大众说的话了。

（采访及整理：严语、沈月）

后　　记

　　近年来，海派文化活动开展得如火如荼，收获了众多粉丝，"海派生活小史"系列受到越来越多读者的喜爱与关注。本书是该系列的第三辑，是上海大学海派文化研究中心和上海大学文学院联合主办的"310与沪有约"——海派文化传习活动之"寻见·海派"口述史研习营的又一重要成果。此次研习营于2020年12月开营，在近一年的时间里，我们招募了一支由牛津大学、上海大学等院校的50多名大学生组成的队伍，与静安区文化馆共同合作，走访了20多位非物质文化遗产代表性传承人，记录下一段段人与技艺的温情故事，读来饶有趣味，感人至深。

　　走访过程中，我们和非遗大师面对面交谈，更与非遗技艺近距离接触。一份份匠心的锤炼与打造，将丝线塑成栩栩如生的龙凤盘扣，将矿物化作永不褪色的鲁庵印泥，将药材变成救死扶伤的伤科奇物，将硬石制成健身娱乐的称手器材……在这些海派非遗里，我们看见中西古今的文化交融，看见百年传承的精益求精，看见人民智慧的宝贵结晶，看见甘于寂寞的坚守磨炼，这一切正是对"海纳百川、追求卓越、开明睿智、大气谦和"这一城市精神的最好见证。

　　胸怀赤子之心，追寻前人足迹。在与非遗大师的对话中，一颗颗年轻的心灵与传统的积淀不断碰撞，青年学生们在非遗的世界里大受震撼，非遗也在青春血液中找到传承与活力。海派生活的衣食住行在一个个非遗故事中展现得淋漓尽致,追随着书中字里行间的百年足迹,读者将与我们一起,感受这片土地上独特的风土人情,感受海派文化在这里镌刻下的历史印记。

  本书最终的成功出版,离不开多方的支持与帮助。在此,我们要衷心感谢上海市教卫工作党委、上海市教委、上海市文教结合工作协调小组办公室对"310与沪有约"项目的支持;感谢静安区文化馆对全程采访的大力帮助;感谢每一位口述史研习营学生的努力付出;更要感谢20多位非遗传承人,他们与他们的技艺,皆是历史馈赠给这座城市最珍贵的礼物。

编 者

2021年11月